物質濫用
社會工作
實務手冊

SOCIAL WORK PRACTICE WITH
SUBSTANCE ABUSE

蔡佩真———主編

臺灣社會工作
專業人員協會　　巨流圖書公司印行

國家圖書館出版品預行編目(CIP)資料

物質濫用社會工作實務手冊 / 蔡佩真主編. --
　初版. -- 高雄市：巨流, 2016.06
　　面；公分
　ISBN　978-957-732-520-4（平裝）

　1.社會工作 2.藥物濫用 3.文集

547.07　　　　　　　　　　　　　　105007035

臺灣社會工作
專業人員協會

物質濫用社會工作實務手冊

主　　　　編　蔡佩真
責 任 編 輯　張如芷
封 面 設 計　Lucas

發　行　人　楊曉華
總　編　輯　蔡國彬

出　　　版　巨流圖書股份有限公司
　　　　　　80252 高雄市苓雅區五福一路 57 號 2 樓之 2
　　　　　　電話：07-2265267
　　　　　　傳眞：07-2264697
　　　　　　e-mail：chuliu@liwen. com. tw
　　　　　　網址：http://www.liwen.com.tw

編　輯　部　23445 新北市永和區秀朗路一段 41 號
　　　　　　電話：02-29229075
　　　　　　傳眞：02-29220464

劃 撥 帳 號　01002323 巨流圖書股份有限公司
購 書 專 線　07-2265267 轉 236

法 律 顧 問　林廷隆律師
　　　　　　電話：02-29658212

出 版 登 記 證　局版台業字第 1045 號

ISBN　978-957-732-520-4（平裝）
初版一刷・2016 年 6 月
初版三刷・2017 年 9 月

定價：420 元

作者列表

▌束連文──臺北市立聯合醫院松德院區成癮防治科主治醫師兼主任

▌王思樺──法務部矯正署新店戒治所社工師

▌郭文正──臺北市立浩然敬老院社工組長

▌蔡佩真──國立暨南國際大學社會政策與社會工作學系副教授

▌李易蓁──嘉南藥理大學社會工作系助理教授

▌林曉卿──法務部矯正署臺中戒治所社工科科長

▌陳玟如──社團法人台灣基地協會理事

▌何玉娟──衛生福利部八里療養院社工師

▌蘇悅中──郭綜合醫院社工室組長

▌陳怡青──臺灣心理衛生社會工作學會常務理事

▌劉柏傳（咖哩）──臺北市西區少年服務中心社工組長

目次
Contents

推薦序

年輕還在美國攻讀社會工作博士學位時，就已知道有三種癮：酒癮、賭癮、毒癮，社會工作專業很難提供有效的協助，其中最難的就是毒癮。「癮」之所以難戒是因為它牽涉到當事者的生理問題、心理問題、家庭關係，以及社會環境問題（戒癮時，還會涉及「靈性」問題與當事者本身的意願）。

高興看到臺灣的社會工作專業蓬勃發展，有長足的進步。優秀的年輕學者，有良好的學術基礎，認真努力，不僅有嚴謹的研究，更有感人的服務熱忱。本書《物質濫用社會工作實務手冊》的出版，就是最好的明證。作者都有好的學術背景，有豐富的實務經驗，而且在主編蔡佩真教授的協調與編排下，更看出本書的架構清楚，分工仔細，不僅有理論背景的介紹，更提供實務引用的原則與策略。

本書的特色在於它的「實用性」，能讓社工專業的同仁們馬上受用。本書的優點在於它的「涵蓋性」，從概念、理論、關係建立、倫理價值、精神醫療、司法體系、社區復健，以及社工人員的自我照顧等項目都逐一涵蓋，令人更覺得此書的寶貴與實用。

社會進步，社會問題隨之而來，社會工作同仁的挑戰必將愈來愈嚴峻。但再忙也要省思，要從忙碌中得智慧，把繁瑣的步驟，經由汗水轉成為心靈的收穫，不僅更有效幫助在物質濫用中受苦的人，助人者本身也因為付出而得到更多的成長與喜悅。

向作者們致敬，也向讀者們推薦這本書。

簡春安　博士
東海大學社工系退休教授

主編序
Editor

　　我社工生涯的第一份工作是在戒毒村當社工，而後到醫院服務十年，經歷速賜康與海洛因盛行，到安非他命席捲臺灣，又一直到 K 他命和俱樂部毒品肆虐的年代，目睹毒癮愛滋問題興起，替代療法普及，校園毒品流竄。多年前在這一場反毒戰役裡，我鮮少看見社工的身影、社工的足跡、社工的聲音。

　　臺灣早期戒癮工作著重精神科的治療，在同一時期，基督教戒毒村也開始在臺灣發展，強調以信仰與戒癮過來人的經驗協助戒癮，1999 年戒治所社工師投入藥癮戒治的行列，2006 年毒品危害防制中心成立，社工師不再缺席這場反毒聖戰。而今，社工師與毒品問題交手，不再止於醫院、監獄、戒毒村，幾乎在每位社工日常的服務裡都可能接觸成癮者與其家庭，不論是兒少保護、婦女保護、學校社工、遊民社工、愛滋服務、就業服務等。社會工作者是否已做好準備？包括：是否願意提供服務？是否受過訓練？是否有足夠的經驗與資訊作為服務時的參考？面對這樣急迫的需求，臺灣需要一本物質濫用社會工作手冊作為臨床指引。雖然如此，我也沒想過能夠催生一本這樣的手冊。

　　去年接到臺灣社會工作專業人員協會的邀請，我誠惶誠恐地接下主編任務，自知能力不足，仍放膽與寫作夥伴一起邁開步伐。十一位作者均有藥癮的實務經驗，是一群非常優秀的臨床工作者，分別來自精神科的醫師與社工、一般醫療社工、戒治所社工、非營利組織社工、社區青少年工作者、教師。每一次的寫作會議都有精彩的討論與分享，從前各自在崗位上單打獨鬥，如今因著寫作的目標，我們才發現臺灣的社工真是臥虎藏龍，藥癮這種過去被視為冷門的業務，在這群作者身上卻看到他們對藥癮者的接納與關愛，每次的討論都增添我們對這本書的信心，感謝上帝讓這麼優秀的一群社工人能夠一起完成這項任務。

本書的寫作範疇盡量以藥癮的處遇為主，並且以社會工作的價值與視角分享如何與藥癮者及其家庭一起工作，寫作重點不強調藥理藥性、公共衛生、犯罪防治的介紹，而是一本專為社會工作者書寫的工具書，當然其中的內容也對其他助人工作者有所幫助。全書共分為十七章，前二章希望能幫助讀者認識成癮的概念與治療，以及防治政策，藥癮工作者必須能了解成癮的特性與複雜的身心現象，癮（addiction）無法純以道德與理性來介入，助人者必須先有基礎的成癮概念，才能產生真實的理解與接納，因此建議可以先行閱讀本書第一章。本書第二部分是第三章到第八章，介紹社會工作者與藥癮者一起工作時的理論、專業關係與技巧，尤其近代強調以實證為基礎的處遇理論，書中所提理論都是在國外有效施行的理論，此外，如何被藥癮者接納與信任、如何與藥癮者建立關係並拿捏專業界線，本書也有很深的著墨，希望幫助讀者與非自願性案主建立良好關係。

　　第三部分是第九章至十二章，分別介紹社工在四種服務場域的角色與職責，包括精神醫療院所、戒治所、毒品危害防制中心、民間非營利組織社區服務，社工在不同類型的機構提供的服務模式有極大的差異，這顯示藥癮社會工作的多元樣貌，有些模式偏向病理模式，有些偏向個案管理模式，有些則偏向復元模式，實務上的操作並不是如此截然區分，我們所服務的藥癮者是在不同類型的機構之間來來往往，但為了幫助讀者理解，寫作上還是作了區隔。

　　第四部分是十三章至十六章，特別將與藥癮有關的特定議題進行深入探討，例如家暴議題、女性議題、青少年議題、傳染病議題與藥癮問題交織在一起時，處理上具有特定的需求與特性，藥癮只是問題情境的一部分，而不是單以藥癮處遇為唯一目的，社會工作者如何協助處理這些多重需求與複雜狀況，

特別需要智慧，文中處處顯示作者們對於女性、少年、感染者的深刻關懷，希望讀者能從中受到啟發與感動。

　　本書的出版要感謝寫作團隊的共同努力，也謝謝臺灣社會工作專業人員協會支持這本書的完成，這樣的寫作只是一個開始，藥癮社會工作能否建構出更好的服務，仍有待更多努力與更多經驗的累積，懷著戰兢的心情，我們誠摯地把這初熟的果子獻給臺灣社會與藥癮家庭。

佩真

于山城埔里

Chapter **1**

物質濫用與成癮概念

——束連文

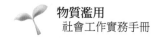

　　成癮物質的濫用問題是很複雜且牽涉許多面向的議題，由社會現象、道德、群眾、個人行為、法律、控制及處罰、教育、自由權利、經濟活動、健康、公共衛生、醫療疾病等等，不過物質的濫用是發生在人的身上，有時候過度強調物質／藥物／毒品，容易忽略人及自身行為的特色，忘了實際面對的是人，而不只是物質。本章由臺灣目前的濫用問題，簡介非法的成癮物質／毒品及現況，並就成癮物質對人的影響，成癮的概念和成癮疾病慢性化的特性做較詳細的說明。

 臺灣常被濫用的物質種類

　　成癮物質的分類，依其藥理作用分類大致分為：

1. 中樞神經抑制劑，主要效果為抑制中樞神經的作用，例如海洛因、FM2（Flunitrazepam）、安眠鎮靜藥等。
2. 中樞神經興奮劑，作用為中樞神經興奮，例如安非命、MDMA（俗稱搖頭丸）等。
3. 幻覺劑，如大麻、PCP（俗稱天使塵）、愷他命（Ketamine）等。

　　因為不同的物質都有其特有的藥理作用，並不容易將所有的成癮物質清楚地完整分類，而且依不同的分類目的也有不同的分類標準，所以在分類上仍有許多變異；在不同國家，依國情不同分類也不同。以臺灣的毒品分類為例，和西方國家的分類有相當的出入。依照我國《毒品危害防制條例》中的規定，是依毒品的成癮性、濫用性及社會危害性將毒品分為四級，且明列各種毒品的品項。其中海洛因列為一級，安非他命、大麻、和搖頭丸列為二級，而愷他命則列為三級，詳細毒品分類分級可參考公布的「毒品分級及品項」。

　　在臺灣常被濫用的非法物質為海洛因（一級）、安非他命（二級）、搖頭丸（二級）、大麻（二級）愷他命（三級）、FM2（三級），另外還有與新興

的濫用物混雜使用。合法的成癮物質濫用則是酒、菸品及檳榔。

一、常見毒品介紹

（一）海洛因

俗稱白粉、四號及細仔等。

以吸食或注射方式使用，會產生強烈的欣快感，持續使用會產生耐藥性及心理、生理依賴性，隨後就需增加劑量才可達到相同效果，成癮性很強，停止使用時會產生嚴重的戒斷不適反應，如不安、流淚、流汗、流鼻水、易怒、惡寒、打冷顫、厭食、腹瀉、身體捲曲、抽筋等。造成持續使用的惡性循環，濫用者多以靜脈注射，因共用針具或是不潔的注射，易引發病毒性肝炎、愛滋病、靜脈炎及細菌性感染，加上取得來源變異大，過量致死的危險性高。

（二）安非他命

俗稱冰塊、安、安公子等。安非他命類的合成化學物質有許多種，作用大致類似，在臺灣最多的是甲基安非他命。

常見的吸食方式是在吸食器中加熱，吸其煙霧，靜脈注射很少見，有部分是混雜在其他毒品中口服。使用者因為藥物的興奮作用，會有充滿力量、活力，及極度興奮的快感，不需睡眠而精神旺盛，食慾下降。藥效過後會出現疲累、虛脫的感覺，以及體力不濟等戒斷症狀。吸食過量時可能致死；長期使用除了成癮外，也常出現精神病幻覺及妄想的症狀，臨床上稱為安非他命精神病。

（三）MDMA

俗稱搖頭丸、快樂丸、Ecstasy 等。

MDMA 的化學學名是亞甲雙氧甲基安非他命，是一種結構類似安非他命的中樞神經興奮劑，因為媒體報導使用「搖頭丸」的名稱，所以在習慣上有以搖頭丸代表 MDMA 的趨勢，但是實際上濫用的人並不能確定服用的真正成分為何，市售的所謂搖頭丸含有多種混雜成分，使用方式為口服，多是錠劑或膠囊，少數為粉末形式（以咖啡包包裝），近來也有混在溶液中使用，俗稱神仙水。服後會有愉悅、多話以及情緒和活動力亢進的行為特徵，迷幻作用可能產

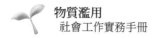
生幻覺，改變感官的經驗。服用後約二十分鐘至一小時會產生作用，濫用效果約可持續數小時。濫用者若在擁擠、高溫的空間下狂舞，因運動過度而水分攝取不足，可能產生體溫過高、痙攣，併發肌肉損傷、凝血障礙及急性腎衰竭而導致死亡。長期使用 MDMA 會對腦部功能造成負面影響，注意力、警覺力、記憶力、學習能力，都會明顯退化。因為非法的濫用形態，其中混有不同成分甚至有害雜質，又因會減弱自我控制能力，服者可能會對自身行為安全掉以輕心，造成意外傷害。

（四）氟硝西泮

俗稱 FM2、約會強暴丸、十字。

屬於安眠藥物，能迅速誘導睡眠，醫療上需依照醫生指示使用，會使人緊張及焦慮減輕，有安詳鬆弛感。具有心理及生理依賴性，過量使用會引起嗜睡、注意力無法集中、神智恍惚及昏迷現象，並造成反射能力下降、運動失調、思想及記憶發生問題、精神紊亂等情況。由於其安眠作用又快又強，而且效果久，因此被一些有心人士加以利用，加在飲料中迷昏人來達到犯罪目的。同樣因為媒體報導使用 FM2 的字眼，而有取代學名的趨勢，但市面上所稱的「FM2」不必然是氟硝西泮，反而有些人泛指有安眠作用的藥物都叫 FM2。

（五）大麻

俗稱草、麻仔及老鼠尾等。

大麻是一種歷史悠久的植物，其中主要的作用物質是四氫大麻酚（Tetrahydrocannabinol，簡稱為 THC），作用在中樞神經和心臟血管系統。使用大麻後，會改變感官知覺和情緒，反應變慢，心跳和血壓也跟著改變。吸食大麻會影響注意力，手眼的協調也會變差；也有可能使精神病的症狀惡化。臨床上因為戒斷症狀不明顯，所以有些人以此宣稱大麻沒有傷害性。大麻在臺灣列為二級毒品，受到嚴格控管，濫用情形不嚴重，不過近年來略有增加的趨勢。其他國家對大麻使用的管制和本國不同，例如美國對大麻使用的管制已經放鬆，甚至部分地區開放大麻的娛樂使用，這也對於國內的大麻管控情形造成影響。另外由於科技發達，化學合成技術已經可以合成類大麻的化學物質，所

以新的具有大麻作用的合成物將會快速增加，也對於大麻的控管投下不確定的變數。

（六）愷他命

俗稱 K 仔、卡門、K 粉、K 他命、褲子。

愷他命是一種中樞神經傳導抑制劑，醫療上用來當成麻醉藥物，特別是小孩和動物的麻醉，但因為病人在麻醉恢復時會影響精神狀態，而逐漸被其他的麻醉藥取代，目前仍有部分醫療使用。至於愷他命的濫用問題並非是醫療藥物流出引起的，而是非法的愷他命走私且大量使用。近年來愷他命的濫用快速增加，是目前嚴重的問題之一，而且濫用形態也不同於以往。愷他命的施用途徑包括口服、靜脈注射、肌肉注射、鼻吸，以及混合菸草或大麻做成所謂的 K 菸。鼻吸 K 粉（俗稱拉 K）和吸 K 菸是目前最常用的兩種途徑。

由於大量愷他命的作用，會產生精神狀態與情緒的改變，與現實環境分離的感覺，並會產生幻覺或類似靈魂出竅的經驗。濫用多半是在所謂「玩樂」及「助興」的情境下開始，但大量使用會造危險。愷他命會產生無助、對環境知覺喪失，伴隨協調功能障礙及對疼痛感知降低，讓使用者處於危險狀態。在吸食愷他命之後會出現心跳過快、血壓升高、肌肉緊張、意識混亂、幻覺、行為失控、噁心嘔吐、視覺模糊、暫時失憶等症狀，由於無法預測是否會出現嚴重不良反應，往往是嚴重副作用發生後才知道。長期使用會產生耐藥性及心理依賴性，造成強迫性使用，對於精神狀態的長遠影響包括記憶力及智力的衰退、情緒不穩定、行動機能受損等。對於泌尿系統會引起膀胱發炎反應，造成頻尿、尿急、血尿等症狀，這個發炎反應實際的作用機轉尚不明瞭，但是會造成永久性的損傷，所以常會見到愷他命的使用者因為症狀持續，導致需要包尿布。停藥後生理戒斷症狀雖不嚴重，但是渴癮強烈，不易控制使用行為。

（七）其他新興濫用藥物的問題

在藥物非法濫用的生態之中，製造毒品者沒有品質管制要求，也不存在商業行為中對消費者的誠信及保護原則，非法的濫用物質重視的是市場接受度，所以會有各式各樣推陳出新的流行藥物產生。濫用者每次買到的東西都不相

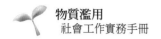

同，外觀及內容物都不確定，危險性更高。

新興的濫用藥物還有一個稱為「人工合成毒品」（designer drug）的問題。目前法律列管藥物是採用明列品項的方式，如果將列管藥物的化學結構略為改變，就會產生藥理作用類似的不同藥物，以此規避管制，如今這類新合成的濫用藥物已出現在市面上。

（八）合法成癮物質的問題

菸品及酒並未列為非法物質，但是成癮的問題同樣存在，而且對整體社會也造成相當嚴重的影響，只是社會大眾習以為常罷了。菸品造成呼吸道及肺部病變，導致龐大的醫療支出；酒類使用後自制能力下降引發衝突、危險及暴力行為，酒駕事故和家暴事件等也經常發生。藥癮者合併菸酒的使用行為非常普遍，也是需要重視的公共衛生議題。

國內物質濫用趨勢與概況

隨著時間及社會的演進，濫用的物質一樣也在改變，以臺灣的毒品海洛因問題為例，在推動使用替代治療藥物進行治療後，已經在近年受到控制，明顯減少，但同時期所謂的「娛樂性」藥物愷他命卻大幅增加，圖 1-1 利用司法單位查獲毒品施用人數的變化來說明，一級毒品施用人數由民國 96 年高峰的 47,580 人；快速下降到民國 102 年的 17,204 人；二級毒品施用的人數由民國 96 年至民國 102 年，呈現緩慢增加趨勢，至民國 102 年為 35,198 人；三級毒品的增加幅度最大，由民國 98 年開始就快速成長至民國 102 年的 30,239 人。

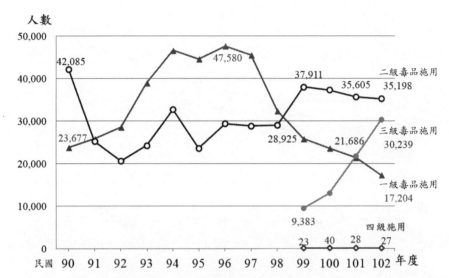

圖 1-1 司法單位查獲毒品施用人數變化（民國 90 年到民國 102 年）

資料來源：民國 103 年 8 月行政院毒品防制會報當前毒品情勢分析資料

說明：第一、二級毒品施用查獲人數為地方法院檢察署偵查新收人數，第三、四級毒品施用則為
警察機關查獲施用或持有未滿 20 公克人數。

由圖 1-2 可以看到，一級毒品的平均年齡隨年度逐漸增加，這代表海洛因使用人口群的老化，新加入的使用者少，所以同一群人的平均年齡逐年增加；但是二級毒品施用者的平均年齡，由民國 97 至民國 101 年沒有增加，代表持續有年輕的新加入者進入二級毒品的使用行列。

以往常被認為毒品人口是特定的犯罪族群，例如海洛因毒品使用者，和一般人生活有別，局限於毒品的使用圈，但這種現象已在改變中。近年來的毒品如 MDMA、新興藥物、愷他命的濫用已不再是特定族群，而是呈現廣泛的年輕化及普遍化的趨勢。

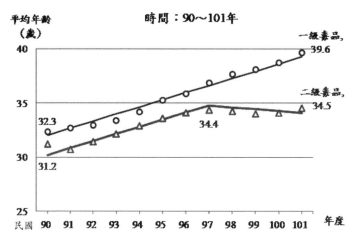

圖 1-2　一級和二級毒品施用平均年齡變化圖（民國 90 年到民國 101 年）
資料來源：民國 102 年 8 月行政院毒品防制會報當前毒品情勢分析資料

叁 使用者的特性、次文化與心理

　　物質濫用的現象在所有社會都會出現，可以視為是必然出現的社會現象，但是如何處置則是社會需要面對的問題。而使用者也是社會中的一分子，對於成癮物質的使用也有自己的看法及次文化，這些其實是和濫用的環境相關，因為使用行為經常是群聚而且不公開的。毒品使用是屬於犯罪行為，所以使用者在生活上會產生特殊的因應方式。對毒品使用者的調查研究顯示，毒品人口和犯罪的關係密切，對於人不信任、不遵守規則、行為衝動、以暴力方式解決爭端等等，這些都源自於使用環境影響而並非藥物／毒品本身。另外在矯正體系經驗也是一個很大的影響，因為毒品而入獄服刑的人，占目前監所內受刑人的四成，眾多的毒品使用者都在監所內「學習」過，也造成在應對及表現特質上的影響。

成癮的成因與歷程

一、物質成癮的病理觀

「癮」的意思是指某種過度的嗜好，不一定不好，我們也常會用「上癮了」來描述自己，如玩樂太多上癮了。不過在這裡所談的成癮不只是行為上的表現，而是物質的成癮，因為受到具有成癮性的物質影響，除了行為上是上癮現象，還有另外的改變。

物質濫用問題很複雜，其中對於成癮的現象有不同的觀點及理論，而醫療體系對成癮在生理、心理影響的研究已有明確的結果。由醫學角度來看成癮的現象，研究結果都支持成癮是慢性疾病的結論。成癮事實上是腦部功能失調的疾病，重覆使用成癮物質，對腦部神經系統的影響是持續且累積加成的。因為長期受到成癮物質的作用，以及個體對於成癮物質作用影響後的適應過程，造成生物體在功能及能力上都發生改變。這些改變包括了腦部神經迴路的變化，以及對藥物作用適應反應的變化，整體的變化就是控制功能的缺損，而在行為上顯現的症狀就是成癮的各項行為表現。更進一步的，許多研究證實了這些改變是長期的，不會自行恢復。

總而言之，物質成癮就是一個不會自行恢復的腦部病變，這個病變產生生理、心理上的改變，及行為控制能力上的改變。在個人的行為上就是成癮的表現——對成癮物質使用的控制能力障礙。

二、成癮歷程的表現

使用物質／藥物／毒品而成癮，程序上是漸進的，如果單純由使用行為的角度來看，可以很自然地分成下列幾個歷程階段：

1. 開始階段：不論是任何原因，例如好奇心驅使、逃避現實或為解除病痛與挫折，因為受到影響且有機會取得藥物，開始嘗試使用。
2. 繼續階段：首次使用後，不論是自己想要再次使用，或是環境影響而繼續使用，週期性或間歇性地繼續使用藥物，尚未達成癮之階段。

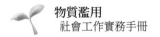

3. 沉迷階段：已經重覆使用藥物而成為習慣性使用，有部分的生理、心理依賴性產生。

4. 成癮階段：重覆使用藥物後，產生生理及心理之依賴及耐藥性，而有繼續使用的衝動。

5. 戒斷階段：此階段是藥物成癮者，因為身體上已產生藥物依賴，藥物已改變個人的生理狀態，若中斷而不繼續用藥，則會產生戒斷症狀，生理功能受到影響甚至產生危險。

　　不過若要深入了解成癮發展歷程，還有幾個觀點要說明。首先，成癮的發生並非只有成癮物質使用這個單一影響因素，其實也和環境、體質（遺傳特性）相關。也就是說，成癮的發展歷程也受到基因跟環境共同的影響。在物質濫用的早期，是否會成癮，環境的影響因素會相對比較重要，就如同青少年物質濫用大部分是來自同儕的影響，或者環境上的一些誘因，但是隨著物質使用行為的持續，到了物質濫用的後期，隨著物質的使用時間較長，這時候環境因素的重要性不再是決定性的，相對比重下降，反而是個人體質／遺傳基因的特質較具影響性。的確有些體質的人對特定的藥物較不易成癮。

　　其次，人是有改變的機會，而這個改變是否會發生，和自己能夠投入多少努力直接相關，如果個人的恢復力（resilience）較佳者可能就有較好機會不進入成癮，或是成癮後有較高的機會改變及走向康復的路。也就是在討論個人是否會發展為成癮者，除了藥物之外，環境及人的因素不可以忘了。

伍 成癮現象的特性與診斷

　　對於成癮的現象，理解上其實並不困難，只是對於沒有成癮經驗的人來說，不易體會成癮所造成的影響。尤其是談到毒品成癮，更容易因為事關犯罪，而以道德的眼光來要求不能使用毒品，忽略了成癮在其中的角色。

一、物質／藥物濫用

凡不是以正當醫療用途為目的，並未經醫師處方或指示的情況下，過度且強迫使用某種藥物，其程度足以傷害個人的健康，即稱為「藥物濫用」。也就是說正確使用是藥物，一旦過度濫用就是毒品了。

二、上癮

個人對某種物質依賴程度到「失控」或「被控制」的程度，該物質／藥物成為整個人的生活中心，沉溺其中，以致於頹廢喪志。長期慢性使用某種物質，造成不靠藥物無法維持生活狀態，即表現「心理依賴」和「身體依賴」的現象。

成癮是慢性疾病，而症狀可由行為表現上看到，主要的表現是失去對物質使用的控制能力（loss of control），這個「失控」是成癮的核心症狀，有些成癮者在治療當中可以好像重新獲得對成癮物質的控制力，表現為完全停止藥物的使用行為，可是大多數人如果沒有改變還是會復發的。成癮者在臨床上表現的特性是：

1. 持續使用（use），即使已造成傷害，引發生活上不好的影響，仍然持續使用。
2. 沒有辦法抗拒渴求（craving），只要在生活上出現了一些情緒上或環境上的線索（cue），很容易引發這個渴求感，非常難以抗拒。
3. 成癮是慢性化（chronic）的病程，就如同其他的慢性疾病如高血壓、糖尿病一樣是慢性疾病。
4. 容易復發（relapse）。

要明確客觀的診斷需要有可以操作的標準，《精神疾病診斷與統計手冊》（*The Diagnostic and Statistical Manual of Mental Disorders*，簡稱為 DSM）是常用的準則，雖然在新的第五版手冊中已將物質使用疾患診斷準則部分做了修正，將依賴（dependence）和濫用（abuse）字眼去除，而只使用物質使用疾患

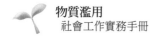
作為診斷名稱（主要原因是分析兩者的分別在臨床病程上及處置原則上，並沒有太大的意義），不過因為現行大部分的研究都是依據第四版的準則，而且其對於成癮診斷的精神是相同的，所以在這裡還是介紹第四版的準則。

依據《精神疾病診斷與統計手冊》（*DSM-IV TR*），物質依賴（Substance Dependence）（等同於成癮）是一種適應不良的物質使用模式，導致臨床上重大損害或痛苦，在同一年期間內出現下列各項中三項或三項以上：

1. 出現耐受性。指的是產生以下二種情況之一：
   (1) 需要明顯增加劑量才能達到所需效應。
   (2) 若繼續使用原有劑量，效應會明顯減低。
2. 戒斷表現為以下二者之一：
   (1) 有特徵性的該物質戒斷症狀（參閱該種物質的戒斷標準）。
   (2) 用同一（或近似）物質，能緩解或避免戒斷症狀。
3. 該物質往往過量使用，或使用期間超過應該使用的期間。
4. 長期以來有戒掉或控制使用該物質的慾望，或曾有戒除失敗的經驗。
5. 需花費很多時間來獲得該物質、使用某種物質，或從其藥物效應中恢復過來。
6. 由於使用／濫用該物質，放棄或減少了重要的社交、職業或娛樂活動。
7. 儘管知道持久或反覆發生的軀體或生理問題，都是該物質所引起或加重的後果，但仍繼續使用。

在此要特別澄清對於疾病的誤會，曾有對藥癮是慢性疾病的意見如下：「認為既然物質／藥物成癮是一個疾病，會鼓勵人們濫用藥物，甚至因為是病人所以用藥不需負責任」。

要說明的是，成癮是一個疾病的概念並不能免除成癮者的責任，成癮是一個疾病的概念，是要協助個案，提醒他們要為自己的康復而努力，經由治療及改變，面對一再復發的問題。讓病患了解腦部病變的傷害，以及沒有辦法自行回復的事實，所以不應再用過去舊有的模式面對，而必須要使用全新、正確的

方式，運用有效的藥物治療，學習改變的技巧，努力面對及避開不良環境的影響，預防復發，讓自己不再掉入危險情境，以彌補自我控制能力的缺損。在醫療中我們不適合告訴成癮者：「靠自己的意志力就能克服成癮」。

陸 物質濫用的治療

　　在了解成癮的疾病後，針對物質濫用的治療，有兩部分：第一部分，不論是否達到成癮程度的病患，停止成癮物質的使用都是極為重要的，控制、監測、強制處遇都是可以和醫療治療合併運用的。第二部分是對於成癮者的問題，藥癮治療的目標就不只是針對成癮物質，是為了幫助個人停止或減少毒品使用、減少與毒品使用有關的危害，並完成在家庭、工作和社會當中的功能。對大多數人來說，需要的治療是長期的過程，涉及在戒毒的多重處遇活動，過程中每個人進步的速度不一，因此治療時間的長短並不能預先訂好。一般來講，治療持續的時間越長，效果會越好。幫助物質成癮者的方式，由醫療上對於成癮者所提供的醫療方式來看分為：

1. 門診追蹤模式。
2. 住院治療模式，併用醫療的各種手段。
3. 替代治療模式。
4. 治療性社區。
5. 強制處遇方式。
6. 減害措施。

以下是美國國家藥物濫用研究所（NIDA）關於成癮有效的治療原則：

1. 成癮是一種複雜的，但可治療的疾病，影響大腦功能和行為。
2. 沒有單一的治療方法是適合所有人。

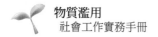
3. 治療的服務需要容易獲得。

4. 有效的治療需照顧到個人的多重需求，不只是藥物濫用。

5. 停留在治療的時間是否足夠是重要因素。

6. 行為治療法，包括個人，家庭或團體諮商，是必要的藥物濫用治療形式。

7. 藥物對許多個案而言是治療的重要項目，特別需要結合諮商與行為治療。

8. 個體的治療和服務計畫必須不斷進行評估和修改，確保其變化的需求。

9. 許多吸毒成癮者也有其他心智障礙。

10. 醫療協助解毒只是成癮治療的第一階段，對於長期濫用藥物幫助有限。

11. 治療不必是自願的才有效。

12. 在治療過程中藥物的使用必須連續監測，因為在治療過程中可能會有失誤。

13. 治療方案應檢驗個案的 HIV／AIDS，Hepatitis B 與 Hepatitis C，TB 和其他傳染病的存在，提供風險降低的諮詢，若有必要需連接個案接受治療。

參考文獻

《毒品危害防制條例》（民 44 年 6 月 3 日）。全國法規資料庫，
取自 http://law.moj.gov.tw/LawClass/LawAll.aspx?PCode=C0000008
精神疾病診斷與統計手冊（DSM-IV TR）

American Psychiatric Association (2000). *Diagnostic and Statistical Manual of Mental Disorders,Fourth Edition: DSM-IV-TR.*Arlington, VA,US: American Psychiatric Publishing.

精神疾病診斷與統計手冊（DSM-5）

American Psychiatric Association (2013). *Diagnostic and Statistical Manual of*

*Mental Disorders, FifthEdition.*Arlington, VA: American Psychiatric Publishing.

美國國家藥物濫用研究所（NIDA）

National Institute on Drug Abuse (2012). *Principles of Drug Addiction Treatment: A Research-Based Guide, 3rd edition.* Retrieved from http://www.drugabuse.gov/sites/default/files/podat_1.pdf

Chapter **2**

物質濫用的防治政策與防治網絡

——束連文、王思樺

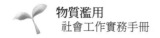

壹 聯合國反毒政策

　　國際間對於毒品問題的管制是以「減少供應」（Supply Reduction）、「減少需求」（Demand Reduction）及「減少傷害」（Harm Reduction）三大工作方向為主軸。

　　聯合國有三個國際的反毒公約：

1. 1961 年「麻醉藥品單一公約」（the Single Convention on Narcotic Drugs）
2. 1971 年「精神藥物公約」（the Convention on Psychotropic Substances）
3. 1988 年「禁止非法販運麻醉藥品和精神藥物公約」（the Convention Against Illicit Traffic in Narcotic Drugs and Psychotropic Substances）

　　雖然臺灣不是正式的聯合國會員國，不過同樣以這些公約的精神制定反毒的政策。公約中有一個重要的訊息是強調「治療可以替代處罰」，締約國可規定除了進行對於毒品的定罪或懲罰外，可對罪犯採取治療、教育、善後護理、康復或回歸社會等措施。在較為輕微的案件中，可運用定罪或懲罰以外的替代辦法，採取諸如教育、康復或回歸社會等措施。若罪犯為成癮者，還可採取治療和善後護理等措施。

　　聯合國毒品與犯罪問題辦公室（UNODC）宣誓的適當治療與處遇原則：

1. 將藥物成癮視為一種慢性疾病，並提供持續性的治療服務。
2. 辨識藥物成癮者在生理、心理與社會等面向導致毒癮復發之風險因子。
3. 經由監控與復發預防，促使藥物成癮者重新復歸社會。

　　對於藥物成癮問題的處遇並非單純的生理、心理或醫療問題，而是須以促使回歸社會為核心，除了司法與治療機構外，社區與家庭亦應納入協助體系之

中。治療的目標是要回復身體、心理及社會功能的最佳能力，最終目的是能達到免於依賴藥物的自由，獲得完全社會整合。

國內防制政策

國內的反毒防制政策部分，在行政院設有毒品防制會報定期會議，由法務部為主責的幕僚部會，會報下設防毒監控組、拒毒預防組、毒品戒治組、緝毒合作組及國際參與組等分組。反毒策略為「首重降低需求，平衡抑制供需」，依「緝毒」、「戒毒」、「拒毒」、「防毒」四大區塊及架構分工。並且每年由不同部會輪流主辦全國反毒會議及出版反毒報告書。

主要的法律依據為《毒品危害防制條例》，對於毒品使用仍以處罰為主，近年來逐漸在處遇方式及醫療戒治有部分調整，也嘗試不同的處遇模式。

毒品防制政策的制定以法務部為主要部會，為因應毒品問題改變，行政院對毒品問題的重視度提高，在政策面也接受由各部會、民間及學術單位的意見參與，並且推動地方毒品危害防制中心的成立，態度上趨向於務實。唯減少傷害的工作方向，尚未正式納入毒品政策作為中。

叁 醫療體系

因為社會上仍視毒品使用者為犯罪者，所以在推動以醫療角色幫助成癮者有實際上的限制。如之前的說明，物質成癮是慢性疾病，且於《精神衛生法》中也明訂成癮是屬於精神疾病，但是醫療體系對於成癮者的醫療服務量能並不足。而全民健康保險不給付酒、藥癮的醫療費用，這是在《全民健保法》立法當時就排除的項目，反應當時的社會觀點及政治現實，但是造成發展成癮治療及服務上的實際障礙。所以醫療體系參與成癮治療及專業發展尚需推動。

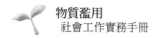
一、替代治療

　　鴉片類藥物替代治療的觀念，是以長效的鴉片促動劑藥物，取代短效的海洛因，以維持藥癮個案的生理功能正常，減少個案對自己及對社會的損害，是以減輕傷害為出發的一種治療方式，可以提供有效且足夠劑量的藥物，取代非法鴉片類藥物的使用。臺灣在 2005 年因為毒品注射使用者之間愛滋病毒傳染爆發流行，針對海洛因毒癮者，從 2006 年推動「毒品病患愛滋減害計畫」，計畫中包含擴大篩檢、衛教、清潔針具及替代療法（這個替代療法後來更名為替代治療）。為了替代治療的需要，才緊急引進替代治療之藥物，早期因為考量經費運用，所以當時疾病管制局選擇引進較低價的美沙冬，作為主要推動的治療藥物，藥品費用全由政府負擔。在執行後，美沙冬替代療法逐漸被民眾接受，現在已成為海洛因成癮者的主要治療模式，有三萬多人接受美沙冬替代療法，目前每日在各醫療單位服用美沙冬的人數將近一萬人。新的替代治療藥物丁基原啡因也已經上市，可供臨床使用，但是價格較高，需要另外自行付費。

　　替代治療是幫助海洛因成癮者非常重要的措施，由醫療角度來說，是合理而且必要的醫療行為。然而替代治療的觀念沒有被社會全面接受，仍存在一些不同的聲音，例如以使用毒品是犯罪的角度而言，替代治療沒有戒毒，只是取代毒品，所謂「以小毒換大毒」，而且在替代治療中成癮者的海洛因使用行為（犯罪）沒有完全停止，只是減少，因此有效果不彰的批評。現況中替代治療的執行仍然是由政府推動的特殊項目，尚未納入常態的醫療業務中，執行品質仍有進步的空間。

二、共病與症狀治療

　　有關物質成癮的共病（comorbidity），對於藥物濫用者流行病學研究顯示，藥物濫用者中，合併有人格違常、精神疾病、自殺、犯罪的比例較高，且自我健康狀態較差。並且有些人在經濟及生活都出問題後，仍持續使用成癮物質，從事性服務或是犯罪以致於忽略身體疾病的預防保護。所以在評估成癮物質使用者時，也需要注意物質以外的因素，檢驗血液傳染病、性病及同時合併發生的疾病。

　　特別是精神疾病的共病現象值得注意，成癮物質的使用會直接影響精神狀態，所以對合併有精神疾病者而言，經常會惡化原有的病症，例如思覺失調症（精神分裂症）的精神病症狀在使用安非他命、愷他命後急性惡化。成癮物質也引發情緒障礙及精神症狀，造成臨床上需要處理。長期使用成癮物質所引起的社會功能、家庭、人際、犯罪、經濟等問題造成的壓力事件，也加重適應上的困難。有些成癮者對自己的健康疏於照顧，當有醫療需求時又因社會上對毒品犯罪的歧視（毒品使用行為視為犯罪，且未納入健保），讓就醫多了一重障礙。長期的成癮物質使用者流落街頭成為遊民的現象在臺灣也有，臺灣遊民多是以經濟弱勢為主，但是遊民中常有飲酒問題者，非法毒品使用記錄也常見。

三、解毒治療

　　戒斷症狀的處理稱為解毒治療（Detoxification）。因為持續使用藥物，身體的生理耐受性產生後，當中止藥物後會產生的生理功能反應，稱為戒斷症狀。一般而言戒斷症狀持續時間和藥物半衰期長短有關，大部分藥物戒斷期間約在一至二週。解毒治療期的治療藥物是穩定病患的生理功能，並依據個別戒斷症狀的呈現給予相關藥物。需要注意同時濫用多種藥物或合併飲酒者，進行解毒治療時，需一併考慮處理各種藥物及酒精的戒斷症狀。

　　解毒治療不等同於所謂的「戒毒」，以往老舊的觀念認為，持續使用成癮物質的原因是怕戒斷症狀，所以強迫停止使用，度過戒斷期，稱為「戒毒／戒癮」。用強制的手段來完成就稱為「勒戒」。解毒治療對成癮的長期影響很小，不過解毒治療常是病患接觸醫療的開始，要完整的評估診斷，並協助病患了解成癮的本質及後續努力的方向。

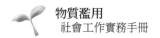
肆 司法體系

一、司法制度發展

• 民國 44 年至民國 81 年——《戡亂時期肅清煙毒條例》時期：

自民國 44 年政府頒訂《戡亂時期肅清煙毒條例》，全文共二十二條，目的為以嚴刑峻法遏止毒品濫用，對於勒戒斷癮後再犯者加重其刑至三分之二、三犯更處死刑或無期徒刑，但因僅重施用毒品者生理戒斷，忽略對毒品心理依賴的戒除。

• 民國 81 年至民國 87 年——《肅清煙毒條例》時期：

民國 81 年更名為《肅清煙毒條例》，民國 82 年行政院鄭重宣布「向毒品宣戰」，同時訂定「行政院肅清煙毒執行計畫原則」成立跨部會之「中央肅清煙毒協調督導會報」，並於同年 6 月首次成立全國性反毒大會，邀集國內外專家，商討「斷絕供給」與「減少需求」的反毒策略，以及討論如何執行「拒毒」及「戒毒」的反毒工作。民國 83 年參考其他國家管制毒品的措施與立法案例、聯合國相關公約精神，以及臺灣社會環境的實際需要，修正《肅清煙毒條例》，並將將毒品依毒性之不同，從成癮性、濫用性以及對社會危害性三個層面，分為三級。

• 民國 87 年至今——《毒品危害防制條例》時期：

民國 87 年又再次更名為現今的《毒品危害防制條例》，之後針對毒品的層級及品項又有多次增修。另外，《麻醉藥品管理條例》是除刑法鴉片罪章以及規範煙毒犯罪之法令外，一個與藥物濫用息息相關的法令，此為管制化學合成麻醉藥品及其製劑（如：速賜康等）而定立之法案，其雖於民國 18 年 11 月 11 日公布施行，但因社會變遷，法條內容歷經多次修正，又因臺灣於民國 89 年開始，吸食安非他命人口急速增加，使得整個社會籠罩在毒品氾濫的陰影裡，行政院衛生署（現在的行政院衛生福利部）於民國 79 年 10 月 9 日將安非他命公告列為《麻醉藥品管理條例》第二條第四款所規定之化學合成麻醉藥品製劑，對於製造、持有、販賣、或吸食安非他命者均予以管制科刑，將吸食安非他命「入罪化」的結果導致煙毒犯人數增加，因毒品案件被偵查起訴以及在

監執刑的人數呈現大幅成長，民國 87 年 5 月 20 日《毒品危害防制條例》修正又將安非他命一併列入法條之中，規定為第二級毒品。

參酌法律發展至今，可以看出國家政策在司法制度上的演進，將毒品成癮者從犯罪的概念慢慢演變為疾病的看法。《毒品危害防制條例》第二十條[1]點明毒品成癮者不再只被視為罪犯角色，可依醫療觀點檢視並提供毒品成癮者戒癮的途徑及方法。

二、檢警體系中毒品犯處置流程

警方依據法令執法後，將使用毒品者以現行犯移送或是驗尿後函送地方檢察機關，檢察官依據證據進行偵查起訴進入司法流程，嫌犯經過地方法院審理是否有使用一、二級毒品之實，並依據《毒品危害防制條例》進行裁定不起訴、勒戒，或是進行緩起訴如替代療法或其他社區性治療，但毒品使用者若為五年內再犯者則依《毒品危害防制條例》第十條判處徒刑；當使用三、四級毒品被查獲時，可依據《毒品危害防制條例》第十一條之一，無正當理由持有或施用第三級或第四級毒品者，處新臺幣一萬元以上五萬元以下罰鍰，並應限期令其接受四小時以上八小時以下之毒品危害講習，以上是從法律面看見司法機關對於毒品使用者，除了處罰外也兼具教育、治療的思考方式。

1　《毒品危害防制條例》
　　第 10 條　施用第一級毒品者，處六月以上五年以下有期徒刑。
　　　　　　　施用第二級毒品者，處三年以下有期徒刑。
　　第 20 條　犯第十條之罪者，檢察官應聲請法院裁定，或少年法院（地方法院少年法庭）應先裁定，令被告或少年入勒戒處所觀察、勒戒，其間不得逾二月。
　　　　　　　觀察、勒戒後，檢察官或少年法院（地方法院少年法庭）依據勒戒處所之陳報，認受觀察、勒戒人無繼續施用毒品傾向者，應即釋放，並為不起訴之處分或不付審理之裁定；認受觀察、勒戒人有繼續施用毒品傾向者，檢察官應聲請法院裁定或由少年法院（地方法院少年法庭）裁定令入戒治處所強制戒治，其期間為六個月以上，至無繼續強制戒治之必要為止。但最長不得逾一年。
　　　　　　　依前項規定為觀察、勒戒或強制戒治執行完畢釋放後，五年後再第十條之罪者，適用本條前二項之規定。
　　　　　　　受觀察、勒戒或強制戒治處分之人，於觀察、勒戒或強制戒治期滿後，由公立就業輔導機構輔導就業。

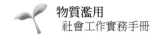
三、觀護與更生保護

受戒治人出所前，即會接受管轄範圍內的更生保護會進行個別輔導或團體輔導，了解受戒治人出所後是否有接受服務的需要。受戒治人出所後需接受六個月的所外追蹤輔導，以及由該戶籍地之警察機關執行兩年的尿液篩檢，以追蹤是否有繼續施用毒品。

伍 監所體系

一、法源依據

《毒品危害防制條例》給予觀察勒戒、戒治處所成立的法源依據，民國87年陸續訂立了《觀察勒戒處分執行條例》以及《戒治處分執行條例》，毒品成癮者開始於監所依法接受處遇，未成年與成年犯、男性與女性分別安置於不同處所，觀察勒戒者最主要接受生理方面的戒斷，由與監所簽訂合約的醫療院所指派精神科醫師、心理師或是社工師進行生理、心理、社會的評估，以了解毒品使用者是否有再度施用傾向，再將相關結果於法定期間內報請檢察機關，檢察官依據結果聲請法院或少年法院釋放或是改判強制戒治。

二、監所現況

全臺灣目前分北、中、南、東四個收容成年男性戒治人的獨立戒治處所，女性戒治人則被收容於女性收容監所附設戒治所，未成年者則於各地區少年輔育院附設戒治處所，戒治所依法律規定，必須聘請心理師、社工師等專業人員針對個案進行相關處遇，以達到毒癮戒治的目的。移送戒治處所者改稱受戒治人，受戒治人於戒治處所進行心理戒斷，依《戒治處分執行條例》進行三階段處遇，分別為調適期、心理輔導期、社會適應期，目的為改變成癮者對於成癮物質的心理依賴，每階段皆會透過所內管教小組會議，再經過所務會議決定受戒治人的評估結果是否符合呈報停戒標準，最後由所方陳報檢察官向法院申請停止戒治。

此外，司法官學院犯罪防治中心一份「近三年來國內毒品問題狀況分析」報告中揭露，國內自 100 年開始每十個犯人中有四個為毒品犯，因此犯毒品罪者除於戒治所進行戒治處遇外，也有大部分的收容人於監所執行徒刑，部分監所設置戒毒專班，將此類型之收容人集中進行教誨處遇，如法務部矯正署新店戒治所收容北部犯毒品吸食及合併其他犯罪之收容人，提供課程、技訓、個別或是團體輔導，並安排社工或心理師提供相關處遇；明德戒治分監收容臺中以南、刑期六年以下之收容人。其中含犯毒品吸食之罪之收容人，進行宗教戒毒模式。

陸 教育體系

民國 89 年因媒體大幅報導安非他命入侵校園事件，以及安非他命中毒案激增，政府除增加法律上的控制力外，並成立「防制濫用安非他命工作業務協調會議」、「春暉專案推動小組」等，教育部也為防制學生濫用藥物，於民國79 年 12 月 11 日訂頒「各級學校防制學生濫用藥物」實施計畫，又於民國 80年 9 月 3 日將「防制藥物濫用」、「消除菸害」、「預防愛滋病」等三項工作合為「春暉專案」（淡江大學軍訓室，2014）。

教育部規定各級學校執行春暉專案，設立專責小組，目的為防制學生藥物濫用、消除菸害、拒絕酗酒、禁止嚼食檳榔及推動愛滋病防治教育，以維護學生身心正常發展，其實施方法為針對學生、職員以及回歸學校的中輟生，進行教育宣導與清查班級學生是否有濫用毒品問題並提供協助。民國 92 年教育部補助各級機關學校及民間團體辦理「春暉專案宣教活動實施要點」，以提供經費的方式，表現對於校園毒品預防的重視。

教育部 94 年 8 月 15 日又再頒布「防制學生藥物濫用三級預防實施計畫」，其意旨透過三級預防降低校園毒品問題，實施目標及策略如下：

層級	目　　標	策　　略
一級預防	活得健康、適性發展、無藥物濫用	減少危險因子、增加保護因子
二級預防	早期發現，早期介入，預防藥物濫用、成癮或嚴重危害	進行高危險群篩檢，並實施介入方案
三級預防	降低危害、有效戒治、預防再用	結合醫療資源，協助戒治

　　二級預防中建立清冊，鎖定特定人員進行尿液篩檢，並強化學生藥物濫用通報；三級預防則為最後一步防護網，學生藥物濫用個案，若經輔導三個月後仍未戒除，協助學校並結合家長，將個案轉介至行政院衛生福利部指定之藥癮治療業務醫療機構，或視個案情況報請法制單位協助處理。

　　民國 97 年教育部開始將防制毒品進入校園以及解決吸毒問題列入施政方針中，民國 98 年施政方針中開始提出加強改善學生藥物濫用部分（教育部，2014）。在民國 101 年總統出席反毒會議的反毒博覽會時，教育部與總統、民間團體共同宣示「紫錐花運動」，民國 102 年教育部整合先前的「春暉專案實施計畫」及「防制學生藥物濫用三級預防實施計畫暨輔導作業流程」並函頒旨揭計畫（取代原春暉專案實施計畫），期以紫錐花運動成為反毒最佳代名詞，具體落實學生藥物濫用三級預防工作。紫錐花運動除包含過去的校園戒毒計畫、春暉運動，並整合各部會機關共同掀起社會反毒運動，並期許將此概念推向國際。

柒 社政體系

　　社政在成癮問題上的著力點，仍是與毒品危害防制中心相互連結，透過毒品危害防制中心個管師的轉介，由社會局社工科接案後提供社會福利相關服務，特別是經濟補助部分，另一個會與成癮問題的個案接觸的來源為高風險家庭的通報系統，因為未成年子女照顧問題被關注後，進而發現家庭中成員的物質成癮問題，成癮問題多被轉至各縣市毒品危害防治中心進行處理，如參加衛

教團體或是進行醫療院所的戒癮治療。另外，家暴體系的社工在處理家庭暴力問題時，偶會遇見家暴問題與家中成員物質成癮問題產生關連，但較多與酒癮有關，成癮問題的解決也成為該類家暴議題處理的關鍵。

一、毒品危害防制中心個管與整合運作

民國 95 年 6 月 2 日行政院舉行第一次毒品危害防制會議，院長裁示由法務部協助各縣市政府成立毒品防制中心，縣市政府以跨局處方式承辦毒品防制業務，針對施用一、二級毒品者追蹤兩年提供戒癮、就業及社會福利等服務。但因跨部會整合的做法，縣市毒防中心多屬任務編組，使其執行能力不張，直至民國 99 年增訂《毒品危害防制條例》第二條之一，明定直轄市、縣（市）政府應由專責組織辦理毒品防制業務以及編列預算辦理毒品防制業務，使毒品危害防制中心始有法源基礎以及經費可以聘請專職人員執行業務。該中心業務涵蓋「三級預防」工作，依業務分設四個組別負責不同面向的毒防業務，並各別由中央相關部會督導業管業務。預防宣導組由地方教育局主政，由教育部督導；轉介服務組由地方衛生局主政，由衛生福利部督導；綜合規劃組由衛生局及警察局主政，由法務部及內政部警政署督導；保護扶助組由社會局、勞政相關單位主政，由衛生福利部及勞動部督導，毒品危害防制中心的服務對象除了監所因毒品案即將出監之收容人外，民國 98 年 3 月 1 日起，政府設置二十四小時免付費戒毒成功專線 0800770885，所有求助電話將轉接至當地毒品危害防制中心，讓求助者可隨時撥打，不必擔心身分曝光，毒品危害防制中心的專業人員，就近針對個別狀況提出建議，內容包括專業諮詢、心理建設、社會扶助、醫療協助及就學就業輔導等全方位服務。

法務部於民國 97 年 11 月 20 日的「法務部毒品成癮者單一窗口服務」工作小組第十次會議決議，更積極要求各地毒品危害防制中心需每月針對即將出監的個案進行會談輔導，針對其出所後的主要需求提供後續就業、社會福利、戒癮治療及資源連結等服務，以建立信賴關係，並且分配各毒品危害防制中心之轄區監所責任範圍。此外，政府也透過各種中央補助如「補助地方毒品危害防制中心辦理強化藥癮者輔導處遇計畫」、「地方毒品危害防制中心戒毒成功

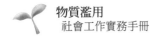

專線補助計畫」等，鼓勵地方政府推動相關業務，但因各地毒品危害防制中心進行方式不盡相同，所彰顯的成效也多因地方重視程度有所差異，因此法務部每年邀請內政部、衛生福利部、教育部、勞動部等相關部會，組成聯合視導小組，實地至各縣市以督考方式視導各縣市毒防中心業務推動現況，經績效評比明列名次，以激勵各中心並改善現存缺失。監察院也曾於民國 102 年針對毒品危害防制中心提出糾正案，就全國毒防中心實施狀況進行調查，並提出調查意見，藉此要求地方政府增加對此業務之重視（監察院，2013）。

二、非營利組織與治療性社區（含福音戒毒）

　　成癮者除尋求醫療幫助外，在社區偶而會尋求非營利機構協助，進行毒癮戒斷，非營利組織依成立目的提供不同面向服務，部分機構提供心理諮詢、教育宣導，以及過來人之情緒支持，如社團法人利伯他茲教育基金；部分機構進一步提供中途之家的服務，幫助成癮者於機構內進行毒癮戒斷，如社團法人臺灣減害協會、財團法人基督教晨曦會、財團法人基督教花蓮主愛之家、財團法人屏東縣私立基督教沐恩之家、財團法人基督教更生團契、財團法人高雄縣立慈暉關懷學園、中華毒害覺醒菩提大協會、社團法人臺灣愛滋快樂聯盟、財團法人臺灣基督教主愛之家、社團法人中華趕路的雁全人關懷協會、基督教蘆葦身心靈恢復中心等，但絕大部分的組織或是治療性社區（therapeutic community，簡稱為 TC）都具有宗教色彩，惟臺灣首座戒毒村「茄荎山莊」，透過醫療專業人員二十四小時服務，增進居民人際關係、生活技能，完全脫離毒品生活，回歸社會。

捌 物質濫用防治網絡關係

　　目前物質濫用的防治網絡分公部門與私部門，公部門部分由社政、教育、衛生體系提供人力成立毒品危害防制中心，進行社區毒品濫用問題的防治、轉介或輔導，法務體系則與毒品危害防制中心合作，在監禁機構中的成癮問題由

司法體系提供服務，在社區部分則由毒品危害防制中心提供，但醫療所院則跨越公私部門；在私部門則有非營利組織及治療性社區等，上述體系如圖 2-1。

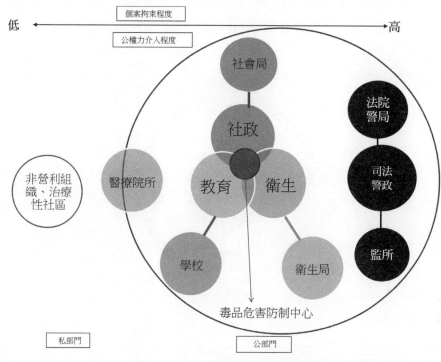

圖 2-1　物質濫用防治網絡關係

　　圖 2-1 讓讀者粗略了解，目前臺灣成癮防治的體制仍在整合階段，並無單一窗口可處理物質成癮問題，各單位間也並非環環相扣，個案可能流竄於各系統間無法獲得全面協助，我們深知物質濫用問題需要不同單位介入，但究竟由哪個系統啟動處遇機制，則取決於個案進入服務系統的時機和問題點，譬如：青少年個案在學校中被發現成癮問題，教育系統極可能為個案進入物質濫用處遇的最初服務提供者或是轉介者；路倒病人送入醫療體系，被發現用藥過量，衛生體系則成為此案最初的介入單位。成癮問題的成因很複雜，無法就單一面向逕行處理，需要各體系的協調合作，以期提供個案最完整的服務輸送，如家暴個案不只需要社福單位介入，更需要醫療系統協助戒癮，以及在復原歷程上

能有就業、親職教育等資源。毒品危害防制中心的設計就是期待各體系可以互補、共同合作，因此社政、警政、司法、衛生單位在同一陣線上處理臺灣社會物質濫用的問題，讓毒品危害防制中心成為中心統籌單位，進行個案管理以幫助成癮個案獲得更全面性的服務。因此期待未來的合作方式圖示如下：

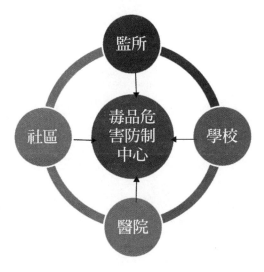

圖 2-2　期望中的防治網絡關係

是以毒品危害防制中心為個管中心，所有個案不論從哪個地方進入毒品戒治的流程，都可以同時獲得應有的協助，各單位間應是互助合作並共享資源。

參考文獻

麻醉藥品單一公約（the Single Convention on Narcotic Drugs）（1961），
　　取自 http://www.unodc.org/pdf/convention_1961_en.pdf
精神藥物公約（the Convention on Psychotropic Substances）（1971），
　　取自 http://www.unodc.org/pdf/convention_1971_en.pdf
禁止非法販運麻醉藥品和精神藥物公約（the Convention Against Illicit Traffic in
　　Narcotic Drugs and Psychotropic subtances）（1988），

取自 http://www.unodc.org/pdf/convention_1988_en.pdf

聯合國毒品與犯罪問題辦公室（UNODC）所宣誓之適當治療與處遇原則（無日期），取自 http://www.unodc.org/treatment/
http://www.unodc.org/documents/drug-treatment/UNODC-WHO-Principles-of-Drug-Dependence-Treatment-March08.pdf

教育部全球資訊網（無日期）。年度施政方針。2014 年 8 月 20 日，取自
http://www.edu.tw/pages/list.aspx?Node=2040&Type=1&Index=9&WID=45a6f039-fcaf-44fe-830e-50882aab1121

淡江大學軍訓室（無日期）。認識春暉。2014 年 9 月 20 日，取自
http://www.military.tku.edu.tw/page3/super_pages.php?ID=page303

紫錐花運動（無日期）。2014 年 9 月 20 日，取自
http://enc.moe.edu.tw/news-info.php?id=1268

教育部深化推動紫錐花運動實施計畫（無日期）。臺北市：教育部。2014 年 9 月 20 日，取自 http://www.google.com.tw/url?url=http://www.sssh.tp.edu.tw/85/20090708041044.doc&rct=j&frm=1&q=&esrc=s&sa=U&ei=71MZVNfmA4jf8AXwiYLIAg&ved=0CBMQFjAA&sig2=r-nKEt4TlxWiyjefdvuESw&usg=AFQjCNF_6Xgg83KAzNE_ArtvF0_84mbG0w

監察院全球資訊網糾正文案（102）。臺北市：監察院。2014 年 9 月 20 日，取自 https://www.cy.gov.tw/sp.asp?xdUrl=./di/edoc/eDocForm_Read.asp&ctNode=911&AP_Code=eDoc&Func_Code=t02&case_id=102000169

《毒品危害防制條例》（民 44 年 6 月 3 日）。全國法規資料庫，
取自 http://law.moj.gov.tw/LawClass/LawAll.aspx?PCode=C0000008

Chapter **3**

物質濫用處遇理論
──郭文正

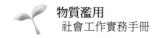
壹 社會工作理論觀點下的物質濫用處遇

　　隨著時間與社會的變化，社會工作理論也因時變遷。社會工作理論的變遷主要與社會工作自身的專業發展需求與專業使命、當代的主流哲學思潮及社會政經環境等因素有關。自 1920 年代至今，較具代表性的社會工作理論有：精神分析觀點、心理與社會學派、認知行為理論、人本主義觀點、危機介入取向、任務中心取向、系統理論觀點、生態觀點、社會網絡干預模型、基變觀點、女性主義社會工作、增強權能理論與倡導及晚近的後現代理論觀點等。這些社會工作理論引領社會工作實務的進行，形塑社會工作實務方法、技巧與步驟；它是一套有系統的概念與知識，可用來說明或解釋某種現象，甚至作為後續的檢驗。可以用來說明物質濫用處遇的社會工作理論有很多，較常見的有下列數種：

一、心理與社會學派

　　心理與社會學派是社會工作實務常見的理論取向，此學派係以心理動力為主要的知識基礎，認為案主的問題多與早期的生活經驗或創傷有關。其對人類行為與發生社會適應問題有七點基本的假設（宋麗玉、曾華源、施教裕、鄭麗珍，2012）：

1. 個人出生時便具有本能驅力與攻擊性，此趨力與攻擊性會與生長環境相互作用而形塑個人的行為與人格。故此，人格與個人生長及生活環境息息相關。
2. 個人對其所處的自身環境會有其獨特的知覺、認知或心理感受，其行為則與其知覺、認知或心理感受有關。
3. 要了解與預測個人的行為則須了解其個人與其所處環境如何互動。
4. 人類生活環境為一個系統，系統內的成員彼此互動並相互影響。
5. 個人對環境的的認知，是個人對環境的期望與事實二部分的整合。

6. 人的適應問題與其社會適應失敗有關。

7. 若個人的人格成為一個開放系統，則此個人之自我將可改變與成長。

因此，採用心理與社會學派觀點的社會工作者將會從「人在情境中」的角度，了解案主的物質濫用行為，並進一步探索案主的早年生活經驗、生長環境、案主對其生活環境的感受與看法、案主如何和生活周遭的人互動、生活環境如何對案主產生影響等，並協助案主進行自我評估，在尊重案主自決的基礎下，協助案主進行物質濫用行為的改變。

二、任務中心取向

任務中心取向強調與案主共同合作來進行改變任務，因此，改變的任務是社工與案主共同決定而非案主自決（簡春安、趙善如，2010）。在工作方法與態度上，認為案主是理性且能主動解決問題。任務中心取向希望能提供短期且有效的社會工作服務，因此工作方法具有系統性、時限性、短期處遇等特點。其對人類行為與社會適應問題之發生的基本假設如下（宋麗玉、曾華源、施教裕、鄭麗珍，2012）：

1. 人的問題來自於其能力受到暫時限制，而非其內在的心理病理。

2. 人無法解決現有問題係因其環境干擾或資源不足。

3. 人有改變動力，但只想改善其問題至可忍受程度，未必想根本改變其問題。

4. 當人意識到有問題出現時，個人會採取行動來解決其問題。

因此，採用任務中心取向的社會工作者在處理案主的物質濫用議題時，會與案主共同討論與決定工作任務，並讓案主清楚工作的方式與時限。由於案主物質濫用行為之產生因素往往複雜且久遠，在短期內時難以完全處理，因此，社會工作者會協助案主進一步釐清與物質濫用議題有關的各類問題，例如人際衝突、社會關係的不滿足、與正式組織有關的問題、角色執行的困難、決策問

題、反應性情緒壓力、資源不足的問題等，並與案主決定標的問題處遇的優先次序，將這些標的問題具體化，引進適當資源來協助案主改變行為。

三、認知與行為取向學派

認知與行為取向學派認為人具有可塑性與學習力，而人的行為深受內在認知或信念系統影響，因此，要改變一個人的行為必須改變其認知（簡春安、趙善如，2010）。認知與行為取向的學者眾多，其所持的理論中心思想亦有些許不同，例如 Albert Bandura 認為，人的學習是透過外在觀摩與內在認知的互動而產生；Albert Ellis 則認為，人的內在信念會影響情緒及行為，改變內在的非理性信念則可改變人的情緒及行為；Aaron Beck 則認為，人的自動化思考影響人的行為與情緒，而某些自動化思考屬於扭曲的信念，使人出現情緒困擾；Amold Lazarus 則提出多重模式（multimodal）強調行為、情感、感官、想像、認知、人際生活與藥物生理彼此會相互影響。一般來說，認知與行為取向學派對人類行為與社會適應問題之發生的基本假設如下（宋麗玉、曾華源、施教裕、鄭麗珍，2012）：

1. 人在情境中調適與學習，並發展出內在信念，以理解與適應生活。
2. 人的信念基模來自對自我、他人及未來所產生的認知評估，且深受所處環境與經驗之影響。
3. 負面的認知架構或思考方式、非理性的信念、錯誤的推理過程都會使人產生內在的情緒痛苦或行為問題。
4. 改變個人的內在信念或認知，可以有效帶動行為上的改變，並解決個人的問題。

採用此取向的社會工作者，認為案主的物質濫用行為肇因於內在的扭曲或非理性的信念，因此，進行處遇工作時會進一步探索與了解案主的內在信念，例如對於使用物質的看法，並進一步協助案主認識使用物質所帶來的損害與影響，慢慢促發案主的改變動機，使其有更多機會修正或調整內在的負向信念。

四、系統與生態取向學派

　　系統與生態取向強調人與系統的互動，也關注人如何受到所處生活環境的影響。持此取向的工作者認為人類的發展受到個人因素（生理、心理）及環境因素的影響，也深受上述兩大互動的影響；而人在環境中所做的任何行為也會反饋到所處的環境系統之中，造成環境的改變。Bronfenbrenner（1995）指出人是生活在一個層層相扣的巢狀結構中，最接近個人的是微視系統（Microsystem），它代表與個人有關的人際關係或角色扮演的活動，例如家庭或學校；然後是中介系統（Mesosystem），指的是兩個以上的情境發生關聯與其歷程，例如所生活的社區；之後是外在系統（Exosystem），指的是兩個以上的關聯情境，它是間接發生影響的外部環境條件，例如，工作制度或休假制度；最後是鉅視系統（Macrosystem），它是整體的文化環境或是社會氛圍。除了上述四個系統外，還有一個時間系統（Chronosystem），它指的是隨著時間而變動的環境事件與生活方式。

　　系統與生態取向從調適與人境交流的角度來觀看一個人的行為問題，它的基本假定如下（宋麗玉、曾華源、施教裕、鄭麗珍，2012）：

1. 人天生具有適應能力，可以和其所處的環境互動，並與他人建立關係、產生關聯。
2. 人與環境的系統是一個整合性的交流系統，彼此互動、互饋且相互影響。
3. 調適度是人與環境之間互惠性歷程的結果。
4. 要理解個人需要全盤理解個人環境與所處情境。
5. 個人的人格是個人與環境長年互動的發展結果。

　　當社會工作者採用系統與生態觀點來處遇物質濫用者時，會先嘗試了解案主及案主所處的生態環境，例如案主與家人的互動及關係、案主與自身的社區關係、案主是否了解社區的資源或利用環境中的資源、社會制度對案主產生哪些有利或不利的影響、案主問題行為的出現與其生態脈絡有何關係等。社會工

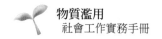
作者會協助案主理解自己如何受到系統環境的影響，並如何影響系統環境，進一步改善案主及環境間互動的品質，發展出較好的壓力因應方法，並減少使用物質的可能性。

五、增權、優勢與倡導觀點

增強權能（empowerment）與優勢觀點認為案主本身即具有其獨特的能力，社會工作者的工作目標在於增進案主的自我效能、建立社會支持網絡來提升其權能，使其充分發揮自己的能力（宋麗玉、施教裕，2009；簡春安、趙善如，2010）。其對人類行為與社會適應問題之發生的基本假設如下：

1. 案主本身即具有能力改變並解決自己的問題，其問題的出現來自於受到壓迫的結構及環境。在此結構或環境中，個人或社區深受其影響而無力抵抗。
2. 個人有能力解決自己的問題，且可進一步運用自己的能力和他人形成合作關係，抵抗結構性或制度性的壓迫。

採用此種觀點的社會工作者在協助物質濫用的案主時，會了解案主本身的能力、內外在的資源，且採用欣賞的角度觀看案主對問題的努力。因此，社會工作者會把案主當作解決問題的專家，並會向案主請教過去的成功經驗。

六、後現代理論學派

後現代理論學派又稱為社會建構主義學派。此學派認為個人所觀察到的世界建構出個人對於真實世界的想法，由於個人無法觀察到整體世界的全貌，因此，我們也僅可藉由自己的經驗來建構或理解關於世界的知識。而我們對世界的理解則倚賴於觀察者的眼光。由於人共存於社會之中，在彼此分享對於世界的觀點與知識後，我們會重新建立一個對於世界或知識的看法，並在互動之中產生理解與意義。故而，知識是流動的，是由對話建構出的產物。知識與意義是人們在其社會關係中透過語言互動而創造出來的，因此，個體對於事實都擁

有自己的理解與觀點，每個人的看法則反映出他對世界的社會建構；換言之，所有的知識係屬個人觀點，而非事實的全貌。簡言之，建構主義認為真實並不存在於「外在」，而是觀察者的心理建構，因此後現代理論學派重視的並非是邏輯實證的本質觀點，而是關注於歷史脈絡與多元的觀點。此學派對人類行為與社會適應問題之發生的基本假設如下（易之新譯，2004）：

1. 語言代表了思維，個人所使用的語言代表了個人對自己或對世界的觀點。語言也框架了個人的世界觀。
2. 沒有絕對的知識，知識是不斷在對話或敘事等互動過程中所建構而出的。同樣的，意義也是。
3. 每個人擁有屬於自己對於真實與世界的獨特看法，真實是多元存在的。

採用此種觀點的社會工作者和物質濫用案主工作時，不會認為自己是專家，而會用一種好奇的方式來了解案主對於自己使用成癮物質的經驗與想法，並藉由互動過程中鼓勵案主敘說自己與成癮物質的關係、成癮物質對於自己的意義、成癮物質如何影響到自己，而自己又可以如何影響成癮物質等。

 ## 貳 具實證基礎的物質濫用處遇理論

對社會工作者來說，如何協助個案面對與處理物質濫用問題是一件不容易的事情。NIDA（2009）建議物質濫用工作者採用具有實證基礎的物質濫用處遇方法，以協助物質濫用者康復。Wallace（2005）則參酌過去的研究，整理出具實證的處遇方法，並建議了七種具有療效的方法（如表 3-1），他提醒物質濫用實務工作者可考量處遇方法的有效性與社會脈絡，藉此選擇適合的處遇方法（郭文正，2012）。

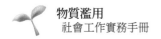
表 3-1　七種具實證的物質濫用處遇方法與被建議的處遇方法

七種具實證的物質濫用處遇方法
1. 聚焦在建立堅固治療同盟與社會支持網絡。
2. 動機式晤談法／動機式增強治療／信念處遇。
3. 認知行為治療／藥癮復發預防／社交技巧訓練。
4. 十二步驟模式／戒酒或戒毒匿名會。
5. 個別藥癮諮商／支持性表達式心理治療。
6. 社區增強取向／偶發性戒癮及未用藥證明之每日療法。
7. 矩陣模式。

七種被建議的處遇方式
1. 整合動機式晤談法與改變階段。
2. 整合改變階段與復原、處遇階段。
3. 整合減害、和緩取向與禁絕藥物模式。
4. 整合心理分析、認知行為治療與技術。
5. 重整情緒的、行為的、認知因應技術的取向。
6. 整合動機式晤談法、改變階段與自我認同發展理論的模式。
7. 納入當代心理學的發展趨勢，如多元文化理論、正向心理學、優勢取向等。

資料來源：*Making Mandated Addiction Treatment Work*（p.67），by B.C. Wallace, 2005, Maryland: Jason Aronson.

　　本節將介紹跨理論模式、藥癮復發預防取向、十二步驟模式等常見的戒癮處遇理論，以下依序說明：

一、跨理論模式與改變階段

　　1997 年 Prochaska 與 Velicer 兩位學者發展出物質濫用的改變歷程，最初他們認為從成癮到戒癮康復是一個階段的歷程，在這歷程中物質濫用者可能會經歷懵懂期（Precontemplation）、沉思期（Contemplation）、準備期（Preparation）、行動期（Action）、維繫期（Maintenance）、復發期（Relapse）等階段（DiClemente, 2003; DiClemente, Nidecker & Bellack, 2008）。而後 Prochaska 與 DiClemente 將上述的概念與多種的治療性理論整合成跨理論模式（Transtheoretical Model，簡稱為 TTM），並精緻跨理論模式的概念。首先他們指出跨理論模式所闡釋的是一個與行為改變有關的模式，以下

簡述此理論中關於「改變階段」（Stages of change）、「改變的標誌」（Markers of change）、「改變的內容」（Context fo change）等部分（DiClement, 2003；郭文正，2012）：

（一）改變階段

跨理論模式一開始發展時，將人的行為改變區分為懵懂期、沉思期、準備期、行動期、維繫期、復發期等六階段（如圖 3-1）。案主在上述六個階段中，對於自己的成癮行為是否要改變有不同的想法或行動（Velasquez, Maurer, Crouch & DiClemente, 2001；郭文正，2012）。

當案主在懵懂期時，不認為自己有成癮的問題，對於自己使用物質所帶來的後果，處於不想了解或不太了解的狀態，且會避免思考或忽略自己使用物質所產生的不好影響或危害，對於戒癮或參與處遇計畫也缺乏動機。此時案主仍未察覺自己有成癮的現象或自己的成癮行為是個問題，同時也不認為自己有行為改變的必要性。雖然有時案主會因為家人、親友的壓力參加處遇計畫或接受成癮治療，但只要這樣的壓力消失或降低了，案主往往就會從治療中退出並再次復發。通常處於懵懂期的藥癮個案，在短期內（如未來六個月內）沒有改變行為的意圖。

當案主因使用物質而出現越來越多問題時，案主可能會開始思考要不要戒癮。此時，案主正步入了沉思期的階段。在沉思期的案主雖會意識到物質濫用這個問題，但內心也往往會眷戀成癮行為的好處，因此在這兩股力量的拉扯下，案主對於戒癮經常處於猶豫不決的情況中。一般而言，許多案主在戒癮歷程中會有較長一段時間停止在此期，而無法繼續邁向康復。

若案主意識到戒癮的好處遠大於持續使用物質時，想要戒癮的動機便會不斷積累在案主的心中。一旦案主真正下決心要戒癮時，便進入了準備期，邁向戒癮之途，成為戒癮者。此時案主雖然有了戒癮動機，但對於自己是否會堅持戒癮的行動、戒癮是否順利、自己可否成功戒癮等仍有許多懷疑、不安，在戒癮行動上也會有自信心不足的現象。通常戒癮者在此階段中，雖然還沒有一些具體的改變計畫或行動，但會收集關於戒癮處遇的訊息或參加某些戒癮處遇計畫，同時在行動上亦會有些微改變，如減少用藥量等。

　　當戒癮者踏入行動期時，案主會停止過去的行為模式，且會開始改變自己的生活習慣，一般來說，他會清楚知道自己戒癮的動機，且堅定自己的動機；此外，他也會擬定較具體的改變計畫並付諸行動。若戒癮者已對自己的生活型態做了特定而明顯的修正，遠離成癮物質，且其行動足以降低罹患成癮相關疾病的機率時，我們便可確認其真正處於行動期。戒癮行動如果維持一段時間，戒癮者便進入了維繫期，此時戒癮者過著不依賴藥物／酒精的生活，處於改變後的穩定階段。

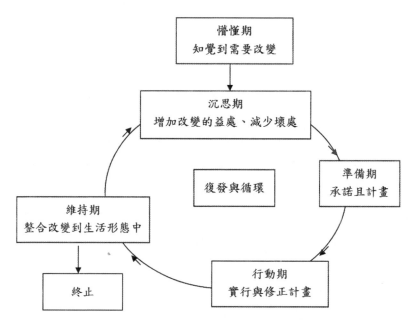

圖 3-1　戒癮改變階段模式（引自 DiClement, 2003, p.30）

　　在上述的每個階段中，戒癮者有可能會在高風險情境、行動力無法貫徹、個人內在或外在因素的影響下，而再次使用成癮藥物。此偶一為之使用成癮藥物的狀態為小失足（Lapse）。若小失足接連出現或是戒癮者遭逢難以承受的壓力事件時，戒癮者可能又再度重複、密集使用成癮藥物、沉淪下去，此時個案便進入了復發期（Relapse）。一旦個案進入復發期時，下一次的成癮、戒癮循環便又開始。

（二）改變的標誌

　　DiClement（2003）認為決策平衡與自我效能是改變的兩個標誌，換言之，兩者乃是觀察戒癮工作是否能有順利進展的重點。對物質濫用者來說，使用物質的利與弊經常會在其內心中爭戰，而利弊得失的考量常是人們在決定是否要採取行為改變時的重要過程。一般來說，人們在進行決策時會考量下列面向：1. 自我功利性收獲與損失；2. 他人功利性收獲與損失；3. 自我贊同或不贊同；4. 重要他人贊同或不贊同。前二項代表決策時功利上或實質上的考量（instrumental considerations），例如錢財等；後二項則屬於非功利的考量（nonutilitarian considerations），例如自尊、社會贊同、內在道德標準與自我理想。

　　跨理論模式中的自我效能，係指個人可否評估在特定環境下完成某特定行為的能力，而這些特定環境與特定行為與戒癮工作相關連。自我效能往往象徵了是否能跨越不同改變階段。例如，當個人對自己有克服藥癮高風險情境的信心時，藥癮者將更有機會度過復發危機。自我效能高者，較有信心面對戒癮時的困難挫折，且更願意繼續克服與堅持戒癮行動。因此，處遇時增加藥癮個案的自我效能，可促進其行為階段的提升（Wong et al., 2004）。

（三）改變的脈絡

　　由於物質濫用是案主生活的一部分，且影響到其他生活安排與生活樣態，當戒癮行動開展時，生活的安排與樣態也會受到影響與改變。因此，考量改變的脈絡，方可一窺改變的全貌。DiClement（2003）指出可以朝五個面向來了解藥癮個案的改變脈絡：1. 目前的生活情境（current life situation）；2. 信念與態度（beliefs and attitudes）；3. 人際關係（interpersonal relationships）；4. 社會系統（social systems）；5. 持續性的個人特質（enduring personal characteristics）。

　　改變是隨時間變化的，因此，了解案主每個不同時間點上的生活情境，更能讓我們清楚案主在改變上的狀態，社會工作者可透過知道案主的生活形態、物理性的生活環境來了解案主的生活情境。此外，行為改變的發生與信念態度是互動性的關係。當社會工作者發現案主在行為上有所變化時，可再進一步了解背後的信念及態度，特別是對用藥的信念及態度。同樣的，物質濫用行為經

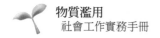

常與案主的人際關係相關連，當案主的物質濫用行為變化時，其生活系統中的人際互動、家庭關係或其他社交活動往往也會隨著變動，而這樣的變化也會影響案主的社會支持系統。另一方面，人際關係或社會系統也可能透過不同的方式影響改變的歷程，例如案主的家庭系統提供案主支持與保護，協助案主阻斷來自不良同儕的壓力，以協助案主戒癮工作。持續性的個人特質係指個人身上長久的人格特性，例如外向性或神經質等，個人特質也會影響個案的改變，如衝動性高會容易使個案遭受挫折與壓力。

（四）小結

採用跨理論模式的社會工作者，會持續觀察與評估案主所處的戒癮改變階段，並了解案主的生活情境、信念與態度、人際關係、社會系統、持續性的個人特質等面向在案主戒癮改變上的影響。此外，社會工作者會運用處遇的技巧，以協助案主進行對戒癮有利的決策平衡工作，強化案主的自我效能，俾利其順利投入戒癮工作。

二、藥癮復發預防模式

1985 年 Marlatt 整合過去在戒癮處遇上的相關理論，並融合了自身實務經驗，提出藥癮復發預防（relapse prevention）的模式，他認為復發「是一種個人企圖改變或修正的目標行為之退步或挫敗」，換言之，復發是一種回復到治療或處遇前的疾病狀態。在復發期中，案主開始出現擺盪在「停藥-用藥」的兩極中。Marlatt（1985）認為藥癮者之所以不斷出現藥癮復發現象，與高風險情境、因應技巧、自我效能、後果期待、因果歸因等因素有關（圖 3-2）。促成藥癮復發的高風險情境，係指任何可能影響到藥癮者再次使用藥物的情境，在此情境中個人會知覺到減低或失去對於使用藥物的控制感（perception of control）。但若個人有較佳的風險「因應技巧」時，個人將可對此風險情境做出有利於戒癮的認知、行為或情緒上的反應；此時個人對於自己有能力處理此風險情境感到成就與喜悅。若個人缺乏因應技巧，則將很快出現使用藥物的「後果預期」，內心將出現對使用藥物之後的效果期待（郭文正、陳妙平、陳家雯、黃健，2003）。

Marlatt（1985）指出當藥癮者成功停用物質一段時間後，若再度使用物質，便可能出現「破戒效應」（Abstinence Violation Effect，簡稱為 AVE），此時個人將可能出現認知失調（cognitive dissonance）以及自我歸因效應（personal attribution effect），認知失調與負向的自我歸因經常會帶來更多負向情緒，如衝突矛盾感、罪惡感、挫折感等，進而增加復發機率。因此，進行處遇的首要工作便是協助藥癮者了解自己的風險情境，並提高因應技巧與自我效能。

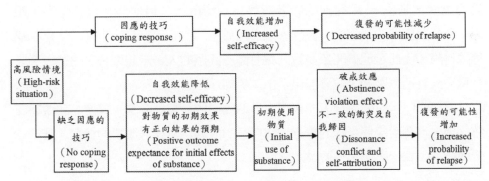

圖 3-2　復發歷程的認知行為模式（A cognitive-behavior model of the relapse process）（Marlatt, 1985；郭文正等人，2003）

採用藥癮復發預防觀點的社會工作者，在面對物質濫用案主時，會先協助他了解自己的藥癮復發高風險情境，並進一步協助案主學習面對高風險情境的因應方法。例如，當在街上與過去用藥的朋友巧遇時，要立即敏察到朋友可能會開始邀約吃飯或聚會，而自己一旦參加這樣的聚會時，便有極高的可能性會再接觸或使用成癮物質；因此，自己要能堅定地拒絕朋友的邀約，或者立即找藉口離開這個朋友。若案主能使用良好的因應技巧時，其對自己的戒癮工作會更加有信心，也會減少復發的可能性。

三、十二步驟模式

在美國，戒酒匿名會（Alcoholics Anonymous，簡稱為 A.A.）是一個十分為人所知的酒癮自助團體。隨著藥癮問題越來越嚴重，類似 A.A.的組織也相

繼成立；如藥癮者自助性團體有戒毒匿名會（Narcotic Anonymous，簡稱為 N.A.）和戒古柯鹼匿名會（Cocaine Anonymous，簡稱為 C.A.）。在這些自助團體中他們採取十二步驟的戒癮康復計畫，透過成員相互支持、照應，使戒癮者加強對自己問題的意識，增強自我力量，並對問題獲得新的應付方法（Allen & Litten, 1999）。

A.A.在 1935 年由比爾‧威爾遜（Bill Wilson）和醫生鮑勃‧史密斯（Bob Smith）在美國俄亥俄州成立，其成立宗旨是酗酒者互相幫助戒酒，重新過正常的生活。兩位 A.A.的創始者最初都為酒癮所苦，但他們在彼此分享、傾訴、提醒與協助的過程中，更加堅定自己戒酒的信念與行動，也進一步達到戒酒的目的。因此，他們開始尋找同樣有酒癮問題的人，一起聚會、討論，形成一個彼此互助的團體，並發展出了十二步驟。

戒癮十二步驟強調全人的康復。自助團體成員彼此分享、見證、關懷與支持，個人可藉由每個步驟的修行，使自己的成癮行為獲得改變的機會。其十二步驟如下（穆怡梅譯，1997）：

步驟一：承認我們對他人、偶發事件以及自己頑固不化的壞習慣（用藥行為），並沒有任何掌控力。一旦遺忘這一點，生活就變得難以管理。

步驟二：逐漸相信，要恢復健康、對自己的內在作治療，精神資源可以提供我們力量。

步驟三：下定決心，以開放的態度接受精神性能量，同時刻意以行動改變我們的生活。

步驟四：真誠探索內心世界，以認識自己的行動、思維以及情緒等方面的真正特性。

步驟五：向另一個人談及自己真正的本性。

步驟六：做好萬全準備，承認自己的力量永不變更，除卻個人的缺點。

步驟七：誠實、謙虛又勇敢地行動，培養自己的優點，去除個人的缺點。

步驟八：凡是我們曾經傷害過的人，包括自己在內，列出一張名單，並且有心補償他們每一個人。凡是曾經傷害過我們的人，欣然地原諒他們。

步驟九：只要有機會，一定要毫無條件地補償那些被我們傷害的人，包括自己在內，除非這種作為反而造成傷害。

步驟十：繼續追蹤、偵察自己，承認成功所在，迅速糾正自己的過失與錯誤。

步驟十一：逐漸結合精神性能力與覺察力，以助我們在永不熄滅的力量、在生命的智慧與喜悅中持續成長。

步驟十二：處理我們所有的事件時，操練十二步驟的指針，並把十二步驟課程的訊息傳遞他人。

在這十二步驟的帶領下，個人可得到一種精神性的指引，讓個人走向自我內在的核心，並且學習使用內在的精神資源，修復和自己、和他人、和神的關係，讓自己的生命意義、價值得以重整。

（一）藥癮復原早期：步驟一到步驟四的影響

Coombs 與 Howatt（2005）認為藥癮的復原期可劃分為早期復原、中期復原及晚期復原等階段。在早期復原中，個案已停藥六個月，並維持清醒（sobriety）。這階段也是復發的高風險期。案主不僅在精神上有明顯的康復，生理上健康也有明顯復原。此時個案已開始發展處理日常生活壓力的新方法，並且也會建立新的人際關係。在這階段中，他們也會經驗到可能導致治療停止的情緒起伏（mood swings）與憂鬱。

在十二步驟中，步驟一到步驟四是引領個人面對問題、內在自我、內在靈性與精神資源。步驟一教導個案承認自己的成癮行為，並承認自己無能為力的部分與自己的限制。在這過程中，個案必須謹守誠實的原則，並使用自己的洞察力接近自己的內心。步驟二則教導個案相信靈性的存在與力量，並從中灌輸個案希望感與信心。步驟三教導個案嘗試放下，讓自己的內在平靜與祥和可以

出現，且接受內在靈性所帶給我們的力量，同時在這體驗下開啟改變之門。步驟四則教導個案真實面對自己，發掘自我真實的面貌，同時接受真正的自己。

當個案在早期復原中進行上述四步驟時，個案得以開始進行靈性的修復，重新和過去的信念、價值、意義對話，且開放自己讓靈性進入生活中。一旦靈性力量慢慢滋長後，內心的空虛、無助、無望感覺將慢慢消減，癮頭也會越來越小。

（二）藥癮復原中期：步驟五到步驟九的影響

在中期復原中，個案已停藥一年。在這階段中，他們會哀傷因用藥而失去的好友、美好時光等等，並重建感覺的能力及處理情緒的能力（Coombs & Howatt, 2005）。

中期復原時的靈性關顧，適合運用步驟五到步驟九。步驟五到步驟九引領個案進行改變的行動，並且在行動的過程中，修復自己和他人的關係、和自己的關係。步驟五是一個中途站，當我們可以向另一個人談論真正的自己時，我們正在體驗「真誠」，與對他人的「信賴」。這是和他人關係修復的起點。

步驟六與步驟七則是引領自己行動且信賴自己。步驟六要我們承認自己的力量，也承認靈性的力量在我們之上，我們應接受自己的靈性指引，運用這些力量認清個人惡習的真面目，轉化惡習，去除個人的缺點。步驟七則教導個案在改進自己的同時，要建立我們內在精神的力量與堅忍性，不輕易放棄。因此，當個案實踐步驟六與步驟七時，個人內在與外在的生活將有所改變，這些改變是在靈性的引領下完成的。

步驟八與步驟九則讓個案學習寬恕與釋然，並且進行補償的行動。讓個案有機會用全新的面貌觀看自己與自己的關係、自己和他人的關係，也讓個案有機會重新修復或重建這些關係。

而當進行上述五步驟時，個案將有機會體驗靈性對自己生命的影響，也會有機會出現關係上的修復，讓自己與自己、與他人、與靈性的關係得以更新，使自己獲得更多生命意義與價值的體驗。

（三）藥癮復原晚期：步驟十到步驟十二的影響

在晚期復原中，個案停藥一年以上。他們開始對自己重獲自信，且對新的人際支持系統有信心；此外，他們也學會用心理與靈性上的工具處理生活問題。對於新生活他們也可以越來越穩健、安適，並持續建立健康的生活方式、支持網絡，以避免再次復發（Coombs & Howatt, 2005）。

避免復發是復原晚期的重要課題，因此，在步驟十中特別提醒我們要不斷檢驗自己的行為，以維持自己生命的完整。因此，心靈、情緒、想法、自己和他人的關係、工作、財務狀況、生活規律性、生理狀態、自己的界限、生活的平衡等面向，都是需要不斷檢驗的。一旦出現需要修正的地方，就立刻行動。

除此之外，面對生命或生活中的無常時，步驟十一則教導我們尋求自我內在的智慧，讓自己可以結合靈性力量與覺察，使自己得以持續成長。在這過程中，要認真活在當下，接納與照顧自己，尋找自己所愛的活動與興趣且投入其中，建立友誼及有意義的關係，願意嘗試給予及付出；而自己也會在這過程中得到靈性力量與精神資源的補充。步驟十二則提醒個案要不斷運用這十二步驟來關顧自己的靈性，並且使自己的生命在平衡中獲得意義與價值。

當個案依循上述步驟時，他們將對自己的生命有更多體悟，也更靠近自己的靈性。但如同步驟十二所說，靈性與個人的生命成長是永無止盡的，個人必須時刻關顧，莫使惹塵埃！

 參考文獻

一、中文部分

宋麗玉、施教裕（2009）。**優勢觀點：社會工作理論與實務**。臺北市：洪葉。

宋麗玉、曾華源、施教裕、鄭麗珍（2012）。**社會工作理論——處遇模式與案例分析**。臺北市：洪葉。

易之新譯（2004）。**敘事治療——解構並重寫生命的故事**。臺北市：張老師文化。

郭文正（2012）。**藥癮者社會支持、壓力知覺與戒癮改變階段之模式建構**（博

士論文）。國立臺灣師範大學教育心理與輔導學系，臺北市。

郭文正、陳妙平、陳家雯、黃健（2003）。**點一盞燈照亮康復之路～「專業處遇後之再犯率調查」暨「復發因素探討研究」**。九十二年度法務部委託臺灣臺北戒治所自行研究計畫，未出版。

楊筱華譯（1999）。**動機式晤談法：如何克服成癮行為戒除前的心理衝突**。臺北市：心理。

穆怡梅譯（1997）。**戒癮 12 法則**。臺北市：生命潛能。

簡春安、趙善如（2010）：**社會工作理論**。臺北市：巨流。

二、英文部分

Allen, J. P., & Litten, R. Z.(1999). Treatment of Drug and Alcohol Abuse：An Overview of Major Strategies and Effectiveness.In*Addictions：A comprehensive guide book*, pp.306-327. New York: Oxford University Press.

Bronfenbrenner, U. (1995). Developmental ecology through space and time: a future perspective. In P. Moen, G. H. Elder Jr., & K. Lüscher(eds.). *Examining lives in context: perspectives on the ecology of human development*(pp.619-647). DC: American Psychological Association.

Coombs, R. H. & Howatt, W. A.(2005). *The Addiction Counselor's Desk Reference.* New Jersey: John Wiley & Sons.

DiClement, C.C. (2003). *Addiction and change: How addictions develop and addicted people recove*r. NY: Guilford Press.

DiClemente, C.C., Nidecker, M., & Bellack, A.S. (2008). Motivation and the stages of change among individuals with severe mental illness and substance abuse disorders. *Journal of Substance Abuse Treatment, 34*(1), 25-35.

DiClemente, C.C., Schlundt, D., & Gemmell, L. (2004). Readiness and stages of change in addiction treatment. *American Journal on Addictions, 13*(2), 103-119.

Marlatt, G. A. (1985). Relapse prevention: Theoretical rationale and overview of the model. In G. A. Marlatt, & J. R. Gordon (eds.), *Relapse prevention:*

Maintenance strategies in the treatment of addiction behaviors(pp. 31-44). NY: The Guildford Press.

NIDA, (2009).*Principles of drug addiction treatment: A research-based guide.* http://www.nida.nih.gov/podat/PODATIndex.html.

Velasquez, M.M., Maurer, G., Crouch, C., & DiClemente, C.C. (2001). *Group treatment for substance abuse: A stages-of-change therapy manual.* NY: Guildford Publications.

Wallace, B.C. (2005). *Making mandated addiction treatment work.* Maryland: Jason Aronson.

Wong, C. J., Anthony, S., Sigmon, S. C., .Mongeon, J. A., Badger, G. J., & Higgins, S. T. (2004). Examining interrelationships between abstinence and coping self-efficacy in cocaine-dependent outpatients. *Experimental and Clinical Psychopharmacology, 12*(3), 190-199.

Chapter **4**

面對物質濫用者的工作技巧
——郭文正

造成個人物質濫用的因素眾多，傳統心理病理處遇的概念認為要徹底處理個人物質濫用，必須從造成個人物質濫用的因素著手；但晚進的處遇概念卻認為徹底處理「病因」不但會費時甚久，造成許多資源上的損耗，也認為這樣的病因往往不可能徹底根除，至多只能減少影響（例如，物質濫用的父母影響案主，致使案主早年學習到不良楷模，此經驗已經發生，處遇者至多只能減少或降低過去經驗對案主影響），因此，晚近處遇概念強調在短期內達到某些處遇的目標，而針對「病因」處理並非唯一法門。

由於每個實務場域都具有獨特性，也會基於各自的場域限制或要求，而有不同的處遇，為使實務工作者在處遇時有所依循，NIDA（2009）在過去的研究文獻與臨床實務的基礎上，整理出十三條可供實務工作者參酌的處遇原則：

1. 藥物成癮雖然是一種影響大腦功能與個體行為的複雜疾病，但依然是可治療的。
2. 沒有一種物質濫用治療模式適用於所有藥物成癮者。
3. 物質濫用治療必須是能容易取得的。
4. 有效的物質濫用治療須符合物質濫用者的多重需求，而非僅止於藥物濫用部分。
5. 持續、穩定接受物質濫用治療一段時間極為重要。
6. 個別諮商、團體諮商或其他行為治療，是普遍存在於各物質濫用治療模式的。
7. 對許多案主來說，藥物治療是重要的處遇要素，特別是案主接受諮商與行為治療時。
8. 物質濫用治療的個別服務計畫必須持續評估、調整，以符合物質濫用者在不同時期、不同狀態下的需求。
9. 許多物質濫用者同時也有其他心理疾病。
10. 生理解癮只是物質濫用治療的起步，對於協助改變長期物質濫用行為的效果有限。
11. 非自願的物質濫用者透過物質濫用處遇仍可得到協助。

12. 當物質濫用者在處遇期間再次施用毒品時，持續性的監控便十分重要。

13. 物質濫用處遇亦需涵蓋 HIV／AIDS、B／C 型肝炎、肺結核與其他傳染病評估，同時也應教育物質濫用者如何降低感染風險、面對疾病影響、避免散播的處置。

　　簡言之，這些處遇原則提醒者實務工作者需清楚知道物質濫用是一種影響大腦的疾病，同時可能促發其他的心理疾患或行為問題。在協助物質濫用案主時需要持續對案主進行處遇上的評估，且根據評估結果調整處遇進程，並盡可能協助案主穩定地接受處遇。

壹　濫用者多面向評估

　　無論社會工作者採用哪種處遇理論來進行實務工作，「評估」往往是首要進行的步驟之一。以 BRENDA 模式為例，便將評估視為主要的工作方法。BRENDA 模式係由 B（Biopsychosocial）－R（Report）－E（Empathy）－N（Needs）－D（Direct）－A（Assess）等六步驟。其中 B 係指進行案主的生理、心理和社會功能評估；R 則是告訴案主評估的結果，E 則表示對案主需要有同理心；N 則是確認案主的需求與期望；D 則是針對案主的需求給予直接的建議；A 則是評估處遇的效果以做調整。以下簡述進行物質濫用處遇時，應注意的評估面向（高淑宜、劉明倫譯，2003）：

一、生理部分

　　由於物質濫用行為經常影響生理功能，因此社會工作者在實務場域中，應盡可能了解案主的一般健康狀況，並協助案主進行身體檢查及血液、尿液檢查。此部分社會工作者可藉由協助（或轉介）案主就醫時，適當地請醫療人員執行此評估工作。

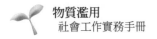
一般健康狀況可依下列部分詢問相關問題：

（一）住院與疾病史

- 請問您過去是否有住院的經驗？有幾次住院經驗？當時住院的主要因素為何？
- 請問您目前是否有任何的慢性疾病？這些疾病是否影響到您的生活？
- 請問您目前有身心障礙的問題嗎？
- 請問您過去一個月有任何生病的情況嗎？生病的次數與嚴重程度如何？

（二）藥物與物質使用史

- 請問您目前是否有定期服用處方藥物？
- 請問您過去一個月有喝酒或用藥嗎？通常喝哪種酒或用哪種藥？喝多少或用多少呢？
- 請問您喝酒或用藥後會出現不舒服的情況嗎？例如頭痛、噁心等。
- 請問您是否有一段時間不喝酒或不用藥？是否有過戒斷症狀？（例如顫抖、嘔吐、腸胃不適、盜汗等）

（三）健康與生理檢驗

此外，社會工作者可協助案主就醫，進行身體、尿液、血液等檢查。常見的身體檢查有「身體外觀檢視」（了解是否有意外或受傷）、「肝臟壓痛或腫大」、「黃疸或皮膚外觀」、「是否有注射的傷口」、「瞳孔變化」、「藥物中毒行為」（如說話不清、肢體不協調）、「體重變化」、「躁動不安」、「酒精或藥物戒斷情形」等項目。常見的尿液與血液檢查則有「血球數目」、「血清電解質及肌酸酐」、「脂質」、「肝酵素」（GGT、SGOT、SGPT、膽紅素）、「肝炎篩檢」等項目。而社會工作者也可和案主討論是否要進行尿液藥物篩檢。

二、心理部分

成癮性物質會影響大腦的正常運作，也經常使個人出現認知、情緒、行為上的異常。心理部分的評估通常也會針對案主的認知、情緒、行為功能進行了解，一般來說，社會工作者可詢問的問題有：

（一）心理疾病治療與藥物史

- 請問過去您是否有因為心情、睡眠或其他情況接受心理或藥物的治療？如果有，請問目前仍有在服藥嗎？
- 請問過去您服藥後是否有發生身體不適的情況？有哪些情況呢？

（二）認知功能部分

- 請問在過去的一個月中，您會不會出現經常容易忘東忘西的情況？
- 請問在過去一個月中，您會不會出現注意力無法集中的情況？
- 請問在過去一個月中，您會不會覺得自己的理解能力變差（例如，聽不懂別人說的話）？

（三）情緒部分

- 請問在過去一個月中，您有沒有出現嚴重的焦慮或緊張情況？
- 請問在過去一個月中，您有沒有出現嚴重的憂鬱或擔心情況？
- 請問在過去一個月中，您是否因喝酒或用藥而覺得自己很糟糕？
- 請問在過去一個月中，您是否因喝酒或用藥而對原本自己喜歡的東西失去興趣？

（四）社交部分

- 請問在過去一個月中，您會不會出現幻覺或有懷疑別人的情況？
- 請問在過去一個月中，您是否因喝酒或用藥而和別人有爭執？
- 請問在過去的一個月中，您會不會經常出現一些不好的念頭（例如，傷害自己或傷害他人）？

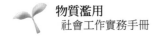
三、家庭部分

　　評估物質濫用案主是否可以適當地執行家庭角色、責任，對社會工作者來說是一件重要的事。在許多場域中，社會工作者首先接觸到的服務對象並非是物質濫用者，而是他的孩子、配偶或其他家人。當社會工作者因職務的需求，而要和物質濫用者一同工作時，進行其家庭評估便不可避免。

　　一般來說，社會工作者在接觸案主後，會先繪製案主的家庭圖，以了解案主的原生家庭、衍生家庭等情況。在了解案主的家庭情況時，案主與家人的年齡、性別、學歷、工作、重要的疾病訊息、是否喝酒或用藥等內容需註明在家庭圖中。此外，社會工作者還可詢問下列問題：

（一）家庭支持部分

- 請問您的家人是否知道您喝酒或用藥的情形？若有，是誰知道？他如何得知？他知道後的反應為何？心情如何？有向您說什麼話嗎？
- 請問在過去一個月中，您覺得家中誰最關心您？他如何表達關心呢？
- 若您表達想要戒癮，您覺得家人誰會相信呢？有誰會支持您呢？

（二）家庭衝突部分

- 請問在過去一個月中，您是否曾和家人發生爭執？
- 請問在過去一個月中，家人是否曾向您抱怨？若有，抱怨哪些事情？

（三）家庭互動部分

- 請問在過去一個月中，對於家人希望您做的家事或參與的活動，您參與的情況如何？
- 請問在過去一個月中，您和家人互動的情況為何？您們會聊天或一起吃飯嗎？

（四）家庭壓力部分

- 請問您目前有需要照顧的家人嗎？
- 請問您對您目前的家庭生活滿意嗎？
- 請問您目前的家庭生活中有沒有哪些覺得負擔較大的地方？例如經濟壓力等？

四、社會部分

在社會面向上,社會工作者需進行物質濫用案主的社會功能評估,以及社會資源使用的評估。前者用來了解案主是否因物質濫用而影響到社會功能;後者則用來了解案主使用社會資源的需求,並可視其需求適當地轉介或引進社會資源來協助案主。評估案主的社會功能部分,社會工作者可詢問下列問題:

(一)工作與經濟部分

- 請問您目前的工作為何?一週工作幾天?大約的收入為何?收入是否夠您或家庭的支出呢?
- 若您沒有工作,請問您是否有其他經濟來源?您沒有工作的時間已經多久?近期您有嘗試找工作嗎?
- 您對您的工作滿意嗎?和同事與老闆相處的情況為何?您在工作上有碰到哪些困難嗎?
- 您從事這份工作有多久時間了?您之前有從事過哪些工作呢?通常工作會做多久?您會換工作的原因為何?
- 您是否曾因喝酒或用藥而失去工作呢?

(二)社會支持部分

- 您平常有空時,會和同事或朋友出去聚會或從事哪些活動嗎?
- 過去的一個月中,您是否和同事或朋友有過嚴重的衝突呢?
- 同事或朋友有人知道您有喝酒或用藥的情況嗎?他們知道後的反應為何?有影響到您們的互動嗎?
- 您的同事或朋友中,有人會喝酒或用藥嗎?您們是否曾在一起喝酒或用藥呢?
- 如果您的同事或朋友知道您想要戒癮,您覺得他們的態度為何?會相信您嗎?會支持您嗎?

(三)法律或特殊議題部分

- 您是否曾因喝酒或用藥而入監服刑或受到法律懲罰?當時的情況為何?您有幾次這樣的經驗呢?

在評估案主的社會資源使用情況部分，社會工作者可詢問下列問題：

- 您是否曾撥打戒毒專線或曾尋求醫療或其他人的協助來幫助您戒癮？當時您所去的醫院為何？幫助您的人是誰？
- 您目前知道有哪些醫院、團體或組織可以協助您戒癮？
- 您是否曾因醫療問題而尋求親友、他人、醫院或政府機關的協助？
- 您是否曾因經濟上的問題而尋求親友、他人或政府機關的協助？
- 您是否曾因家庭互動或衝突問題而尋求親友、他人或政府機關的協助？
- 您是否曾因家庭照顧問題而尋求親友、他人或政府機關的協助？
- 您是否曾因法律問題而尋求親友、他人或政府機關的協助？
- 您是否有宗教信仰或參與任何的社會團體（如擔任志工或參加某些社會性社團）？

五、物質濫用部分

CAGE 是一個簡單評估案主物質濫用的方法，由四道題目組成，包括：C（Cut）「您是否曾覺得自己應該要減少喝酒／用藥？」；A（Annoyed）「您是否曾因為喝酒／用藥的問題被人責怪而感到煩心？」；G（Guilty）「您是否曾因自己喝酒／用藥的行為而有罪惡感？」；E（Eye-opener）「您是否曾起床就需要喝酒／用藥來讓自己舒服一些？」

此外，社會工作者可詢問案主的物質濫用史，藉以評估案主物質使用的脈絡，包括詢問「第一次喝酒或用藥的年齡為何？」、「當時喝什麼酒？用什麼藥？在怎樣的場合下使用？」、「最近一年喝酒或用藥的情況為何？」、「在這段期間中，您是否有停止喝酒或停止用藥過呢？」等問題。

除了 CAGE 外，臺灣藥物濫用量表（Taiwan Drug Abuse Screening Test，簡稱為 TDAST）、羅德島大學改變量表（University of Rhode Island Change Assessment，簡稱為 URICA）皆是已有良好信效度的評估工具（郭文正，2012）。前者可提供快速的評估，以了解案主的藥物濫用程度；後者則可以用來評量案主目前所處的改變階段為何。社會工作者可依自己的需要參酌或使用這些工具。

如何與物質濫用者建立處遇關係

根據研究，濫用非法藥物者在臺灣多半被媒體建構為投機者（例如，走私、販賣毒品來獲取暴利）、享樂者（例如，在 PUB 藉著使用非法藥物來享樂）、犯罪者（例如，使用毒品並出現其他犯罪行為）或是道德淪喪者（例如，使用毒品後家暴或虐童）等負向的形象（郭文正、吳志怡，2002）。因此，多數的物質濫用者並不樂見自己的物質濫用行為被他人知道或評價。

在實務上，社會工作者接觸物質濫用者時，多半處於一種「非自願」的狀態，有時「非自願」是屬於案主，有時則是屬於社會工作者。若是社會工作者在「非自願」又無法轉介的情況下必須進行處遇，此時仍須以案主的最大利益為優先考量，並可尋求督導或同儕的協助，處理自己內在抗拒的議題。

若案主是「非自願」的情況下前來，首先社會工作者必須先與案主建立穩定的處遇關係，之後再力求提升處遇關係的品質。處遇關係的品質包含了「穩定」、「信任」、「合作」。以下簡述與物質濫用者建立處遇關係的原則，以供實務工作者參酌：

一、正向接觸

正向接觸代表用一種不批判、不懷疑的態度來理解案主，並使用正向、肯定的眼光詮釋案主的行為或動機。例如當案主受到家人的要求前來處遇時，社會工作者可回應：「我知道您是受到家人的要求而前來接受治療，但我同時也看到您有兩個地方很不錯：一是您很看重家人，您願意為家人做些您不太願意做的事；二是您也願意給自己機會，試看看治療是否會帶給您幫助。」

當社會工作者與物質濫用案主接觸時，用正向欣賞的能力來觀看案主的優勢與能力，案主將可能鬆軟不情願的態度，並進一步願意與社會工作者建立較信任與合作的處遇關係。

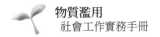
二、表達同理

　　Rogers 認為實務工作者的正確同理、無條件的積極關懷、真誠一致是引發案主改變的重要因素（修慧蘭、鄭玄藏、余振民、王淳弘譯，2013）。社會工作者和物質濫用案主會談時，無須強迫自己同意案主的看法，而是能理解案主此時的矛盾、猶豫不決是改變歷程中自然的部分，而非將之視為抗拒、否認或不配合。因此，對於非自願的案主，社會工作者可抱持接納的態度，建立良好的會談氣氛，讓案主有時間表達他的感受與想法。社會工作者可藉由回映式傾聽的方式，強調願意理解案主的感受和觀點，讓案主覺得不會受到社會工作者的批評或責怪。如此，處遇關係將會更加穩固。

三、避免爭辯

　　由於物質濫用並非為人稱許，在初期會談的時候，物質濫用案主多會強調自己濫用物質的因由及自己無法改變的難處，有時案主也會出現較大的情緒反應、懷疑或挑戰社會工作者。在此情況下，社會工作者應避免直接與案主爭辯。若在處遇工作進行時，社會工作者與案主的觀點不同，此時應多理解案主形成觀點的背後脈絡，而非說服案主接受社會工作者的觀點。特別是當社會工作者對某種觀點堅持時，很容易引起案主的反對和自我防衛。在這過程中，社會工作者若直接面質案主將會影響未來的處遇關係，也會影響案主對社會工作者的信任（Rollnick & Miller, 1995）。

四、支持自我有能感

　　對處遇過程或結果是否抱持樂觀與希望的態度，常是影響處遇是否能持續進行重要因素。因此，在處遇過程中，社會工作者需時刻提醒自己要灌輸案主對處遇及未來的希望感，並強化案主的自我有能感（self efficacy）。自我有能感係指一個人相信自己的能力，認為自己可成功執行某項工作或任務。案主若是覺得無望，往往會選擇放棄處遇或無法投入處遇關係中；增強自我有能感，增加案主對自己克服障礙獲得成功能力的認知，可帶給案主改變的希望

（Miller, 1983）。社會工作者可以多鼓勵案主以提高其自我有能感，例如舉出別人成功的案例來激勵案主；或是觀察案主在處遇過程中好的變化，回應給案主，增強案主對自己的信心。

協助物質濫用者避免復發的因應技巧

一、物質濫用的康復歷程

物質濫用的復發歷程是一個連續變化的動態過程，而復發與戒癮是物質濫用常見的一部分（陳妙平，2005；陳玟如，2004；Coombs & Howatt, 2005）。Coombs 與 Howatt（2005）指出物質濫用可分為五個階段：初期（initiation）、上升期（escalation）、維持期（maintenance）、中斷與復發期（discontinuation and relapse）、復原期（recovery）。在物質濫用初期，人們在家庭或同儕影響下使用成癮物質，與「尋求認同」、「好奇刺激」、「享樂」等因素有關，此時人們正可能使用較輕微的成癮物質（如酒精或香菸）。

一旦人們出現經常性使用成癮物質的情況時，便可能進入物質濫用上升期。此時，有些人會開始嘗試不同或成癮性更高的成癮物質（如大麻、安非他命或海洛因），且會更頻繁和使用同樣物質者建立社交關係及網絡。在這階段中，人們越來越少考慮成癮對自己在生理、心理或社會功能上的傷害，而成癮藥物對人們的傷害也越來越大。

維持期中的人們已經無法停止使用成癮物質。使用這些物質成為一種不得不的行為，此時人們已失去了對成癮物質的自主性與控制性，渴求反應與追尋物質的行為也越來越明顯。而伴隨著使用藥物量的增加，金錢上的支出也會增加，心理與生理層面也受到更大的影響。

隨著使用成癮物質次數或數量的增加，物質濫用者一方面會越難擺脫物質的影響，一方面也越來越想奪回自主權與控制權。通常物質濫用者會開始嘗試停止使用或減少物質，而進入中斷期；有些物質濫用者則會嘗試尋求協助，而進入醫療系統或助人專業系統，並進入中斷期。進入中斷期後，多數的物質濫

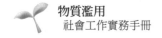
用者可能又再度使用成癮物質,而進入復發期。在復發期中,物質濫用者可能出現擺盪在「停用物質-使用物質」的兩極中。

若人們可停用物質並維持清醒達六個月,便開始步入復原期。這階段也是復發的高風險期。物質濫用者此時可感受到自己在精神上、生理上健康有明顯的復原,也會建立新的人際關係,恢復一定程度的社會功能。若停用物質的時間達一年以上,人們將可對自己更有信心,對沒有成癮物質的生活也越來越能掌握,且將持續建立健康的生活方式、支持網絡,以避免再次復發。

二、與復發有關的危險因子

前所提及的復發情況,對物質濫用者來說是經常、反覆出現的現象。致使復發的因素,通稱為危險因子(Risk Factor)或風險情境(High Risk Situation)。Marlatt(1985)認為物質濫用者的復發與內在認知息息相關。當物質濫用者對於外在需求與其欲求之歡愉大於努力改變及踏實生活時,生活形態的失衡便會出現。此時,案主覺得自己應該有權得到快樂或放鬆,原本想要進行的戒癮改變則被自己忽略,案主可能會感到一種必須「追上」過去的失落時光的壓力,也會出現不公平的被剝奪感;很快地,他們會認為自己有權放縱一下、滿足一下,此時他們快速聯想到過去使用物質的愉悅感及效果,同時說服自己或合理化自己的想法。接著,他們便會主動接近或接觸高風險情境(見圖 4-1)。

一般來說,與復發有關的高風險情境可分為「個人內在的-環境的決定因素」(Intrapersonal-Environmental Determinants)以及「人際間的決定因素」(Interpersonal Determinants)兩類,以下分述:

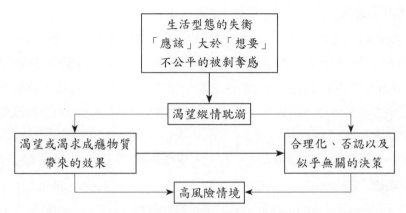

圖 4-1　復發的內隱認知前置情境（Marlatt, 1985, p.48）

　　「個人內在的-環境的決定因素」包括了與個人內在因素有關、與環境事件有關的回應兩大因素。常見的有下列五種情況：1. 因應負向情緒狀態（Coping with Negative Emotional States），例如心情不好而使用物質；2. 因應負向的身體-生理狀態（Coping with Negative Physical-physiological States），例如身體疼痛而使用物質；3. 正向情緒狀態的增強（Enhancement of Positive Emotional States），例如心情愉快而使用物質慶祝；4. 測試個人的控制力（Testing Personal Control），例如使用物質來測試個人控制的能力；5. 對誘惑或慾望的讓步（Giving in to Temptations or Urges），例如經過隱藏的酒瓶、經過酒吧、回到以前的用藥場所等，讓個人產生使用物質的慾望。

　　「人際間的決定因素」泛指物質濫用者再次出現使用物質的情況，與人際影響、人際衝突或壓力等因素相關。常見的人際間決定因素有：1. 因應人際間的衝突（Coping with Interpersonal Conflict），例如因為和雇主吵架爭執而使用物質；2. 社會壓力（Social Pressure），例如碰到以前一起用藥的朋友，朋友邀約一起用藥；3. 正向情緒狀態的增強（Enhancement of Positive Emotional States），例如朋友們聚會一時興起而用藥。

三、促成改變及預防復發的處遇技巧

改變的發生通常其來有自，而非憑空出現。換言之，某些因素促發改變出現的過程。長久以來，許多學者與實務專家努力探究促發改變的因素，DiClement（2003）指出某些關鍵性因素的出現，造成了案主步入新的改變階段，這些因素共可分為兩大類：認知與經驗性的改變因素、行為上的改變因素（郭文正，2012）。

認知與經驗性的改變因素可分為：1.意識覺醒（consciousness raising）；2.情感喚起（emotional arousal）；3.自我再評價（self-reevaluation）；4.環境再評價（environmental reevaluation）；5.自我解放（self-liberation）等五種。行為上的改變因素可分為：1.社會解放（social-liberation）；2.刺激一般化或控制（stimulus generalization or control）；3.情境化或情境替代（Conditioning or counter conditioning）；4.增強管理（reinforcement management）；5.援助關係（helping relationships）。

同樣的，協助案主避免復發需要達到五種所欲求的處遇效果：1.協助案主了解自己的高風險情境；2.增加案主的戒癮改變動機；3.協助案主學習因應高風險情境；4.增加案主自我監控或社會支持；5.增加案主的自我效能感。而上述的改變因素中「意識覺醒」、「情感喚起」可協助案主了解自己的高風險情境；「自我再評價」、「環境再評價」、「自我解放」可增加案主的戒癮改變動機；「刺激一般化或控制」、「情境化或情境替代」可協助案主學習因應高風險情境；「社會解放」、「增強管理」、「援助關係」可增加案主自我監控或社會支持。而當上述的任何改變因素在處遇過程中出現時，案主的自我效能感通常亦同時得以增進。

簡言之，社會工作者可在處遇過程中，運用上述的概念或相關技術協助案主戒癮。以下綜融前章所提及各處遇學派常見的處遇技巧，並依序簡述：

（一）意識覺醒

社會工作者可在處遇中利用許多技巧，如觀察、面對面、說明及讀書療法等方式來提升戒藥者的察覺能力，使案主更深刻了解某些伴隨成癮而出現的問

題。意識覺醒強調提升案主對其某一特定問題行為的知覺，使其可以了解其問題行為的原因、過程、結果，並提升對處遇的知覺。而使用「探索渴求線索」（Exploring Clues of Craving）、「主題說明」（Topic Description）、「風險情境標定法」（Recognizing Risk Situations）、「評量性問句」（Evaluativequestions），除了促進意識覺醒外，亦可協助案主清楚知道自己的高風險情境。

高風險情境與案主的渴求往往息息相關，因此，社會工作者亦可與案主共同「探索渴求線索」，了解在何時、何種狀態下，案主會強烈想要尋求物質。渴求的出現通常是有脈絡或線索的，這些脈絡或線索是誘使案主再次使用物質的因素，故社會工作者的重要任務，就是指出那些讓案主目前持續使用物質的誘因，也就是案主的渴求為何？若這些因素能順利得到澄清，社會工作者便可開始設法減少它們所帶來的影響。

「主題說明」係指一旦案主提到關於使用物質的高風險情境時，社會工作者可針對這一點請案主多做說明，一方面可強調談論的主題，另一方面可進一步協助案主更認識自己的高風險情境。「風險情境標定法」係指讓案主比較沒有使用物質與使用物質的情境，藉以讓案主更清楚自己的風險情境。例如，「您說在碰到那位朋友之後您就開始用藥了。那能不能請您比較看看兩種情況，一是遇到那個用藥的朋友，二是沒遇到那個用藥的朋友，當這兩種情況發生時，您會分別做什麼？而碰到用藥的朋友對您的影響是什麼？」

「評量性問句」可以用來進行許多面向的評估或澄清。透過評量性問句，社會工作者可幫助案主評估高風險情境的程度，例如，「1 代表不會影響到您喝酒，10 代表非常高機率會影響到您喝酒，您覺得當您心情不好時喝酒的可能性約有幾分？您希望自己可以到達幾分？」當案主回答分數時，社會工作者可再細緻了解案主評量分數的當下狀態、環境；之後可和案主討論什麼樣的情況會造成兩個分數不一樣。例如：「能不能說一下是怎樣的情況造成這兩個分數有這樣的差距？」藉由這樣的探索，一方面案主可以了解戒癮改變乃是種變動的形式，也可以客觀評估自己的狀態為何；另一方面社會工作者可協助案主更清晰了解自己的理想狀態，促發改變動機。

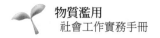
（二）情感喚起

社會工作者可使用如心理劇、悲傷失落、角色扮演等處遇技術，喚起案主對不健康行為的負面情緒，並適時協助他用新的方法處理。情感喚起強調增強案主培養因應某種特定情境下的情緒反應能力，使其了解若在某些情境下可以用其他適當的行動處理，便可減低問題行為所帶來的影響。

「重新架構」（reframing）是可促進情感喚起的處遇技巧，協助案主從不同觀點或情境來看待事情，並改變過去情境所帶來的情緒或觀點，讓案主有機會改變情境的整個意義。如此，可以增加案主認知上與情緒上的彈性。社會工作者可重新賦予過去經驗新的正向意義或感受，協助案主從新的視野看待事件，並體驗新的情感，創造當事人改變的可能性。例如，「您說吸毒之後，媽媽對您很不諒解，您很難過。但我同時也看到您對媽媽的在乎。當媽媽知道您是這樣在乎她時，媽媽會怎麼看待您？您的心情又如何呢？」

（三）自我再評價

社會工作者可運用「價值澄清」（Values Clarification）、「直接發問」（Question Directly）、「心理意象」（Self Image）及「正確的情感經驗」等處遇技巧，協助案主評估自己的行為與形象，使案主能在認知與情感層面上，對自己用藥的自我形象進行合理的評價。以下說明價值澄清、直接發問的處遇技術：

價值澄清係探討案主生命中最重要的事、最珍愛的價值以及人生目標，藉此協助案主建立關於改變的長遠藍圖。社會工作者可藉由詢問案主目前覺得自己生命中最重要的人、事、物是什麼，也可進一步了解案主如何把時間花在這些人、事、物身上等。

使用開放式問句等直接發問的技巧，可探究案主的認知與他所關心的事，例如：1.社會工作者可反映案主對於問題的認知（例如：什麼是讓您覺得持續用藥是個問題？）；2.社會工作者可反映案主對問題的關心（例如：如果您一直繼續喝酒，您想結果會怎麼樣？）；3.社會工作者可反映案主直接或隱含的改變意圖（例如：如果您成功戒癮了，您的生活和現在比較會有哪些不

同？）；4.社會工作者可反映案主對於改變的正向期待（例如：如果您決定要改，您覺得什麼方式會對您有用呢？）

（四）環境再評價

個人用藥的行為，往往對自己所處環境也會產生衝擊或影響，因此協助案主知道自己的用藥行為會如何影響自己生活環境是件重要的事。社會工作者可運用「同理心訓練」（Empathy Training）、「紀錄影片」（Video）等技巧，協助案主認識自己藥癮行為對生活環境所造成的衝擊。

此外，社會工作者可利用「回饋技巧」（Feed Back），協助讓案主知道自己與所處環境中的關連。有時人們因為對自己當前處境所知有限，而沒有改變動機，因此，清楚而充分的資訊對行為改變相當重要。回饋的來源及途徑很多，社會工作者可邀請案主去詢問家人和朋友，對自己行為的看法或感受；此外，也可邀請案主每日做環境與人際關係記錄，了解自己與環境的互動。

「關係導向問句」（Relationship-oriented questions）是另一個有效能的處遇技巧。在實務上，許多案主之所以決定戒癮，多半是因為重要他人的關懷或在乎與家人的關係。關係導向問句一方面可讓案主意識自己在生活中不孤單，仍有許多在乎自己的人，且自己遇到困難時亦可以找到協助自己的力量；另一方面，可協助案主了解自己的行為會影響到他人。例如，「當您之前沒有用藥時，媽媽和您的關係如何？當您用藥時，媽媽和您的互動有出現什麼變化？如果媽媽發現您不玩藥了，變得不一樣，您猜她的感受會是什麼？」

（五）自我解放

自我解放係指協助案主克服戒癮自信心不足的問題，使案主增強對改變的信念及對此信念的承諾，強化其改變的行動力。社會工作者可利用「損益平衡技術」（Balance Technology）或邀請案主進行戒癮公開宣示等方法，增加其改變的意志力。

「損益評估」技巧可協助案主對自己目前的行為或改變後的行為有更多認識。社會工作者可就案主想探討的主題（例如，用藥 vs. 停藥）和案主討論當中的利弊得失，並且將它寫下。例如，用藥的好處在於「可以停止煩惱」、壞

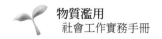

處在於「花許多錢」；停藥的好處在於「不會讓家人傷心」、壞處在於「沒辦法有用藥後的酥茫感受」等。隨著探討主題的不同，損益評估提供了許多素材，可用來增加案主的改變動機或評估高風險情境等。損益評估亦可在處遇的歷程中多次進行，協助案主更加認識問題的全貌。

（六）社會解放

倡導是常見的社會工作方法。社會工作者可進行倡導工作，發展更有利於戒癮行動的環境或法令。同時，也協助案主認識社會環境在藥癮議題上的轉變（例如：使用藥物的法令或限制），並意識在環境中有利戒癮改變的面向。

（七）刺激一般化或控制

刺激一般化或控制係指降低案主在高風險情境下的刺激程度。社會工作者可藉由協助案主了解自己的用藥高風險情境，並針對這些風險情境發展出因應策略，協助案主去除再次用藥的誘因，降低復發的風險。

「移走障礙」（Removing Barriers）與「例外問句」（Exceptions questions）的技巧可幫助案主因應高風險情境。所謂的障礙是指在處遇過程中案主所碰到的外在環境困難或內在心理困難，這些困難往往帶給案主壓力而影響復發。某些困難例如：交通、費用、托兒、安全考慮等等，社會工作者可透過適當的方法或給予資源，協助案主減少困難與壓力。但案主有時會出現擔心或特殊考量，並在內心形成一個「結」（例如，如果我不用藥了，那麼我就會失去這些朋友），此時，社會工作者得適當地運用處遇技術來協助案主解開這個結，處理內在的障礙。

例如使用「例外問句」的技巧，了解當案主過去碰到高風險情境且順利因應的經驗，並幫助案主解開心結。藉由例外問句，社會工作者可協助案主了解過去也有成功的經驗，心中的結並非無解。當重新回顧成功與例外的情況，可以增加案主的自我效能感，使案主更有行動的力量。例如，「從第一次吸毒到現在，有沒有曾發生您碰到以前喝酒的酒友來找您喝酒，而您卻沒答應的經驗？您是如何做到的？」或是「您很擔心不再用藥就會沒有朋友，您能不能說說看，在您還沒有用藥之前您有哪些朋友？您是如何交到這些朋友的？」例外

問句的技巧可讓案主對自己產生希望感；當更加細緻的討論時，又可以深化案主內在力量及重新認識有力量的自我！

（八）情境替代

社會工作者可藉由「給予建議」（Suggestion）、「因應式問句」（Coping Questions）、「放鬆訓練」（Relaxing Training）、「去除敏感」、「自我肯定」訓練等處遇技巧，協助案主學習一種可取代問題行為且較健康的行為，而當可能引發案主再次用藥的情境或線索出現時，案主能用較好的因應策略來做行為替代。

例如給予直接建議，如何避免接觸高風險情境。雖然一般來說，在處遇的初期或未清楚案主的需要下直接給予建議，不會有助於處遇的進行。但有時隨著處遇的進展，案主會直接詢問社會工作者某些問題，希望能從社會工作者身上得到建議。面臨此情況時，社會工作者在給予建議之前，可先了解案主對於自己的相關問題是否曾徵詢過他人的意見？他人所給予的意見為何？案主對於這些意見或回饋的反應為何？……，然後評估案主的需求後，再決定是否給予建議。就實務來說，處遇人員清晰且誠懇的建議，在協助案主學習因應高風險情境、增加案主的戒癮改變動機，或增加案主自我監控的影響力是不容忽視的。一般而言，建議至少應該包括：1.清楚指出問題或危機所在；2.解釋改變的重要性；3.提供特定的方法。例如，「我們在過去的晤談中，曾多次談到您失眠時就會想要使用海洛因，您有沒有想過去看醫生來處理自己的失眠問題呢？」

此外，使用因應式問句的技巧也可幫助案主看到自己既有的潛能，激發案主度過困境的力量。藉由因應式問句，可以讓案主重新了解自己其實擁有承受痛苦的力量與恢復力。例如，「聽起來您那段時間有很大的壓力，但您卻沒有因此用藥，我想您擁有很好的壓力因應能力。能不能說說看您是怎樣熬過這段時間的？」當社會工作者使用因應式問句，不但可以協助案主重尋除了使用藥物之外的有效因應行為外，也讓案主重新思考面對困境時，除了使用藥物之外仍有其他解決問題的方法。

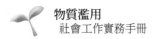

（九）增強管理

　　社會工作者可利用鼓勵、讚許、獎賞、訂立契約以及其他有形或無形的增強方法，協助案主發展出管理自己用藥行為的方法。例如使用代幣法，和案主約定如果能停止使用物質一週，則給予積點。累積滿一定的點數後，社會工作者將給予獎勵（如獎狀等）。

　　而使用「奇蹟式問句」（Miraculous Questions）亦可增強案主自我管理的動機。奇蹟式問句可以協助案主建立解決問題時的景象，且快速建立處遇的目標。當案主反應其生活因為使用藥物而變得一塌糊塗時，使用奇蹟式問句，可以當引導案主看到改變後、戒癮後的未來，並藉以增加改變的動力。例如，「假設您發現一個魔法盒，您向它許願戒癮成功，您真的成功了，那麼您的生活會怎樣？您會如何度過一整天的生活呢？」

（十）援助關係

　　社會工作者可藉由建立治療團體、提供社會支持、開創自助團體等方法，協助案主建立新的、良好的人際支持網絡，使案主相信在戒癮的路上自己不孤單，會有許多人願意提供關懷，協助其進行戒癮工作。

　　此外，亦可使用「主動協助」（Active Help）的技巧。主動協助，代表社會工作者對案主努力改變的過程，抱持積極的興趣與肯定的態度。舉例來說，當案主某次缺席時，社會工作者可以主動打電話關心案主發生了什麼事，並鼓勵其再次出席。

 參考文獻

一、中文部分

修慧蘭、鄭玄藏、余振民、王淳弘（譯）（2013）。**諮商與心理治療實務與理論**（原作者：Gerald Corey）。臺北市：雙葉書廊。

高淑宜、劉明倫（譯）（2003）。**「BRENDA 取向」戒癮手冊——結合藥物與心理社會治療**（原作者：J. R. Volpicelli 等）。臺北市：心理。

郭文正（2012）。**藥癮者社會支持、壓力知覺與戒癮改變階段之模式建構**（博士論文）。國立臺灣師範大學教育心理與輔導學系，臺北市。

郭文正、吳志怡（2002）。**媒體建構毒品新聞報導之類型研究**。輔仁大學主辦「第四屆媒介與環境學術研討會」宣讀之論文（臺北）。

陳妙平（2005）。**成年男性藥物成癮者復發決定因素之探究——以臺北戒治所為例**（碩士論文）。輔仁大學社會工作研究所，新北市。

陳玟如（2004）。**藥物濫用者復發歷程之研究**（碩士論文）。私立慈濟大學社會工作研究所，花蓮市。

二、英文部分

Coombs, R. H. & Howatt, W. A.(2005). *The Addiction Counselor's Desk Reference.* New Jersey: John Wiley & Sons.

DiClement, C.C. (2003). *Addiction and change: How addictions develop and addicted people recove*r. NY: Guilford Press.

Marlatt, G. A. (1985). Relapse prevention: Theoretical rationale and overview of the model. In G. A. Marlatt, & J. R. Gordon (eds.), *Relapse prevention: Maintenance strategies in the treatment of addiction behaviors* (pp. 31-44). NY: The Guildford Press.

Miller, W. R. (1983). Motivational interviewing with problem drinkers. *Behavioural Psychotherapy, 1*, 147-172.

NIDA, (2009).*Principles of drug addiction treatment: A research-based guide.* http://www.nida.nih.gov/podat/PODATIndex.html.

Rollnick, S. & Miller, W. (1995). What is motivational interview ?. *Behavioural and Cognitive Psychotherapy, 23*, 325-34.

Chapter **5**

面對物質濫用者家屬或重要他人的工作技巧

——蔡佩真

壹 家屬的處境

　　一個人的藥物濫用行為會影響所有的家庭成員，包括伴侶、孩子和沒有住在家裡的其他人。物質濫用者的重要他人通常是對其有意義的重要關係人，可能涉及物質使用者的配偶、子女、父母、或同居人，有時也涉及手足。這些重要他人常常是在物質濫用者的生活中共同受到影響。家屬的困惑包括：

　　「有什麼地方可以救救他？」
　　「居然跟那些吸毒的人一起來騙我的錢，被騙久了，叫我怎麼信任他？」
　　「搞成這樣，他到底是要怎樣？是還缺什麼？」
　　「難道是我的錯嗎？是我沒教好小孩嗎？」
　　「警察來找，左右鄰居異樣的眼光，我一個朋友也沒有。」
　　「我瞞著他爸爸，不敢讓他知道這麼嚴重。」
　　「家醜不外揚，跟親戚都是說他去大陸，其實是在監所。」
　　「要救他？還是不要再管他？家裡的人常在吵。」
　　「要不要借錢給他？」
　　「怕孩子在外面出事，拼了命跟地下錢莊借錢讓他買藥，他好我就好。」
　　「他要出獄了，要讓他回家嗎？」
　　「去死吧！干我什麼事，我們還要過日子。」
　　「他去坐牢，我反而安心。」

　　重要他人或家屬常常扮演支持者與照顧者的角色，從剛開始的焦急無助，時間久了越來越難以消受，家屬一同受苦。也有家屬是在照顧關係中產生共依附的情形，共依附者會過分犧牲自己，並涉入在受苦的過程，甚至不知不覺維持了物質濫用伴侶的成癮行為（Beattie, 2009）。非吸毒的家人常常難以拿捏關心的程度，而有吸毒的其他家庭成員更是促成復發的因素（董淑鈴，

2000）。家屬常常有很嚴重的情緒壓力，而青少年用藥則凸顯親職的困境，無論是配偶或是父母，他們的身心狀況以及生活品質都與物質濫用者產生連動。

物質濫用所引起的問題包含無法恰當執行親職、虐待孩子與配偶、性病、青少年懷孕、學業表現不佳、蹺課、輟學、加入幫派、性犯罪、財務危機、車禍、法律問題、精神疾病共病、自殺與意外死亡率高、低工作生產力和逐漸增加的健康照顧，以及無家可歸（Stenbecka & Stattin, 2007）。此外，父母的藥物成癮危及孩子的心理社會適應（Rowe, 2012），社會工作者需要協助因為酒癮與藥物濫用而無法勝任親職的父母，此外，社會工作也需介入物質濫用相關的家庭暴力、貧窮和心理疾病與健康問題（Galvani & Forrester, 2011）。

由於物質濫用者多為年輕人及中壯年，這個年紀原本應該是家中的生產者與支柱，但因為物質濫用反而成為家庭的負擔。家屬也從未想到這種事會發生在自己家庭，無助、羞愧、自責、擔心、孤獨接踵而至，物質濫用破壞案主的家庭系統以及親職能力，影響了家庭生活的每個面向，包括人際關係、社會關係、財務、休閒活動等，也增加家庭衝突與家庭負荷，物質濫用對家庭的社會心理影響往往遠超過成癮者本人（Mattoo, Nebhinani, Basu & Kulhara, 2013）。藥物濫用者對家人的影響還包括：對家人的暴力行為、言語攻擊、操縱、非預期行為、經常躺床、躁動不安、自傷行為、做出令人困窘的事、破壞家中物品、走失、營養不良、懶惰行為（Stewart & Brown, 1993）。

藥物濫用家屬的壓力包括：擔心自己沒能力協助戒癮、擔心法律問題、感到羞愧及罪惡感、對家人成癮以及前途感到無奈與憂慮。而對於藥物濫用家屬照顧的需求則包括：需要協助安排個案的生活、協助處理個案的同儕問題、協助個案的睡眠問題、協助預防與處理再犯問題、維護個案的自尊問題（楊秋月、蕭淑貞，1998）。因此家庭需要學習如何關心物質濫用的家人，而且物質濫用家庭需要被幫助，因為家庭功能會受到成癮者的影響與危害，甚至可能形成多世代的成癮循環（Rowe, 2012）。

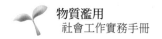貳 與家庭一起工作的重要

　　物質濫用者以及其家屬一樣重要，物質濫用者是案主，是服務計畫的核心，然而，家屬是付出者也是受害者，因此，戒癮處遇不能只關照物質濫用者的需要，而無視於家庭長期以來的痛苦與無助（蔡佩真，2004）。許多研究已經證實青少年的物質濫用需要針對父母進行協助，才能有效進行毒品的一級預防到三級預防，而成人的物質濫用更是需要有配偶及家屬的參與，一起改變才能確保戒癮的穩定性（Rowe, 2012）。家屬參與物質濫用治療，有助於家屬成為治療夥伴與資源，強化戒癮者的治療動機，改善親職並減少家屬壓力，強化與維持戒癮的成果（Bertrand et al., 2013）。

　　改變個人和改變環境一樣重要，因此協助家屬積極介入藥癮的治療，這是處遇的先決條件。若環境沒有相對的修正與調整，家庭關係和親職教養上的壓力也沒有解決的話，可能會使藥物濫用問題加劇，並促使復發（Carlson, Smith, Matto, & Eversman, 2008）。家屬和重要的他人一方面需要被支持、得到足夠與毒癮相關的資訊，家屬也可以與助人工作者成為夥伴關係，一起幫助物質濫用者，確保行為改變的穩定，甚至也可以一起幫助其他家庭。

叁 建立初步的支持關係

一、保護家屬尊嚴，避免二度傷害

　　物質濫用者的家屬或是重要他人常常一起受到烙印和汙名化，有時也成為代罪羔羊，家人感到自責、羞愧、無力感、孤單與絕望，家醜不外揚的觀念使家庭不容易求救，也不易得到支持，對於這些家庭不能用審判的態度來添加他們壓力與二度傷害，家屬很敏感，很不願意被究責，反而需要更多的理解，即使家庭有失功能的現象，介入藥癮家庭時仍需尊重家屬，保護其尊嚴。以下這段心聲是家屬很典型的反應：

　　有人說單親的小孩容易學壞，父母絕對有責任，我必須說，我自認是
一個盡責、愛孩子的母親，為了養育他，我用盡我所有的時間賺錢，
也很留意、關心他的生活起居，可是他自以為是的觀念、同儕對他的
重要意義與引誘，是我無力、也無法解決的。我內心的煎熬、孤單沒
有人能夠想像；我不但要承擔他變壞的責任，還要被鄰居、好友指指
點點，那些年裡，我一個朋友也沒有。（摘自蔡佩真，2014）

　　上述這段文本透露孩子吸毒的母親所承受的輿論壓力，好似為人父母沒有
把孩子教好的那股壓力；另外一方面，這位母親一再強調她的付出以及她對孩
子的愛，這些煎熬沒有被理解和支持。因此，社工人員與家屬建立關係時，態
度非常重要，要呈現尊重、肯定、同理、接納、支持。我們可以這樣說：「在
這段獨自照顧孩子的路上，您真的好努力付出，但是過程中也承擔好多的壓力
和煎熬，做母親的真的很辛苦。」也就是家屬的努力和犧牲需要被看見，他／
她們對家人的親情也是倍受煎熬，社工先有這樣的眼光與同理的態度，才能協
助家屬卸下防衛機轉，並且有機會宣洩情緒，在許多藥癮家屬支持團體的聚會
中，家屬多半是需要情緒出口的，而同理心與尊重的態度正是開啟家屬情緒的
基本技巧。

二、看見家庭的優勢與韌性

　　除了同理心的態度，社工若是能看見家庭的優勢與韌性，也能給予適時的
反應與肯定，通常較能提升家屬的信心和自我效能，例如對個案的母親說：
「雖然是單親的家庭，您仍然如此盡心盡力地愛孩子，忍受孤單與異樣眼光，
仍然陪伴孩子面對毒癮，很不簡單。」每個家庭都有許多故事，一旦關係建
立，家屬就會願意跟社工分享更多家庭實況，也更能慢慢從敘述中釐清困惑。
與家屬有了信任的關係，社工後續的處遇與建議比較能被家屬接受，甚至，有
機會讓家屬或重要他人成為社工處遇過程的夥伴。

　　家庭成員過去經常被視為是問題的一部分，而不是問題的解決者，
Hornberger 與 Smith（2011）則提供一個不同的視野，他們認為在青少年藥物

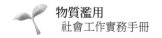
濫用的處遇及復元系統上，家庭成員與專業人員之間是合作的夥伴關係。家庭的參與以及創造一個家長與專業的合作夥伴關係，是青少年處遇及復元的重要一步。家庭的參與在接案、處遇及復元計畫中，是一個必要的部分，物質濫用者的家屬需要學習如何透過參與，以改善處遇的結果以及強化復元的歷程。因此，家庭可以成為治療的資源，家庭成員可能是這當中影響藥物濫用者參與治療的最有力根源（O'Farell & Fals-Stewart, 2006）。

三、先處理情緒，後處理問題

長期陪伴家中成癮者，家屬與重要他人的情緒壓力很大，常常需要情緒宣洩，並得到心理上的支持。家屬需要學習情緒上的自我分化，尤其是照顧者應該在情感上盡量獨立出來，不要凡是以戒毒者的事務為生活重心，受到過度的情緒牽連，過度為戒毒者承擔責任、過度保護，以致於戒毒者無法學習獨立，而照顧者也苦不堪言。

Herman-Stahl 與同事們（2008）研究發現，母親的心理健康與青少年的物質使用更有強烈的關聯，改善母親的心理健康可以提升她們的能力，而能表現出更多的愛，進而能支持青少年努力克服他們的物質濫用問題。所以，改善母親的心理健康，對青少年持續接受物質濫用治療的恢復過程有正向的影響（Bertrand et al., 2013）。簡言之，改善母親的心理健康、較佳的親職實踐與家長更多的使用治療服務三者之間的結合，可減少青少年的物質使用（Bertrand.et al., 2013）。

四、鼓勵家屬參與相關活動方案

可以多鼓勵家屬參與評估與藥癮治療過程，美國的衛生保健聯合鑑定委員會認為在物質濫用治療方案中，應該要有一位成年的家庭成員參與治療方案，至少參與最初的評估過程。Hornberger 與 Smith（2011）認為家庭參與的目標與好處，並不僅是在家庭參與處遇的過程，同時也能在家屬與專業人員之間發展夥伴關係，分享知識、資源及經驗。這樣的合作夥伴關係有助於對成癮疾病的了解，以及治療的參與和復元的維持，家庭成員在處遇計畫上有更大的所有

權，這也會更加強化他們的動機和參與，進而改善戒癮結果及復元上的照顧品質。因此建議戒癮的過程，不管是在戒治所或是求助於精神醫療機構、宗教戒毒村，戒癮全程最好都有家屬參與，服務過程宜提供家屬資訊、與家屬更緊密溝通，將家屬納入為處遇夥伴，鼓勵家屬參與評估與藥癮治療過程，一路觀察戒癮者改變的情況，適時予以支持。

五、與家屬一起設定改變的目標

物質濫用家庭處遇的基本目標應該包括如下：

1. 如果家人無法立即戒癮，家屬最起碼先照顧自己的生活品質和心情；
2. 運用家庭的支持和影響力，減緩甚至戒除家人使用藥物和避免復發；
3. 改變家庭環境，以維持戒癮者和其他家庭成員的正向改變和促成長期的復元。

建議家屬應該從短程的目標開始設定期待，可以先處理自己的情緒負荷和壓力，接著才有能力重新將重點轉回成癮者身上。其次，對於戒癮的想法得針對戒癮者的動機、意願和狀況來決定戒癮策略，究竟是選擇替代療法還是完全禁絕，家屬和家中戒癮者得一起決定。最後，長遠看來，改變家庭系統和環境比較有利於維持戒癮以及朝向穩定的復元。物質濫用家庭的處遇目標得經過家庭評估與家庭討論，而逐漸朝向此三個目標發展。

肆 以家庭為基礎的處遇模式

為了達成上述的目標，採取以家庭為基礎的處遇取向是已經受到驗證的模式。用於處遇物質濫用問題，且以家庭為基礎的處遇模式，以下簡要介紹。

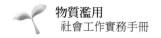
物質濫用
社會工作實務手冊

一、多層次家庭處遇模式

這是一個以學校為平臺的處遇模式，是從初級預防到治療性質的多層次家庭處遇策略，對抗物質濫用首重一級預防，學校應該提供家長充足的反毒資訊，其次是二級預防，透過家庭評估與家庭篩檢選有風險的家庭，促進家庭的動機和改變意願；最後才是針對特定的家庭提供物質濫用處遇與治療。

方案第一層是一級預防，提供普遍性的服務，在學校成立家庭資源中心，提供父母為中心的服務，包括與父母的簡短諮詢、電話諮詢、回饋子女在校行為、提供錄影帶和書。父母諮詢建構了六次課程，包括簡短的親子活動設計，以促進家庭管理動機。第一層的普遍性處遇是用以支持父母協助子女的發展，學習分辨有效與無效的家庭管理技巧，包括正增強、監督、限制的設定、關係技術。

第二層是篩選後的家庭處遇（Family Check-Up），針對有風險的青少年父母進入選擇性的處遇，第二層的功能是支持家庭管理及改變父母不適當的做法，教育與面質家庭對於改變的抗拒，提供父母資源以減少風險行為，並促進適應。這一層是短期的處遇，使用動機式晤談為處遇基礎，針對高風險家庭提供三部分服務包括：

1. 初步會談，主要是評估與探索父母關心的事、目前狀況屬於改變輪（wheel of change）的何種位置與階段、涉入的動機。
2. 主要的評估，邀請家庭參與不同的評估任務，包括在家庭中親子互動的影片評估以及父母的監督任務。
3. 第三部分是回饋機制，治療者有系統地使用動機式晤談策略，提供評量的摘要式結果（家庭優勢、需求、障礙、處遇選項），並探索家庭潛在處遇服務以支持家庭管理的活動。服務的提供方式可藉由每週電話、家庭作業的完成、班級活動來提供。

方案第三層是對特定的家庭處遇，針對篩選過的家庭及有藥物問題的青少年，提供各種有效的處遇，包括行為取向的父母團體處遇、個別的家庭治療、

多系統的家庭治療。少數父母會被安排進入更密集的處遇。約有 10%的家庭需要此種密集的處遇與支持。處遇是針對整個家庭，高風險家庭團體的聯繫約持續二年，之後還要有轉介服務（Dishion & kavanagh, 2000；轉引自蔡佩真，2014）。此模式詳見下列圖 5-1：

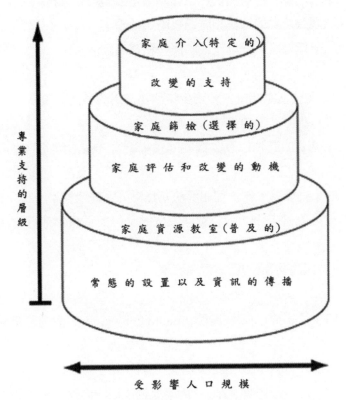

圖 5-1　學校生態下的多層次家庭處遇模式

資料來源：Dishion, T. J., & Kavanagh, K.（2000）

二、優勢取向的家庭治療

　　家人吸毒常常消耗親情和破壞家人的信任，甚至瓦解家庭結構，因此家庭關係的修復極具重要性，優勢取向的家庭治療（Strength-Oriented Family Therapy，簡稱為 SOFT）是藉由提升家人的信任及溝通，修復緊張的父母及

青少年的關係。優勢取向的家庭治療也藉著一些策略培養及增加個案的自我效能感，改善溝通，以及使個案願意委身於處遇計畫，這些都可用以預測處遇成功的因子。優勢取向的家庭治療有三個特徵（Smith & Hall, 2008）：

1. 在進入處遇前有先提供能促進家庭動機增強的轉介服務；
2. 以解決問題為焦點的語言和處遇技術為基礎；
3. 在處遇的早期階段有一個正式的優勢和資源評估。

SOFT 由四個主要活動組成對於青少年藥物濫用的多元干預模型，包括：

1. 以家庭為基礎的評估以及動機的回饋，結合一個治療前的家庭轉介單元；
2. 與個別的家庭成員工作，問題解決為焦點的家庭治療；
3. 進行多家庭團體工作，針對數個家庭的父母與青少年進行的溝通技巧訓練；
4. 優勢取向的家庭治療的個案管理服務。

上述，SOFT 所採用的多家庭團體（multifamily group）活動是結構導向與任務導向，融合解決問題為焦點的團體互動、家庭溝通技巧的訓練，以及藥物濫用處遇方面的認知行為治療，團體的主題包含：給予以及接收正向回饋、自信地傾聽、給予和接收建設性的批評、因應藥物濫用的同儕、解決問題、解決家人的問題、建立健康的關係、管理壓力、管理憤怒的情緒及預防未來再度使用藥物（Smith & Hall, 2008）。

三、多元系統治療

多元系統治療（Multisystemic Therapy，簡稱為 MST）是建構在系統理論與生態理論的架構上，系統觀點認為藥物濫用的家庭會維持家庭的穩定性，但

是這種穩定是一種病態的平衡，家庭寧願停留在痛苦而熟悉的情況和穩定中，卻抗拒改變可能帶來的風險與痛苦，因此，一旦家庭有人試圖改變時，家庭會產生力量施加壓力，以降低改變的幅度（李素卿，1996）。藥物濫用者長期以來，以此行為維持家中病態行為，家中成員可能抗拒改變，無意識地阻撓了戒毒與康復的進程。家庭系統取向想解決的是會影響個人使用藥物的家庭關係和解決問題的模式。因此，家庭系統取向通常把藥物使用問題當作次要目標，而優先的處遇目標是協助家庭發展新的互動方式，以增進家庭成員的功能，並支持個案從用藥的生活中重獲新生（蔡佩真，2004）。

繼系統理論之後的多元系統的家庭模式，是一個社會生態的取向，目的是在改變家庭因素和其他系統因素對繼續用藥的影響。其目標包含：重建青少年環境，以減少反社會行為。多元系統療法的治療者在家庭和社區裡積極且密集地工作，以充權家長們，目的在改變讓青少年陷於繼續藥物濫用和犯罪的多重危險因素，此方式在降低青少年犯罪這部分，已廣泛被公認是當中最有效的方法（Curtis, Ronan, & Borduin, 2004）。

多元系統模式之後，有學者發展多面向家庭治療模式（Multidimensional Family Therapy，簡稱為 MDFT），一個融合了家庭治療、個別治療、藥物諮商和多元系統取向處遇方式的整合門診治療（Liddle, 2002）。多面向家庭治療的處遇工作分成四個部分：

1. 青少年的部分，處理自我和關係發展上的議題；
2. 父母的部分，處理父母個別的功能以及親職能力；
3. 家庭環境部分，處理家人之間的互動模式；
4. 改變影響青少年和家庭的其他系統，例如與學校和少年司法系統一起工作。

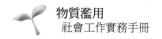
伍 物質濫用者的家庭工作要點

一、物質濫用者的家庭評估

　　評估可分為二部分，在家庭部分，可以先評估與探索物質濫用者的家系圖與生態圖，評估家庭關係與互動模式，包括家庭中夫妻關系、親子互動、父母如何監督子女、家庭優勢、需求、障礙、探索家庭中失功能與無效的溝通、家庭習慣的問題解決模式、關係中是否有共依附現象、家屬關心的事。在物質使用者部分，應了解物質濫用種類、濫用史、戒治經驗、福利身分與戒治資源多寡、司法記錄，成癮者改變的動機與改變的階段（無意圖期、意圖期、準備期、行動期，與維持期），據此作為日後處遇之參考（蔡佩真，2014）。

二、家屬團體的常態運作

　　物質濫用者的家屬團體工作是極待發展的一項工作，目前只有零星的機構以實驗性質的方式在辦理，辦理的團體單元內容少、次數少、參與者也少，也不是各縣市都有這項資源，因此，家屬團體工作很需要穩定的辦理，最好可及性、可近性都要高一點，才能鼓勵家屬參與，並從中得到益處。

　　家屬團體的類型可以依據功能分為支持團體、教育團體、自助團體，支持團體可以協助家屬發洩情緒，彼此分享經驗以及相互支持，並且教育家屬更正確認識成癮心理與文化，了解再犯的危機，學習有效地鼓勵與溝通，耐心等候與陪伴，增強戒毒成功的信心。支持團體宜固定辦理，以提供穩定的支持網絡。支持團體的類型可以依物質濫用類別，區分為酒癮家屬或藥癮家屬為主的團體，學習 A.A.戒酒匿名會與 N.A.戒毒匿名會的模式，讓正向的團體經驗強化家屬的精神力量。團體的組成也可以依據關係，區分為配偶團體或父母團體，不同的團體性質則依對象的不同，在團體內容的規劃重點上有差異，例如很多時候配偶團體需要發洩情緒，父母團體需要學習親職溝通與功能強化。此外，團體目標的設定以及每次的團體單元內容設計，可以參考上述的處遇理論模式，發展出有實證依據的團體工作。

三、掌握相關資源並連結網絡共同提供服務

　　家庭需要足夠的保護網絡來協助解決家庭危機，包括許多正式與非正式支持系統，未成年的戒癮者需要緊密與學校保持聯繫，成人的戒癮者則有醫療需求、經濟需求、就業需求、法律需求，這些都需要整合運用各類社會資源。此外，鼓勵家屬善用社會資源，目前已展開物質濫用者之家屬服務的機構包括：晨曦會、主愛之家、沐恩之家、趕路的雁全人關懷協會、利伯他茲教育基金會、露德協會、紅心字會、臺中更生團契、淨化社會文教基金會、毒危中心、戒治所、地檢署、各縣市社會處局及委辦單位。這些資源提供的服務項目包括辦理家屬支持團體、健康維護與促進、經濟扶助、就業輔導、心理支持、電訪、家訪。社工人員在藥物濫用領域工作日久，常常要為了個案而聯繫資源網絡，網絡中的夥伴也能提供相互支持與服務品質。

四、提升家庭功能與促進有效互動

　　社會工作者是家屬與藥物濫用者之間的溝通橋樑，尤其需要幫助家庭評估與自覺其不良的溝通模式，也幫助家人了解彼此的心理與需要。家屬應誠實面對家中的其他問題，不要讓物質濫用轉移家庭的注意力，尤其需回歸配偶之間的婚姻問題或親子之間的管教問題的省思。首先是協助強化親職功能，避免對孩子過於嚴苛保護或放任，因為這都與成癮行為有高度關連性。父母的職責包括提供孩子正確資訊、傾聽孩子心聲、提供正向角色典範等。助人者應該提高父母教養子女的技巧，並促進有效的管教方式，協助父母學習溝通技巧，加強家庭連帶，促進積極溝通，以學習支持兒女，促進戒癮者與家屬的溝通與了解，重新連結親情。此外，也需教導青少年學習生活技能，包括壓力與衝突管理，特別是青少年處理壓力及同儕壓力的技能（Dishion et al., 2000）。另外，也需要教導家庭更有效的問題解決技巧、情緒處理技巧，幫助家庭成員適當履行特定角色，使家庭有能力預防藥物濫用的復發。

陸 結語

　　家裡有物質濫用者，家屬的痛苦和無助是很少被關注到的，除了家醜不能外揚之外，家屬與重要他人常常得面對社會的譴責聲浪，背負的負面訊息與汙名化以致家屬只能默默承受，或者是乾脆切割關係。家屬與重要他人所受的影響是需要被理解和幫助的，使他們能好好過日子，這麼簡單的生活期待確是需要用盡一切的資源和努力才能達成，而社會工作以及整個服務系統還需要更投入，才能改善家庭的處境。

參考文獻

一、中文部分

楊秋月、蕭淑貞（1998）。藥物濫用個案家屬照顧需求及其相關因素之探討。**護理研究，6(4)**，304-314。

蔡佩真（2004）。家庭系統相關理論在藥物濫用者協助上的運用。**人文社會學報，5**，169-189。

蔡佩真等（2014）。**他不重，他是我所愛的**。臺北市：晨曦。

二、英文部分

Bertrand, K., Richer, I., Brunelle, N., Beaudoin, I., Lemieux, A., & Ménard, J. M. (2013). Substance abuse treatment for adolescents: how are family factors related to substance use change?. *Journal of psychoactive drugs, 45*(1), 28-38.

Dishion, T. J., & Kavanagh, K. (2000). A multilevel approach to family-centered prevention in schools: Process and outcome. *Addictive Behaviors*, *25*(6), 899-911.

Fals-Stewart, W., & Clinton-Sherrod, M. (2009). Treating intimate partner violence among substance-abusing dyads: The effect of couples therapy. *Professional Psychology: Research and Practice*, *40*(3), 257-263.

Galvani, S., & Forrester, D. (2011). How well prepared are newly qualified social workers for working with substance use issues? Findings from a national survey in England. *Social Work Education, 30*(04), 422-439.

Herman-Stahl, M. A., Ashley, O. S., Penne, M. A., Bauman, K. E., Williams, J., Sanchez, R. P., & Gfroerer, J. C. (2008). Moderation and mediation in the relationship between mothers' or fathers' serious psychological distress and adolescent substance use: Findings from a national sample. *Journal of Adolescent Health, 43*(2), 141-150.

Hornberger, S., & Smith, S. L. (2011). Family involvement in adolescent substance abuse treatment and recovery: What do we know? What lies ahead? *Children and Youth Services Review, 33*, S70-S76.

Mattoo, S., Nebhinani, N., N., A. B., Basu, D., & Kulhara, P. (2013). Family burden with substance dependence: a study from India. *Indian Journal Of Medical Research, 137*(4), 704-711.

Rowe, C. L. (2012). Family therapy for drug abuse: review and updates 2003-2010. *Journal of marital and family therapy, 38*(1), 59-81.

Smith, D. C., & Hall, J. A. (2008). Strengths-Oriented Family Therapy for Adolescents with Substance Abuse Problems. *Social Work, 53*(2), 185-188.

Chapter **6**

建立關係、界限與催化改變動機之實務探討
——李易蓁

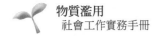
壹 前言

　　對很多藥癮者而言，人與人之間的信任與真誠是個奢求。所以助人者的善意，很有可能會被他們觀望，認為是否「其中必有詐」。因為其生命故事充斥著創傷、背叛，甚至爾虞我詐，包括可能在吸毒前，就成長在缺愛家庭、交過損友；吸毒後毒友間相互利用、告密。且在被逮捕、審判、監禁過程中，需要說很多場面話、避重就輕來規避刑責與麻煩。這些「被騙」和基於自保的「騙人」，促使他們練就需基於利益考量，討好、順從有利害關係者，若屬無利害關係者，就又會展現另一種言行的「兩面印象整飾」（李美枝，2000）操弄防身術。而他們的善於操弄，也容易讓人陷入「會不會被騙」、「應不應該滿足其需求」的困惑中。因此與藥癮者互動時，須建立適當界限以避免被操弄。

　　其次，犯罪學領域通常會以「一日煙毒犯、終身煙毒犯」來形容這群人；「十個用藥的人，有九個會再用，剩下那一個則是因為用藥過量猝死了」則是流傳於毒品受刑人間的玩笑話。這種戒癮必敗的氛圍，不僅讓他們自認沒有未來，也會導致即使相信助人者是真誠地想幫忙，也會因為自認問題嚴重，而拒絕或缺乏改變動機。特別是戒癮過程其實會面臨「停藥的好處還沒感受到，但沒藥可用的壞處卻已讓人痛苦萬分」，助人者要能引導他們眼光放遠一點，看到熬過這陣痛期後，可以達成的生活願景，才會更有意願撐下去。

　　我多年來在監所體制與毒品犯受刑人、戒治人互動過程中，的確看到他們的無奈，和自認不被了解的心情。他們的世界其實不容易懂，至少對我而言是如此。他們的次文化、語言都是我陌生的。猶記得剛開始帶領戒癮團體時，成員彼此間用其熟悉的「行話」對談，譬如「水車」、「四號餐」、「富士牌」、「拿筆的」等，每一名詞均有其特殊涵義，我彷彿是外星人；而我說的話，成員則多反應「讀書人才會這樣」。本來以為是我用太多專業術語、不夠口語，後來才發現這不僅是生命經驗的差異，尚包括不同次文化造成的隔閡。這也提醒我應該戴上藥癮者的眼鏡，融入其次文化，方有助建立關係與尋找改變契機。

建立關係與催化動機時需考量的藥癮者狀態

能得到支持和尊重，對弱勢或被孤立的人來說，意義特別重大（Douglas, 2009）。臺灣文化中的個案會對助人者有想依賴又不想依賴的矛盾心理，所以須讓個案感覺到助人者既像自己人，又是擁有特別知識經驗的專家，才能獲得信服和合作（曾文星，1996）。並須在建立關係與催化改變動機時，適切釐清藥癮者以下狀態的個別差異，再據以決定實務處遇策略：

一、自願求助 vs.被迫或被強制受助

藥癮者對問題的覺察與困擾程度，及求助、改變意願均會影響其對助人者的接納。相較於自覺痛苦而主動求助者，若屬受法律規範或家人強迫者，定會有較高反彈心理。所以助人者勢必需要先多花點心力化解抗拒，特別是個案因為抗拒改變所衍生的負面情緒，以及能否順利催化改變動機，此議題在下一章節中會再更詳細討論。

二、求助者是誰、為何求助

藥癮者涵蓋不同性別、人格特質、年齡層、社經地位和學歷。譬如男人和女人、青少年和成年人、高社經地位和黑道幫派分子等，不僅感興趣、有共鳴的話題不一樣，且覺得自在的會談情境也不同。故助人者須能依據個案生活脈絡的獨特性，敏感覺察什麼樣的會談氛圍、用字遣詞才能讓對方感到被尊重、平等對待。而且須釐清藥癮者自認有什麼問題和受助需求，對助人者的認知和期待為何，特別是要破除不合現實的部分，才可避免後續誤解。

譬如，當面對較高學歷或社經階層的藥癮者時，助人者就要多展現專家氣勢、或者多講些專業理論、法律術語才會被信服；而若屬實務上較常見的吸毒、販毒外，尚有其他犯罪前科，甚至是屬幫派分子的藥癮者時，就須了解這類族群通常較「江湖」、較有「社會氣」，他們也會較習慣坦率、口語化的言語交談。

三、用藥史與犯罪史

用藥原因、種類、方式、頻率、持續時間等用藥史的差異，意味不同用藥機制、渴求、問題嚴重度與復發危機特殊性。且絕大多數的藥癮者都曾有過停藥、復發再用藥的經驗。這當中涉及用藥及停藥期間會被引發用藥渴求，藉此了解導致再用藥的觸發因素；停藥期間所採取因應用藥渴求的策略中，哪些是有用的、哪些是無效的，將有助更能掌握有利停藥的保護因子、復發的危險因子。並且據該個案過去的成功、失敗經驗，避免錯誤重蹈覆轍，以發展更佳的因應之道。

實務上常見藥癮者會有販毒、竊盜、詐欺、持有槍械等罪行，助人者在面對有不同犯罪記錄的藥癮者時，需將如何脫離犯罪，與犯罪行為在改變歷程可能造成的障礙均納入考慮。尤其，犯罪學的理性選擇理論主張犯罪者是經過評估犯罪報酬、機會與懲罰，再決定是否犯罪（Brown etc, 1996）。亦即當預期利益大於預期成本時，就會增強動機。故若其他犯罪行為強化吸毒的附加價值，就可能會削弱改變動機。譬如有位個案就曾經告訴我：「吸毒很苦，但是販毒真的很好賺。」亦或者因被威脅不得脫離幫派，而增添回歸正常生活的障礙，所以在促進改變過程中，也要同步協助抗拒金錢誘惑，以及如何與過去幫派友伴保持安全距離。

四、認知、情緒功能與思考邏輯

濫用藥物本來就會導致大腦功能受損，進而減損認知情緒功能；犯罪者常有非理性思考，譬如對犯罪存有正向預期，未考慮法律後果（Akers, 1997）。實務上也常見，藥癮者因剛用完藥物、有精神疾病或戒斷症狀干擾，根本就沒有能力思考，甚至缺乏現實感、焦躁不安。所以助人者需要評估「他可以做到和做不到的事」、「他可以聽懂和聽不懂的話」等認知功能和思考邏輯。值得注意的是，即便這當中有認知扭曲，但卻是他們的真實體驗，情緒感受更是會造成困擾。故需先協助抒解情緒，再談認知導正，方可獲取信賴和合作。

其次，不少藥癮者因為特殊的生命經驗或人格特質，所以會有較固執想法，並與助人者因對同一事實的詮釋差異而「各說各話」，進而破壞信任感或

讓助人者誤判問題本質。故需藉由邀請個案把細節描述清楚，以利更精確評估處遇。譬如「他之所以會這樣想或有這種感受」是因為「他看到什麼或聽到什麼」；他因為「看到或聽到這樣的事」，而有「這樣的想法或感受」合理嗎？「他為什麼會這樣想，是因為那些人、事、時、地、物的情境因素影響」等。並需特別敏感於個案的認知、想法與客觀事實是否有不合常理或一般邏輯之處，藉以評估該個案是否有非理性想法或特定性格特質。

助人者對於案主改變與專業關係須建構合理認知

一、有改變動機 ≠ 具行動力 ≠ 有控制能力；無改變動機 ≠ 定無法改變

應將外顯行為和內在動機分開。因為即便有心改變，但當下所處情境、生活危機、心情起伏等實質困境，都會衝擊能否將「心動化為行動」；且之所以無法改變也會有無能力、無意願、無信心，或有能力但遇到難以化解障礙等不同可能性。同樣的即便個案無心改變，也可能因為受情境壓力影響，而改變外顯行為，譬如，因為受到隔離，故只要進監獄，再嚴重的用藥或戒斷症狀就可以忍受了。所以不論是「有心改變、卻無改變行動」或「雖有改變行為、但其實並非真心」，都應該予以肯定。

二、建立信任、合作關係 ≠ 定能促成改變或達成處遇目標；未建立信任、合作關係 ≠ 未能促成改變

信任關係建立只是代表個案較坦誠、說真心話，故有利收集到較真實、完整訊息。但若無法同步協助且有效因應改變困境，也是枉然。另外，即使尚未獲取個案信任，助人者仍然有可以施力的面向。這包括因入獄、緩起訴、假釋而被強制接受處遇的個案，通常會因為顧忌被懲處而表現合作態度，即便是屬表面上配合停藥或嘗試找工作，並非真心。對個案而言都是具體、不同於過去

的生活體驗，並可能因為親身體驗到改變的好處，而持續努力。我們也可以藉此機會跟個案互動、尋找改變契機。亦或者個案沉默不語，但還是有在觀察我們的言行，此時若態度真誠、放低姿態，其實就可舒緩對方敵意。

三、不同改變階段各有特定處遇焦點

　　Miller 和 Rollnick（楊筱華譯，1999）所創的動機晤談法根據 Prochaska 和 DiClemente 提出的行為改變輪，針對藥癮者在每一個階段的身心狀態，發展特定干預及對處遇目標（茲統整為下表 6-1）。動機晤談法提醒助人者，即使個案的行為不被社會接受，仍需要中性陳述正面和反面訊息，幫助對方為了讓自己更好而做選擇。並以個案為中心、站同一陣線解決問題。同時應評估藥癮者目前所處改變階段，善用表達同理心、指出矛盾處、克服抗拒、支持自我效能、反映性傾聽、開放式問句、改變損益評估與會談摘要等技巧，引導自我探索和解決矛盾，支持個案運用內外在資源在生活中做出改變（江婕瑋，2013）。

表 6-1　改變之不同階段與任務

改變階段	物質濫用者之身心狀態與 改變動機	助人者之干預策略與 處遇目標建構
懵懂期	不想改變，甚至從未想過要改變。自認沒有問題或雖覺困擾，但不太嚴重。且對自己問題的詮釋和定義，通常會跟助人者的看法有不小差異。	逼越緊，效果越差。即使個案在獲得充分資訊後仍決定用藥，仍應尊重，並同理、陪伴，引導個案看到自我矛盾，增加對自我問題與危險性的認知。
沉思期	雖對自我問題有較多思考，也願意接受各種資訊，但也會因多方衡量吸毒的「代價」和「獲益」，以及改變後的「好處」和「壞處」，而顯搖擺不定。	協助做出改變承諾，澄清改變目標與思考如何去除改變障礙。並因為他們多半曾努力改變卻失敗，故需引導正向看待失敗經驗，讓個案看到自我潛能。

改變階段	物質濫用者之身心狀態與改變動機	助人者之干預策略與處遇目標建構
決定期	已決心採取某些步驟來終止問題行為，或表現嶄新行為，並曾有嘗試修正自我行為的具體行為。	持續評估改變決心的強度，並切記有改變承諾，並不代表所用方法必定有效。故應協助預期後續可能的阻礙，據以抉擇最合適、正確的行動。
行動期	通常此時個案已經有實質改變計畫，且已在執行計畫中的項目。	藉由情緒支持與協助個案看到成功經驗、何以會成功，來增加自我肯定，感受到自己的改變能力。
維繫期	新行為已經穩固建立，雖再犯的威脅不強烈，但仍有可能因為各種原因，而導致故態復萌。	協助辨認復發徵兆，事先採取預防措施。特別是引導個案看到過去激發自己再次用藥的重複模式，據以思考和學到哪些地方需要做出改變。
復發期	大多數的復發再犯，都從小動作開始才逐漸擴大。個案會因為此復發經驗而失去信心，並且焦慮、害怕會回到過去舊習慣。	幫助重新開始，切勿因復發即喪志、貶低自己。應該讓個案了解改變原本就需要時間，復發是正常的。

肆 實務社工處遇的策略應用

有不少理論模式都對如何建立關係或協助改變有諸多著墨。譬如，短期焦點解決治療模式就很強調，應該引導個案把問題的描述聚焦在如何滿足其渴望（want）的改變細節；優勢觀點則認為重視優勢能讓人看到「可能性」而非「問題」；看到「選項」而非「限制」、「安康」而非「疾病」（Saleebey, 1997）；認知行為治療也聚焦應協助個案學習適當社交和因應技巧，並藉陪伴處理意外突發狀況、破除毒性信念來增強行為改變。

然而藥癮者的個別差異極大，沒有一個治療模式可以適用所有個案。且助人者反思與藥癮者「交手」的實務經驗，才是最珍貴資產。因為累積多年實務

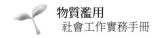
經驗的實務智慧（practice wisdom），對社會工作者是非常重要的指引（Saleebey, 1996）。且須善用語言魔力促進當事人改變（De Shazer & Dolan, 2007），以下即為筆者結合理論與實務經驗，統整有助關係建立與催化改變之策略。

一、有助建立關係與界限的互動與會談策略

（一）適切化解抗拒：知道他們在抗拒什麼、為什麼抗拒

同樣的抗拒言行，內隱的機制是不同的。這包括被強制配合的情緒反彈，或個案將過去創傷經驗，投射至助人者，誤認為助人者跟過去曾傷害過他們的人是一樣的。且失敗的戒癮經驗也會讓藥癮者陷入是否應該改變、要怎麼做的掙扎。凡此種種都會觸發諸多不安、自我懷疑等負面情緒，並藉敵意、不友善的態度來自我防衛。所以在臨床處遇時，必須釐清抗拒言行的導火線，據以發展化解策略。

（二）不要太急於建立信任關係

所有信任關係的建立都需要時間，坦然接受個案的觀望和試探會有「我接受質疑」之尊重和「我是懂的」之同理雙重效益。曾經有個案以開玩笑口吻對我說：「有些事我不確定要不要說，這要看我們有沒有緣分。」筆者則回應他：「您還是要多考驗我一下，再決定。」

（三）視個案為自己問題的專家，並鼓勵其表達

「雖然你讀書讀到博士，但是我吸毒也是有修到博士」、「你們又不了解我，憑什麼覺得可以幫助我」，這是個案曾對我說過的話。的確，藥癮者是屬有諸多切身經驗的「當事人」，才是自己問題的專家，對於自己想改變的目標與可用的方法最為了解（De Jong & Berg, 2013）。所以應鼓勵個案表達，特別是他對自我生命故事、與藥物共舞經驗的詮釋，個案在說自己故事給助人者聽時，也是在說給自己聽，而這就是重新統整、發現不同可能性的機會。敘事治療即認為以尊重式好奇心（respectful curiosity）傾聽、探索個案的問題故事，與個案受到的影響、聽到問題以外的線索（Windlade & Monk, 1999）等

助人者與個案的對話，可以豐富自我與他人生命經驗，並與對方共同合作改變其生活（Combs & Freedman, 2004）。

（四）尊重案主自決，包括接納不改變

須尊重案主自決，給予其選擇權。包括尊重個案決定是否要持續使用藥物，以及負面詮釋專業處遇對他的意義。實務上，社工人員常因過度急著要協助案主解決問題，而未能落實增強權能理念，反而衍生更多問題（曾仁杰，2013）。

藥癮者都曾因吸毒付出慘痛代價，吸毒的痛他們最清楚，但卻仍然持續使用，這就表示吸毒對他而言有我們不懂的好處，戒毒則有難以言喻的困難。後現代的治療觀主張「不改變，也是一種改變」，惟當個案修正、反駁社會工作者的意見時，其實亦有他已經在正邁向問題解決的正向意義（Corcoran, 1998），在問題解決過程中，本來就會有與問題共存的曖昧期，切勿太急切或焦慮。助人者亦須體認應先藉由感受吸毒對他們的意義、了解他們的「苦」、「不得不」和「需求」來建立關係，再來談改變，才能較有成效。

（五）抓到個案的溝通頻道，並幫他說出真心話，讓他覺得有人懂

同樣的用字遣詞，對不同生命經驗的人而言，會有不同的意義。也因而易導致「各自解讀」，甚至造成誤解。所以需敏感於要怎麼說，個案才能接收到你真正想表達的意思；並清楚個案會如何解讀你說的話。而且我們所說的話、詢問的議題，是否有讓個案覺得已掌握到他想表達的重點、正是他當下關切的事，都是能否抓到個案的溝通頻道的關鍵之一。

傾聽更是重要。個案不直接表達需求，或口語表達跟真正想法不一樣，是實務上很常見的狀況，這可能是個案原本表達能力就不是很好，也很有可能是因為不信任，所以才會拐彎抹角。助人者要願意多花點時間與個案互動，觀察對方語言、非語言訊息隱含的訊息。當我們能聽出來藏在表面語言之下的需求和真正意思，並幫他說出真心話，藉此確認和澄清他的想法、感受，即可以同時達到讓他可以多了解自己，以及感受到你懂他的情感交流的雙重效果。

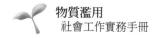
（六）讓個案知道助人者的限制、立場與工作範疇，並溫柔堅持界限

我們的工作頭銜對個案來說是很陌生的。有時候，個案會防衛或有不合理的要求，是因為不知道「來者何人」的正常反應。所以需要適時說明相關訊息，包括「我是誰」、「怎麼會知道他的事」、「為什麼要來找他」、「哪些忙我可以幫、哪些問題我也愛莫能助」、「哪些規定我必須配合、哪些部分我有自主權」等相關處遇服務的範疇和工作限制，藉此建立清楚界限。

譬如，我會讓參加監所團體的個案知道，我也必須接受安全檢查、配合監所規定。有哪些事情是我的權限、我被要求要完成哪些工作項目，若未能達成就會被懲處或禁止提供後續服務。所以即便個案拒絕或有負面情緒，我仍然需要配合，並請個案多擔待。這還包括不贊同個案部分言行舉止時，對事不對人地表現「不認同」立場。在我的經驗裡，只要態度誠懇地在違背其意願或需強制對方配合時，以較低姿態表達「不好意思要麻煩您了」，多數個案都可以接受的。

二、有助催化改變動機之會談策略

「你以前遇過的人，像我這一種的，後來戒毒是成功還是失敗？」、「你念到博士，為什麼願意浪費時間在我們這種人身上？」這些我被個案問過的問題，凸顯藥癮者的茫然與自我貶低。故助人者除可藉由分享成功戒癮者的故事，激發「別人可以，您也可以」之希望灌注外，也可應用以下會談策略：

（一）引導正向思考、自我肯定

自重感（self-esteem）早已被證實可預測藥癮者能否戒癮（Lockley, 1995），亦即改變發生在自我價值高的時候。在實務操作上，建議可由以下面向著手：1. 把挫敗或復發視為必然「學習經驗」的正向思考；2. 肯定對的部分。即使是生活中的瑣碎小事，譬如會幫忙接送小孩、洗衣服等都值得肯定；3. 創造成功經驗，讓個案感受到實質獲益。而且不要太侷限於停藥，各種生活面向的任何小改變，只要比原來好，都值得讚賞。

（二）評估個案改變的能力和限制，據以設定可行的改變目標

這包括若屬較嚴重問題的藥癮者，需較務實地認清個案改變的有限性，故

降低處遇標準為「避免問題惡化優先於問題解決」。而對於暫無任何意願或改變能力者，就要引入支持性環境或外在監督，藉此將因問題持續而衍生的負面影響降至最低。譬如當個案依然無法穩定停藥、時常因濫用藥物而情緒起伏大時，就要教導家人自我保護與如何避免更激怒對方，或通知警政單位加強巡邏訪視。

（三）問出漂亮的問題，幫助個案理性思考與選擇

Bowen 主張助人者藉由提出可用來探索人們內在與彼此之間發生什麼事的「歷程式問題」，可協助人們放慢腳步，減少反應性焦慮，開始思考；米蘭模式則教導要善用「循環式提問」（circular question），引導個案從關係脈絡、其他家人觀點來看問題，進而對自己的困境有新的認識（Nichols, 2011）。顯然，「漂亮的問題」不僅有助冷靜、理性，亦可帶來新思維，進而促成改變。應用於戒癮防治領域，建議可由以下面向著手：

1. 反思自己需要改變的考量與取捨

當一個人認為改變會帶給他有利情境，就會比較願意改變。只是很多藥癮者會因思慮欠佳，高估吸毒好處，低估代價，進而做出錯誤判斷。若助人者能引導個案更周全思考這當中的得失，當可協助個案做真正理性的取捨。

2. 引導覺察目前行為想達成的目標與真實狀況的落差

所有行為的背後都有想達成的目的，譬如因想放鬆心情而藉藥物抒發。所以真正目的為緩解負面情緒，吸毒則為採取的策略。心情不好、想抒發，無可厚非。有沒有其他方法其實也可以達到同樣效果，但代價較小嗎？亦或者吸毒真的會帶來快樂嗎？類似的問題可引導個案思考，自己真正需求與滿足需求的手段是否有落差。也就是說，要引導個案看到自己目前所採取的策略，是讓自己離夢想越近，還是越遠呢？並討論有沒有其他更有效方法。當然，個案的期待是否合於現實也要釐清，如果目標根本就不切實際，就要修正。

3. 盡量將話題擴展到各種生活面向，勿聚焦、侷限於吸毒

戒癮是整體生活重建，停藥只是基本盤，可以從其他生活面向改善間接促成。譬如，當個案有工作時，就會剝奪用藥時間；睡眠品質比較好時，心情也會較愉快，進而減少因負面情緒觸發用藥渴求的可能性。所以助人者要盡量將

話題擴展到多元的日常生活面向，藉此轉移個案對藥物的注意力，感受到生活中還有很多值得關注的事。而若個案無意願要談藥物相關問題，助人者也不用刻意提起，因為我們關心的是這個「人」怎麼了、有什麼潛力，而非藥物使用。其次，避免將所有問題都歸因於毒品，認為只要個案戒毒，所有事情就會迎刃而解。實務上常見若家暴加害人有吸毒，就會被認定是因藥物導致情緒不穩，卻忽略夫妻溝通互動欠佳、個性不合在暴力行為上所扮演的角色。

（四）連結且平衡個案需求和助人者的工作目標

即使看似毫無動機、生活動力的個案，其實都可以找到一些較有意願行動或讓他在乎的事。譬如：很想結婚、想要有錢，或怕被關、怕被知道他有吸毒等，都是可善用的媒介。助人者可藉由「建構→解構→再建構」的會談技巧，將期待個案做的改變目標，包裝成可同步滿足他的需求或避開他不想得到的結果，激發改變動機。譬如：以有正常工作、穩定收入，女生才會愛，激勵想交女朋友的個案的就業動機；或以如果讓鄰居聽到吵鬧聲會很丟臉，激發愛面子的個案，盡量克制情緒。

（五）直接建議有助解決困境的策略與協助接受現實

針對個案在改變過程遇到的困境，助人者亦可直接提供建議和協助分析，讓個案更清楚問題核心。但這些建議都是提供參考，讓個案認知到問題都是可以解決的，故不需要太悲觀，切勿要求個案定要接受配合。我常會用「如果是我的話，我會……」或「是這樣嗎？有沒有可能是……」分享我的看法。

另外，有時候個案當下的困境或需求是無解的。譬如已感染愛滋病、已跟家人失聯多年、沒有工作能力或確實無法申請到某些補助。「認命就是一種積極」，應適時直接告知個案真實狀況，然後協助將注意力轉移至有改變可能性的事務上，並正向思考。譬如：「您的情況可能比較難找工作，但是這樣您會有比較多自己的時間，有什麼您想培養的興趣嗎？」等對話方式。

（六）善用資源、個案優勢與擴展社會支持

社會工作關注「個人」和「環境」雙重焦點，強調可藉由支持性環境的建構來協助化解困境。優勢觀點則提醒應協助藥癮者確認優點與能力，有功能地

在社區生活（Brun & Rapp, 2001），並與案主一起運用其優勢來突破困境
（Rapp & Goscha, 2012）。因此，助人者若能挖掘個案優勢，並將處遇焦點擴
展至個案的重要他人、連結相關資源，則會有利藉由強化社會支持與個人潛能
發揮，扶持個案移除改變障礙。

伍 助人者的挑戰與課題

　　誠如前文所言，藥癮者的操弄抗拒言行、特殊人格特質或扭曲認知以及在
進入正式資源系統時，通常亦表示「正在落魄」的人生低潮，也會因為想保有
最後的自尊，而有些較不成熟的表現。凡此都會影響助人者觀感，並挑起反移
情。但也正因為個案會有諸多社會適應欠佳，才更凸顯確實需要「專業」協
助。基本上「積極主動」、「言出必行」、「目標明確」、「懂道理、就能做
到」的人是不會成為個案的。Falender 和 Shafranske 則提醒專業界限是形成和
維繫安全信任關係的必要架構，尤其在處理個人因素和反移情問題上（高慧芬
譯，2007）。誠然，助人者須能適切因應以下課題，方可適切秉持專業界限與
落實處遇成效：

一、視抗拒為正常反應並妥善自我照顧

　　抗拒是常態（王行，2007），且為助人者與個案互動結果。焦點解決短期
諮商甚至主張抗拒已死（De Shazer, 1984），表示沒有抗拒的個案，只有不知
變通的治療師。凡此都在提醒助人者，要以平常心看待個案抗拒言行，並根據
當下狀況，彈性調整實務處遇策略。助人者更應把自己照顧好，調整好步調，
妥善抒發壓力和負面情緒，才能較有心力與個案「鬥智」，並警覺勿扮演觸動
個案抗拒改變的「啟動器」。

二、覺察並接受自己的功力與對個案的影響力

　　個案對我們的認同與助人者的公權力程度，會影響個案如何看待我們，以

及我們會對他產生多少影響力或約制力。對個案而言，「你有什麼籌碼和利用價值」、「他願意跟你說真心話嗎？」、「聽得進去你的話嗎？」都是很現實的實務考量。信任關係的建立本來就是漸進式的累積，總是會有一段時間的「空窗期」。這提醒助人者要認清自己的影響力與被個案重視程度，據以決定會談的話題、處遇目標，這還包括不宜在未有一定信任關係與了解問題程度時，即面質個案、詢問敏感話題或太快給建議。

其次，助人者因專業養成、服務年資不同，專業功力也會有個別差異。若要求新手社工必須做到精準分析個案用藥機制，化解家庭衝突，實在是強人所難。但是聽個案發牢騷、予以情緒支持，以避免遷怒家人，就會較易達成。助人者應根據自己的專業功力程度，挑選自己能力可及的處遇目標先著手，將更能落實處遇成效。因為任何小的改變，都可能促成更大的改變。

三、依據自我工作角色、專業投入能量決定處遇目標

實務上會接觸藥癮者的場域涵蓋家暴、高風險、社會救助、更生保護、就業服務、精神科、一般醫療、毒品危害防治中心等。這些場域都有各自的服務項目和處遇目標，不盡然都會提供戒癮服務，主要服務對象也可能是藥癮者的其他家屬。針對此，助人者應依據工作職責，決定處遇目標的優先順序，並判斷吸毒對該目標的達成會衍生哪些影響，以及應用什麼態度來與藥癮者互動。譬如：若屬就業服務社工，若敏感察覺個案仍持續吸毒，即應暫停工作轉介，轉而引導至戒癮體系；若屬高風險社工，就要多思考如何將子女受吸毒父母的負面影響降至最低。且不同服務方式，譬如電訪或面訪；不同服務內容，譬如提供經濟補助或人身安全維護；不同服務頻率，譬如每月一次或每週一次，都會影響處遇的深度，所以也需預估自己對此個案要投入的專業能量，訂定合理目標。

四、平衡自我主觀和客觀中立思維

助人歷程本就會有一定程度的主觀，且助人者對個案的主觀感受，很可能會是讓個案陷入困境的導因之一。譬如助人者因個案講話很大聲、速度又快，

而覺得很煩、耐心快要用盡時，就可以體會到難怪他會沒有朋友與家人關係疏離。而當感受個案殺氣很重、態度極嚴肅時，就可以預測他在工作面試時，很可能會因為這樣的外型和氣勢，而容易招致誤解。

另一方面，當面對不同文化、族群的「案主」時，更重要的是調整「專家」的眼光（Mackinnon, 1998）。也就是說，應該要先放下自我主見，以個案的角度來同理思考、感受他所經歷的故事，再立基於相關理論與實務經驗的客觀評估判斷。這當中的藝術就在於助人者能否力求客觀，又不失主觀地秉持專業立場了。

五、釐清並掌握自我性格特質、價值偏好對處遇的影響

助人者也是平凡人，也會受自我生命經驗影響性格特質和價值觀，並不免會在處遇個案時流露出平日作風和態度，進而衝擊處遇內涵。譬如：討好型的助人者，因為比較不好意思拒絕，所以就會盡力滿足個案，雖然這樣一來，會較容易建立關係，但卻也可能促使個案過度依賴；缺乏自信的助人者，就會比較難堅定立場、界限不清，以致容易被操弄；比較有正義感的助人者，在面對有不恰當言行的個案時，就不免會指責批評，導致關係緊張。這些都是人之常情的正常反應。只是回歸專業處遇，就必須思考如何更有目的、有意識地運用這些特質或價值觀，達到正面影響，或者至少避開自己的致命傷、不要強化負面影響。

 參考文獻

一、中文部分

王行、鄭玉英（2001）。**非自願性案主會談策略之行動研究——以兒保之施虐者為例**。行政院國科會專題研究計畫，計畫編號 NSC89-2412-H-031-009。

王行（2007）。**暴力與非自願性案主的輔導**。臺北市：松慧。

李美枝（2000）。圍牆內的社會關係與人性。**中央民族學研究所刊，90**，155-200。

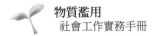
江婕瑋（2013）。**動機式晤談法淺談**。2015 年 3 月 31 日，取自
http://chieh-wei-studyabroad.blogspot.tw/2013/09/motivational-interviewing.html.

曾仁杰（2013）。增強權能之助人關係的形成歷程與策略：以優勢觀點為基礎
的處遇模式。**嘉南學報，39**，185-201。

曾文星（1996）。**華人的心理與治療**。臺北市：桂冠。

楊筱華（主譯）（1999）。**動機式晤談法：如何克服成癮行為戒除前的心理衝
突**（原作者：Miller, W.R. &Rollnick, S.）。臺北市：心理。

高慧芬（主譯）（2007）。**臨床督導──專業知能本位督導模式**（原作者：
Falender, C.A.& Shafranske, E.P.）。臺北市：心理。

劉瓊英（譯）（2011）。**家庭治療**（原作者：Nichols, P.M.）。臺北市：洪葉。

二、英文部分

Akers, R. L. (1997）. *Criminological Theories Introduction and Evaluation, 2ed.*
Los Angeles, CA: Roxbury Publishing Company.

Brown, S. E., Esbensen, F. &Geis, G. (1996). *Criminology. Explaining Crime and Its
Context, 2Ed.* Anderson Publishing Company.

Brun, C., & Rapp, R. C. (2001). Strengths-Based Case Management: In dividuals'
Perspectives of Strengths and the Case Manager Relationship. *Social Work, 46* (3),
278-288.

Corcoran,J(1998). Solution focused practice with middle and high school atrisk
youths.*Social work in Education, 20,* 232-236.

Combs, G., & Freedman, J. (2004). A poststructuralist approach to narrative work. In
Angus, L. E. & McLeod, J. (Eds.). *The handbook of narrative andpsychotherapy*
(pp.137-155). London : Sage Publications.

De Jong, P., & Berg, I. K. (2013). *Interview for solutions.* CA: Brooks/Cole,
Cengage Learning.

De Shazer, S., & Dolan, Y. (2007). *More than miracles: The state of the art of
solution-focused brief therapy.*New York:Routledge.

De Shazer, S.(1984). The Death of Resistance. *Family Process, 23* (1), 11-17.

Douglas, A. (2009). *Partnership Working*. London:Routledge.

Mackinnon, L. K. (1998). *Trust and Betrayal in the Treatment of Child Abuse*. New York:The Guilford Press.

Lockley, P. (1995). *Counseling Heroin and Other Drug Users*. London: Free Association Books.

Rapp,C. A. &Goscha,R. J.(2012). *The Strengths Model:A Recovery-Oriented Approach to Mental Health Service*. New York:Oxford University Press.

Saleebey, D. (1996). The Strengths Perspective in Social Work Practice: Extensions and Cautions. *Social Work, 41*(3), 296-305. doi: 10.1093/sw/41.3.296.

Saleebey, D.(1997). *Introduction:Powerin the people*. NY: Longman Press.

Windlade, J.,& Monk, G.(1999). *Narrative counseling in schools: Powerful & brief*. London: Sage.

Chapter **7**

物質濫用的團體工作實務

——林曉卿

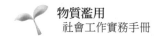
　　團體治療是目前處理成癮問題中最廣為使用的方法之一，其多採用認知行為的治療，並輔以藥癮方面的衛生教育，但任何的治療形式，不論是團體或是個別治療，都需要謹慎運用，尤其是團體治療，應持續接受適當的訓練與督導，以免同時造成團體成員及帶領者的傷害。

　　採用團體治療的優點在於，基於共同的經驗（藥癮），相似的需求（戒癮），在團體成員間較容易產生共鳴及一體感，此外，因為成癮者團體普遍產生的沮喪感和無力感，也能透過團體成員彼此的分享，從回饋中的學習，灌注希望，讓成員提高自我效能。但團體治療本身亦有其限制，例如團體目標和個別目標不一致，較無法處理個別問題，或是在監禁環境中，因成員生活的高度重疊，而產生的保密議題及實際運用上的限制。

　　本章內容將分為三個部分，第一部分為協助欲帶領團體治療的社工人員如何展開一個新的團體，第二部分則以團體帶領過程中常遇到的重要議題為主，最後以實例簡要說明團體的流程及運作結果。本文的書寫方式主要以筆者自身的團體經驗為出發點，兼採部分的文獻參考，因此偏重於實務運作的描述。建議閱讀者需具備相當的成癮知能、基本的團體工作概念，了解團體工作理論，如此於運用時才不至於只了解技巧而忽略其原理原則。

壹 團體治療的運用

一、前置作業

　　在一個團體正式開始前，需特別注意以下幾點：成員的篩選、團體的建立、團體目的、團體規範及團體的設計。

（一）成員的篩選

　　藥癮團體和一般團體治療最大的不同，即在於依成員的屬性來劃分，通常都是屬於非自願的個案，尤其在臺灣目前尚未完全將藥癮除罪化的環境下，團體成員通常兼具罪犯的身分。若依個案來源，又可區分為：

1. 監禁：依《毒品危害防制條例》[1]之規定，使用第一級（通常指海洛因）及第二級毒品（通常指安非他命）之個案，均需接受觀察勒戒或是強制戒治的保安處分，另在刑法的部分，觸犯毒品罪的個案亦需入監服刑。此外，因該條例將毒品犯視為具有病人色彩的犯人，故在監禁環境下，藥癮已被認為需施以適當治療的疾病，於執行過程應配合個別輔導及團體治療。以目前的實際情況來看，由此管道而來的個案人數最多，且其最大的特性即是非自願性，因此配合度相對也較低。

2. 社區：在緩起訴制度下，目前在社區治療的個案人數急遽增加，此類個案（例如假釋、被判緩起訴及輔導教育）多由法院指派，除需定期配合醫囑使用替代療法，還需參加團體治療。另外醫院或和戒癮相關之機構亦有可能開辦類似的團體，惟此類型的團體成員則多為自願性，在戒癮動機方面則會較高。

　　目前在臺灣，其實尚未發展出完整的藥癮者自助團體，在社區進行的團體治療仍是以有固定的帶領者、結構式的課程為主。另外和藥癮者家屬相關的團體，例如情緒支持或是藥癮知能等，則是以短期性（通常為單次）團體為主，內容則多偏重在衛生教育的宣導。

1　第 10 條　施用第一級毒品者，處六月以上五年以下有期徒刑。

　　　　　　施用第二級毒品者，處三年以下有期徒刑。

　　第 20 條　犯第十條之罪者，檢察官應聲請法院裁定，或少年法院（地方法院少年法庭）應先裁定，令被告或少年入勒戒處所觀察、勒戒，其期間不得逾二月。

　　　　　　觀察、勒戒後，檢察官或少年法院（地方法院少年法庭）依據勒戒處所之陳報，認受觀察、勒戒人無繼續施用毒品傾向者，應即釋放，並為不起訴之處分或不付審理之裁定；認受觀察、勒戒人有繼續施用毒品傾向者，檢察官應聲請法院裁定或由少年法院（地方法院少年法庭）裁定令入戒治處所強制戒治，其期間為六個月以上，至無繼續強制戒治之必要為止。但最長不得逾一年。

　　　　　　依前項規定為觀察、勒戒或強制戒治執行完畢釋放後，五年後再犯第十條之罪者，適用本條前二項之規定。

　　　　　　受觀察、勒戒或強制戒治處分之人，於觀察、勒戒或強制戒治期滿後，由公立就業輔導機構輔導就業。

社區的藥癮者團體於執行的過程中，團體本身是否具有強制性，其實是影響團體能否順利進行的重要因素。以緩起訴個案為例，其緩起訴條件有時會合併接受團體治療，由此類成員組成的團體治療相較於其他社區性的團體，因個案有缺席即可能被撤銷緩起訴，從而入監服刑的風險，故在成員的穩定出席上是較為有利的。就實際情況來看，在社區推動團體治療，在執行的過程中，常發生成員流失的現象，這也是領導者在社區帶領和藥癮者（含家屬）相關的團體治療時會面臨的問題。

在篩選藥癮團體成員時，團體主題若以戒癮為主軸，需特別注意的是應先確認其主要使用的毒品種類，再依此設計課程。這個考量最大的原因在於不同的毒品在藥物特性及戒斷症狀上有很大的差異，篩選使用同一類型藥物的成員，在團體的課程設計及團體討論上較為容易。

雖然領導者在成員的篩選上會以同質性為指標，但因藥癮者多數為多重藥物濫用者，故欲以單一物質濫用為篩選標準並非易事。就藥癮團體而言，成員在成癮的物質上不同並非全然是缺點，就過去的經驗來看，有時候反而能因異質性的刺激（例如安非他命成癮者看到海洛因成癮者戒癮的困難，而產生警惕），促進團體成員的省思和改變。

團體人數的部分，依理論和經驗而言，團體的大小以八至十人最為理想，最好不要低於六人，如果團體人數只有四人上下，很可能無法用團體的方式運作，到最後常常會因互動太少，而淪為個別性的討論。但人數如果超過十二人，成員彼此能分配到的時間相對會被壓縮，互動變少，這種型態的團體最後常演變成以領導者為主的衛教課程，難以出現團體動力。

（二）團體的建立

團體建立的部分，需考量場所及時間的安排等固定因素。

1. 場所

意指地點的建立、布置及整體空間。在監禁的環境下，尤其需要注意環境是否能帶來安全感，讓成員於團體進行過程中投入團體的討論。

2. 時間

需考量每次團體治療的時間和頻率。以一般藥癮者的團體治療而言，平均

時間為八十至九十分鐘，如此可以避免成員注意力不集中的問題，且對領導者而言，九十分鐘應是較能運作良好的時間長度。另外團體因包含暖身、主題的討論及運作，故時間至少需要六十分鐘，中間是否需要休息則可彈性調整。

依筆者經驗，中場休息對領導者而言，不只能降低帶領團體時的疲乏，也能立即回顧上半場的團體歷程，於下半場適時調整；對成員而言，短暫的休息也同樣能帶給他們省思的機會。另外在帶領使用 K 他命為主的團體時，亦需考量其泌尿系統已因藥物的危害而無法正常運作，故於團體建立時需一併考量中間休息時間。

頻率的部分，多數團體為一週進行一次，或至少一次，團體的間隔不宜過長，以避免產生每次均需重新暖身的狀況。

（三）團體目標

團體的目標又可分為個人目標及團體目標兩種。個人的目標除了成員本身的目標外，還包括領導者的目標。團體目標則是透過成員彼此的討論，漸漸出現的共同議題。在以非自願的個案為主的團體中，尤其是監禁型態的團體，成員的表面配合度較高，較少於團體初期即表現出個人目標，因此團體目標的形塑相對較難，且需花費更長的時間。

在個人目標部分，較需注意的是領導者本身的目標是否和成員目標一致，尤其在初期帶領藥癮者的團體治療時，領導者容易設立太遠大的目標（例如完全戒癮成功），如此容易在和成員目標不一致時產生挫敗感。因此，領導者需了解自己在團體內本身就是個特殊的角色，如果能在團體初期就幫助自己融入團體，而不是專注在先入為主地幫成員設立目標，或許能減少帶領時的困難。

（四）團體規範

團體規範需在團體進行前先設定，於團體開始後和成員確認。在形成團體中，領導者的經驗與行為，以及對團體成員的期待，會引導規範的形成。領導者可以直接塑造團體規範（藉著引導討論適當與不適當的行為），也可以間接使用語言與非語言的增強；對團體提出問題而不自己做反應；示範接納、誠實與真誠（歐吉桐等，2009）。團體的規範常以團體契約的方式呈現，藉由澄清

團體成員的期待，及領導者的引導後確立。團體治療的基本規範通常需包括保密原則、尊重隱私、不評價他人、不攻擊成員、願意自我揭露及時間安排等。越早確認團體的規範，越能讓成員形成遵守的共識。

（五）團體的設計

在團體的設計部分，則包含了領導者的角色、團體進行的模式、團體的記錄和評估。

1. 領導者的角色

需在團體開始前決定是否有協同領導者及觀察員，並確認彼此的角色分工。若有觀察員，應該在團體一開始時即明確和成員說明其角色定位，以降低成員被監控的疑慮及不安全感。

團體的進行過程中，通常都會有一協同領導者，協同領導者和領導者有時能產生互補作用，同時互相支援。尤其一個由不同性別的領導者組成的團體會有獨特的好處。它不只重現了原生家庭的雙親結構，也讓團體增加了情感上的動能，成員還能從領導者間的互動，學習以相互尊重的方式一起工作，讓團體中可能產生移情反應的範圍大為擴展（賴念華等譯，2005）。雖然多數團體有協同領導者，且因此帶來助益，但也需要考慮領導者和協同領導者是否有想法及價值觀上的差異，故在選定協同領導者時，需一併考量這些因素。

此外還需特別注意的是，領導者和協同領導者應有團體前的共同討論，確認當次的課程設計及分工，並於團體結束後，針對團體歷程（包含團體進行中的角色分工、對成員的評估及想法的澄清等）進行討論，透過彼此回饋才能真正發揮一加一大於二的效用。

2. 團體進行的模式

團體進行的模式則包括是否設計暖身活動、時間如何分配及討論的方式。每一次的團體展開前，領導者均需確認團體的狀態。意即成員及領導者不僅是人已到場，而是連心理狀態都準備好可以進入團體。這個確認不僅對於成員重要，而且也是在提醒領導者不要只專注在團體的課程內容，而忽略了團體成員的狀態。

在團體的進行過程中，領導者需協助成員專注在此時此刻，而領導者亦需

關注團體中正發生什麼事，檢視成員彼此的互動。每次團體課程的時間分配固然重要，但在實際進行時，領導者仍需依團體狀況隨時調整。

3. 團體的記錄和評估

團體的記錄可供每次團體後的討論，檢視團體的歷程並修正團體的走向。戒癮團體的評估通常較為複雜，且需同時搭配團體目標，但通常會有幾個重要的評估指標：成員是否降低使用藥物、是否增進個人的社會功能，以及是否減少個人的犯罪問題。

二、團體歷程

在完成團體的前置作業後，即進入團體的實際運作。團體歷程有許多不同的區分階段，但大抵不出團體形成期、團體衝突期、團體運作期及結束。另外依 Yalom（方紫薇等譯，2008）對於團體的不同階段，則劃分為初期階段：定位、猶豫地參與、尋找意義、依賴；第二階段：衝突、支配、反叛；第三階段：凝聚力的發展。現依 Yalom 的劃分，並配合筆者經驗，將團體歷程簡述如下：

（一）初期階段：定位、猶豫地參與、尋找意義、依賴

團體剛形成時，成員多以觀望的角度，猶豫著是否要投入、投入後要揭露多少，因此尋找彼此的共同點是很普遍的現象，成員有時會藉由發現「原來不是只有我戒不掉」這樣的核心問題，而開始融入團體。在戒癮團體中，此種概念很常出現，因為每個人都是帶著一個主要的戒癮問題，和其他次要的、更複雜的家庭、人際、社會適應等問題進入團體，因此成員在初期階段，能因對彼此問題的認同感，而得到一些情緒上的抒解，從而出現部分的團體凝聚力。

另外，初期階段的目的也是在於讓成員在團體中找到自己的定位，因此成員會估量彼此及團體，自我在團體中的角色定位。

就戒癮團體而言，因成員的屬性多是非自願個案，本身有較強的防衛機制，故在進入團體時，更容易產生觀望及抗拒的心態。如果在團體初期，領導者能貼近團體成員，讓成員感受到接納，而不是帶著批判的眼光及說服成員戒癮的姿態主導團體的進行，將能有效降低成員對團體的疑慮及敵意，對於成員

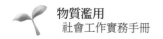

日後的投入，及領導者的帶領會有很大的幫助。

（二）第二階段：衝突、支配、反叛

在團體中期，因團體已進行一段時間，成員彼此間的熟悉度提高，因此帶來的常是很直接的話語，甚至是攻擊性的批評。不僅於此，成員對於領導者的角色也開始帶著質疑。有時候，對領導者產生的敵意甚至會在團體運作過程中白熱化。

在戒癮團體的帶領經驗中，筆者發現對領導者而言，此階段是最難熬的時期，領導者常會因為團體的停滯不前而產生無力感，也會因團體瀰漫的攻擊而產生沮喪感甚至退縮。但這個階段其實是很重要的階段，尤其是戒癮團體，因成員普遍自我效能低落，因此在深入戒癮的核心議題時，常會出現極端的表現。有些成員會因過去不斷挫敗的經驗，而伴隨著強烈的無力感；有些成員則是因防衛機制，而對帶領戒癮議題討論之領導者帶有濃厚的攻擊性。團體領導者在此階段需特別注意，應避免將成員過去一直無法完全戒癮的無力感變成是自己的挫敗，而造成領導者對自我的否定。

（三）第三階段：凝聚力的發展

經過衝突期後，接下來的階段通常是凝聚力的展現。團體在此階段，成員間的相互信任感提高，因此也有助於彼此的自我揭露，對於團體目標的達成更有共識，成員彼此間產生一體感，領導者不需花費太大的力氣，團體自然就能往前走。但通常到此階段時，團體也漸漸接近尾聲，因此領導者在此同時，亦需開始準備協助成員準備團體的結束。

 # 團體治療相關問題討論

一、領導者的議題

對於有意擔任戒癮團體治療的領導者的建議，主要來自於筆者（2009）於《物質濫用的團體治療——改變階段的治療手冊》一書的序，再融合近年的工

作經驗加以整理如下：

（一）領導者本身的價值觀及期待

　　領導者的價值觀和期待（包括對團體成員、對戒癮的看法），不僅會影響團體目標的形塑，也會影響團體的走向，同時直接或間接影響團體成員對團體的投入程度。不強迫成員立即性的改變，減少主觀的干涉，配合團體的現實狀況，領導者的經驗才能漸漸累積，同時對藥癮團體的理解才會逐漸增加。

　　尤其在帶領藥癮團體時，領導者應了解自己的有限性，清楚自己能達成的目標，不要有過度的期待，尤其是接受成員的現況及尊重成員的自主性和價值觀，不以批判的角度來看待成員的表達，並且不把價值觀強加到成員身上，如此也較不會因此造成成員的抗拒和反彈。

（二）團體的組成及團體本身的變化

　　不同的團體組成分子常帶來不同的刺激，而領導者需掌握團體本身的變化，雖然已設定好既定的目標，但在帶領過程中，亦需有心理準備可能會因團體領導者的帶領技巧或是過往經驗的不同，而產生不同的效果。

　　要特別注意的是，領導者需要對帶領的課程有清楚的了解，尤其是在團體開始前，最好能夠在心中預演當日要進行的團體流程，每一段落的時間分配不需非常精準，但重點要明確，在團體運作的過程中，縱使團體產生突發狀況，也能因為事前的充分準備，而降低領導者自身的緊張感。

　　在藥癮團體的帶領過程常可以發現，個別成員已帶著複雜的問題，進到團體中，成員彼此間的互動有時會交織出更難以處理的狀況，就像滾雪球般越滾越大。領導者要特別注意的是，當次想要完成的團體流程固然重要，但團體成員彼此產生的動力，有時更貼近他們日常生活的實際狀況，專注在當下，陪伴成員面對和處理，而不光只是急著要完成當日的課程，對成員的幫助有時是更強大的。

（三）訓練和督導的重要

　　團體領導者需強化某些知能，尤其是需了解成癮者特性，並具備基本團體動力的相關知能，另外需經過完整的團體訓練，例如從觀察員的身分到協同領

導者，最後到領導者的訓練。最重要的是在帶領團體的過程中，應有同儕或是專業督導，如此才能隨時修正團體帶領的方式及處理相關問題。

任何的實務工作都需要靠督導一路的陪伴和監督，才得以逐漸累積臨床經驗。尤其是團體治療的過程，不只要掌握每個成員的狀況，還需帶領整個團體往前走。就過去的經驗來看，透過與督導的討論，能讓領導者對帶領團體的過程、成員彼此參與的狀況、團體動力的發展等和團體相關的議題，有更深入的了解和認識，同時也能藉由這樣的訓練，看到自己本身的參與程度，或是自我價值觀的運作，並適時提出修正，提升團體帶領的能力。

二、成員的議題

與成員相關的議題包括（鄧惠泉等譯，2008）：

（一）成員的因素

成員的因素主要有缺席、退出、移除個案及增加新成員。

1. 缺席

在監禁環境下的藥癮團體或依法律命令而組成的團體，基本上較無缺席的問題，而成員因多為非自願個案，被強制要求出席，甚至連遲到、早退都屬罕見。除上述團體，一般社區性的戒癮團體在維持成員的出席率上，則是團體早期即需面臨的挑戰。領導者需特別注意，若成員的缺席、遲到或早退是被允許的，長期下來將無助於團體規範的建立，且影響團體凝聚力的形成。以筆者過去經驗來看，要維持成員的出席除了事前的電話聯繫、當次團體結束時的提醒，最好還能透過成員彼此間的互聯網絡，確認成員出席狀況。

2. 退出

成員的退出多半是不能或是不願意再配合團體的運作，在開放性的團體中，領導者可以再招募新成員來維持團體的人數。退出會影響團體的穩定度，讓凝聚力受阻，有時隱含對團體價值的貶低。面臨成員的退出問題，領導者應當下立即處理，而不要採用延宕的方式，如此會耗費團體太多的精力和時間。而成員退出後的處理亦需慎重，讓留下來的成員能感到團體的穩定性和價值，將有助於重新增強凝聚力。

3. 移除個案

移除個案的情況較少見，但出現時通常是比較嚴重的問題。若成員的行為持續干擾團體的進行，治療者在已盡力的情況下仍無法改善，即應當機立斷移除成員。可安排被移除的成員後續個別會談或轉介至其他團體。領導者也需協助其他成員公開討論移除後的真實感受，以避免產生對此事件的負面解讀。

4. 增加新成員

在開放性的團體中，成員減少的同時即需考慮引進新成員。團體早期可以考慮，但到中後期則不適合。團體成員的導入需注意時機，並協助新成員做好進入團體的準備。

（二）問題成員

領導者的能力、外貌、年齡、資歷及背景等因素也常會被成員挑戰，領導者需了解的是，這或許無關帶領的技巧，而是成員本身的一些個人因素，基本上即對於帶領者這樣的角色有防衛心及排斥感。在團體的運作中，比較難處理的成員通常可區分為以下幾類：

1. 獨占者

這類型的成員話很多，常常會講個不停，自我揭露程度高，也樂於讓所有的焦點聚焦在自己身上，遇到這類成員，常會造成團體互動的失衡。其他成員初期樂於以沉默度過團體時間，長期下來則會形成對獨占者發言的忽視，或是對其不斷占用團體時間的憤怒。遇到此種情況，領導者應主動介入，不僅需處理獨占者不停自我表現，同時也應點出其他成員的默許行為，意即自己是如何以沉默的方式，讓團體運作全靠獨占者和領導者的互動支撐，免除在團體運作中所應負的責任。

2. 沉默者

有些成員基於過往經驗，在團體的過程中不想投入，或者是有較高的自我要求，對於團體內的表現常因謹慎過度而怯步，雖然沉默的原因很多，但對領導者而言，最簡單的作法是回饋其在團體互動過程中的非口語性的動作，藉由其他成員的反應，邀請沉默者參與。

3. 抱怨者

此類型的成員常常不斷抱怨，但抱怨本身並不是想要得到幫助，而只專注在講。他們常在口頭上同意他人的建議，但是卻不執行。這類型的成員在處理上很棘手，領導者應區辨成員真正的需求，而不是只專注在其所提出抱怨事件本身的解決辦法。

三、次團體的議題

次團體的形成，似乎在團體帶領的過程中或多或少會出現。次團體之所以出現，有時候是基於某些共同的特質（例如語言、或是同鄉），有時則是出於共同的利益（例如彼此獲得更高的滿足感）。對於團體而言，次團體的出現其傷害總是多於助益。尤其當此同盟關係成立後，次團體內的成員常會因此形成對其他成員或是領導者的對抗。

在團體的過程中，當次團體出現時，其成員通常均以眼神示意，且不直接表示意見，若需回答，則多以共同的發言為主，口徑一致，真誠度下降，同時也開始阻礙團體的進行。這如同是種「祕而不宣的共謀」，對於次團體外的成員而言，會有被排拒的感受，團體也容易走向分崩離析之路。

當領導者發現此現象時，盡早處理實為上策，可以透過公開討論或是直接面質和澄清的方式來處理，剛開始遇到抗拒是必然的，但若能因此讓成員開誠布公討論，並表達真實的感受，對於團體的運作反而能帶來更大的好處。

叁 團體實例——耘心之旅

本次團體在一開始即設定主題為戒癮團體，團體次數為十六次，每週進行一次，為一封閉式團體。篩選成員十名，除一名領導者外，尚有一名協同領導者，每次進行九十分鐘，中場休息時間十分鐘。

團體的內容主要是依據認知行為及改變階段，同時參考《物質濫用的團體治療——改變階段的治療手冊》，課程設計以戒癮為主，家庭及情緒等相關議

題為輔。每次的團體流程固定，在此團體中，筆者會在當日團體開始時，先確認團體成員的狀況，時間大約都是三到五分鐘，接下來進入團體主題的討論，最後則是當次團體回顧並結束。以此方式設計團體對於初接觸戒癮團體治療的帶領者而言，因為其課程安排較為結構化，且不只討論戒癮議題，同時兼具其他相關重要議題，故在實際操作上較為容易，且能對戒癮者的生活有初步了解。現將團體歷程及處理過程簡單整理如表 7-1。

表 7-1　戒癮者的團體歷程及處理過程

次數	團體主題	團體目標	學習單
1	團體開始	1. 介紹團體型態 2. 了解成員對參加團體的期待 3. 形成團體規範	
2	小小記者	1. 團體名稱 2. 成員彼此熟悉	
3	改變階段	1. 學習及了解改變階段 2. 進行定位練習來決定自己階段	
4	物質的嚴重程度及生理影響	1. 確認嚴重程度 2. 討論使用後造成的生理影響	物質的嚴重程度
5	利弊分析	1. 討論使用物質的利與弊	使用物質的利弊
6	信心與誘惑	1. 練習辨識誘因 2. 評估誘惑情況下的信心	信心與誘惑
7	渴望與衝動	1. 學習新的處理方法 2. 思考如何處理渴望與衝動	渴望與衝動
8	失足與復發	1. 何謂失足 2. 失足前後的心理陷阱	
9	問題解決	1. 處理生活中除毒品外的問題 2. 集思廣益，腦力激盪	問題解決
10	家庭圖	1. 繪製家庭圖 2. 了解家人間的關係	
11	壓力與抒解	1. 辨識焦慮、憂慮之情緒狀態 2. 放鬆技巧	

次數	團體主題	團體目標	學習單
12	課程復習	1. 復發歷程回顧與預防策略	
13	相關影片欣賞與討論		
14	社會資源介紹	1. 戒癮資源 2. 一般社會資源	
15	生活安排	1. 現實與理想間的落差 2. 如何面對實際生活	
16	出所準備及團體結束	1. 團體課程回顧 2. 團體結束	

一、團體初期：第 1-5 次

（一）團體歷程摘要

本次團體的設定為戒癮團體，一進到團療室開始說明團體進行方式，即可感受到成員對於「戒癮」兩字的敏感及排斥。因成員均被指派參加，多數成員對於團體的形式內容不抱興趣，以消極的態度被動配合，臉部線條僵硬。討論團體規範時對團體結束時間感到焦慮，頻頻詢問是否能提早結束。第 3 次時出現次團體，其中兩名成員會在某些成員發言時發出笑聲，領導者詢問則均笑而不答，彼此眼神交會，至第 5 次時對團體運作產生明顯干擾。

（二）處理重點

領導者其實和成員一樣，通常在第一次進入團體時帶著好奇及緊張的情緒，有時為掩飾焦慮，怕出現冷場，以不斷地「說」來填補團體的空白時間。如果成員習慣團體的運作方式像上課，只要聽，被動討論，那麼團體形式很可能在日後變成衛教課程，團體能發揮的功能有限。因此領導者在團體初期要特別注意，如果察覺到情緒緊繃，應試著調整帶領的步調，如此可讓自己停下來，看看團體正發生什麼事，以及成員當下的感受為何。藉由真心地回應成員，能協助成員投入團體。

領導者在團體初期應多引導成員發言，在團體沉默時，領導者不需急著發

聲，雖然壓力常伴隨著沉默而來，但如果透過適當的停頓及等待，讓成員自發性地打破沉默，這樣的過程本身即是一種體驗和學習，對團體的發展來說也是非常重要的。

在次團體的部分，待團體進行到第 5 次時，領導者直接在團體內提出其外顯行為（訕笑其他成員）在團體內的影響，當此現象被明確提出來討論後，這兩名成員了解其行為帶給別人的不舒服，也因而減少類似行為。因此開誠布公地在團體內討論能有效處理次團體的問題。

二、團體中期：第 6-12 次

（一）團體歷程摘要

在進入團體中期後，成員對團體產生較高的信任感，漸漸將個人的問題（例如夫妻關係、親子關係及人際問題等）拿到團體中討論。因彼此的熟悉度提高，所以在提供建議時變得較直接而不修飾，對某些敏感議題（例如對愛滋病的看法）則開始用主觀的態度加以批判。

成癮者普遍因過去反覆戒癮，而產生空虛感及無力感，因此進入和戒癮相關的議題時，團體多數時間瀰漫著欲振乏力的低落氣氛。

（二）處理重點

此階段是團體帶領過程中很難熬的時期，尤其對新手領導者而言，當面臨團體對戒癮議題的無力感時，多數會被成員的情緒擊倒，另外則是在面臨成員的挑戰時，也會因經驗不足而產生挫敗感。例如領導者常會在成員戒毒失敗時感到沮喪，覺得自己無能為力，甚至開始質疑能力不足，雖然同理成員的感覺很重要，但領導者還是肩負著帶領團體往前走的主要任務，因此在帶領戒癮團體前，領導者應先承認自己的有限性，避免訂定團體及個人無法達成的目標；對於成員的改變不過度期待，在接受成員的現況後，才能貼近成員，發展出符合個人及團體真實狀況的目標。

另外，成員間言語的攻擊或衝突應在當下立即處理，領導者可以在團體中直接點明成員的行為，詢問當事人的感受，並在團體內直接討論和解決。要特

別注意的是，有時候攻擊本身其實只是表面行為，領導者需能敏感察覺成員真實的互動模式，並能找到攻擊背後隱含的真正問題。

三、團體後期：第 13-16 次

（一）團體歷程摘要

　　成員彼此能給予回饋，團體出現充分的信任感，團體運作成熟，漸漸發展成一個有凝聚力的整體。因接近尾聲，團體出現不想結束或是想延長的聲音。

（二）處理重點

　　團體進行到最後階段時，需開始預告團體的結束。到團體後期，因相處時間的累積，成員和領導者逐漸發展出一體感，雖然成員多會表示想要延長，但領導者應遵守團體規範，並將「捨不得結束」的感受直接在團體內公開討論，讓成員學習面對關係的展開，以及結束時的種種情緒和感受。將結束視為重要議題是團體治療很必要的一環，因此領導者最好在團體結束前兩週開始預告，前一週則可以和成員討論結束時的流程，讓領導者及成員及早準備，在最後一次協助成員回顧團體經驗並給予回饋，分享團體歷程，才能圓滿結束團體。

肆　結論

　　在實際與成癮者工作多年的經驗中發現，「毒癮」其實是最外顯的問題，它最容易被看見，也最容易被當成處理標的，但深埋在下面盤根錯節的難題，有時才是成癮者一直走不出這個迷宮的關鍵。雖然在社會工作的領域中，較少將戒癮視為工作重點，但在實務工作上，還是不可避免會觸及戒癮問題。採用團體工作的方式處理戒癮問題，透過彼此經驗的分享，可提供成癮者學習及情感支持的機會，提高自我效能。強化團體工作的理論基礎，學習團體帶領的技巧，增加戒癮相關的知能，累積實務的工作經驗，相信團體工作能成為另一個有效的工作方法。

 參考文獻

方紫薇等（譯）（2003）。**團體心理治療的理論與實務**（原作者：Irvin D. Yalom）。臺北市：桂冠。

鄧惠泉等（譯）（2008）。**團體心理治療**（原作者：Sophia Vinogradov 等）。臺北市：五南。

賴念華（譯）（2002）。**藝術治療團體：實務工作手冊**（原作者：Marian Leibmann）。臺北市：心理。

歐吉桐等（譯）（2009）。**物質濫用的團體治療──改變階段的治療手冊**（原作者：Mary Marden Velasquez 等）。臺北市：心理。

Chapter **8**

物質濫用的服務倫理與價值

——陳玟如

　　社會工作人員倫理決策重要判斷依據的系統，主要是來自於專業倫理規範、機構政策，以及個人的信念，因此社會工作倫理決策模式，將受到社會變遷、組織環境，及社會工作專業人員自身的價值觀與人格等方面的影響（徐震、李明政，2002）。然而社會工作者從事實務工作的過程，往往夾處於現實的工作處境、個人生活與生涯發展、專業規範、組織／社會／服務對象的諸多期待中，以致於身心常處於無力且疲憊的狀態，若此時期待從事物質濫用服務的社會工作者，還需確保行止合宜且符合倫理原則的專業施展，一套能有效提供專業能力、知識與資源，且同時能支持社會工作者克服倫理困境的服務系統，將是相當重要且不可缺乏的後援軍。

　　由於物質濫用的服務倫理議題十分廣泛、多元，且在主流價值之下往往產生許多衝突與矛盾。在一開始，筆者想摘述 Nelson（2012）的一段話，作為服務物質濫用社群的社會工作者的提醒與鼓勵：

> 當社會工作者面對物質濫用（abuse）／誤用（misuse）的倫理議題與提供服務時，應先檢視自己看待用藥問題與用藥行為的道德鏡片，運用符合使用情境的脈絡語詞並了解語詞對問題形成的影響力，以落實反歧視與反壓迫的服務觀點，協助物質濫用／誤用者面對個人、家庭、社區、與國家的關係……更重要的，是服務物質濫用社群的社工人員需要了解反壓迫倫理的實踐，不僅落在社會工作者身上，更是整體社會與專業服務系統都需要共同致力的義務與責任。

　　因此，反壓迫倫理（anti-oppressive ethics）[1]的服務，不僅強調社會工作者的自省與敏感度，更強調同時對服務使用者[2]、社會工作者、服務系統等三方均予以增權，以符合社會正義的實踐。

1　反壓迫倫理：主要目的是揭開「個體」夾處於「集體自由」和「集體福利」的不平等，與在權能感相對較低的處境中所產生的傷害，尤其涉及因歷經不同社會部門（或組織）而導致個體的被邊緣化現象（Anna Nelson, 2012, p.16）。

2　服務使用者包括：物質濫用者、物質誤用者、物質成癮／依賴者；又可稱個案、案主。

　　有鑑於社工專業的倫理原則在歷史脈絡、政策發展、管理主義等各個層面的影響下，有著極廣泛的討論。本章第一個部分，將先整理物質濫用與物質誤用在東西方文化中的脈絡發展，提供讀者了解物質[3]從「使用（use）、誤用（misuse）、濫用（abuse）」的演變歷程，以協助社會工作者理解物質使用的道德評論與社會價值，作為檢視個人信念的脈絡依據及敏感度培養之參考；第二個部分，筆者整理物質濫用服務的社會工作倫理原則與倫理兩難議題（包括較常見與較特殊性兩類），協助社會工作者了解物質濫用議題與其他系統的多重交織，以擴展社會工作者回應倫理兩難時可運用的相關資源，增加跨領域對話的思考；第三個部分，則整理實務倫理五種困境、倫理決策參考模式與如何操作的建議。希望透過此層次性的整理，提供社會工作者服務物質濫用社群時，面對可能產生的倫理困境，有一套可協助思考與操作的系統架構，以回應實務場域上所面臨的倫理議題。

 壹 「物質從使用、誤用、濫用的演變」與「道德評論」

一、東方文化中，物質從常民使用到管制的歷史演變

　　常民使用，包括食用、飲用、藥用等行為。從商周的飲酒文化、秦始皇煉丹[4]以求長生不老、唐朝時罌粟花由大食商人[5]傳入作為觀賞與食用[6]，可見天然刺激物在東方文化中的使用，盛行於皇族生活、民間習俗、各朝文學作品[7]、青樓文化中。在南方因瘴癘盛行，使人常有腹瀉、胃痛、噁心、食慾不振等症

3　此所稱之物質，以日常生活食用（使用）與藥用治療為主。

4　秦朝的煉丹方術不僅促成火藥發明，在治療用途上則製作出一些中醫藥的膏丹粉等藥劑，也做出如五石散等，含有重金屬的毒害性礦石類精神科藥物。

5　即目前中東地區。

6　雖唐朝尚未有以鴉片治病的記錄，但在當時印度已經有以罌粟提煉成鴉片作為治病的史料。

7　如宋朝蘇軾《歸宜興留題竹西寺》中，以「童子能煎罌粟湯」入詞。

狀,透過罌粟提煉的本土鴉片的治療方法流傳了數百年之久;在北方因天冷且冬日較長,飲酒與用藥食補的文化,則成了日常生活中的保健良方。

以罌粟[8]為例,西元 973 年時北宋政府廣為種植,並有在《國家藥典》把罌粟做為藥物的記載;明代李時珍在《本草綱目》則記錄罌粟入藥的詳細治療作用。十七世紀荷蘭治臺期,鴉片則由荷蘭經爪哇島輸入,並以臺灣為商業據點銷售於中國的閩粵兩省;由於當時臺灣多瘴癘,瘟疫叢生時死亡人數甚可達數千人,以鴉片治療痢疾則成了極佳救命的萬靈丹[9],在普遍使用下,當時統治者並不介入人民使用鴉片的自主權。清朝雍正年間將鴉片的管制範圍,限於「興販鴉片煙、開鴉片煙館、隱匿不報、藉端所需、和官吏失察」間,對使用鴉片者仍多採道德性勸說,亦尚未禁止或嚴懲。直至嘉慶年間,由於東南沿海吸食風氣增長、鄭氏家族在臺政權、走私昌盛等因素,朝廷下令禁止進口,始頒布「官吏、兵牟和百姓吸食鴉片治罪條例」,開啟統治者將鴉片吸食者列為「中國傳統法底下的犯人[10]」。而割讓後的臺灣,即使日本本島採嚴禁鴉片吸食之法,但作為高度經濟作物的鴉片卻在臺廣泛栽種,成為當時世界第三大鴉片輸出據點,以鴉片令發行為例,則具體展現當時日本對臺灣島民使用鴉片,傾向規範性管制而非嚴禁定罪論。

而後,經歷清朝與民國推動的西化運動、兩次世界大戰、現代國家興起、工業化、現代化、專業化、自由貿易市場、公民與民主意識等運動下,短短一百多年,東方文化中常民的物質使用習慣則迅速發生改變,並全面性接受了西方文明對物質的醫療觀點與現代法治管制模式。

8　即鴉片、海洛因、嗎啡等主要原料。

9　萬靈丹一詞,引用自 Roy Porter(1995)中對鴉片能治百病的描述與形容。

10　此身分的形成與西方發展不同之處,在於當時統治者對鴉片流行造成的經濟萎靡與不良風氣、認定鴉片傷風敗俗的政治考量下,尚未具有近代國家對人民健康管制的概念(蕭焌卉,2007)。

二、在西方文化中，物質從使用、誤用、到濫用的歷史演變

科學革命以前，物質使用多以天然的刺激物為主（如菸草、麻黃[11]、罌粟、可可、酒精、咖啡、茶、大麻、具有迷幻或麻醉作用的菇類），並出現在飲食、宴會祭祀、行醫治療等日常生活中。

以菸草為例，在 1492 年經由哥倫布從加勒比海引入，與印地安人傳統使用的煙斗相遇後，形成了世界最廣泛流傳的物質之一，並被認為可作為春藥、消毒劑、對瘟疫的預防性藥物。到了 1634 年，俄國沙皇因認為使用菸草後的吞雲吐霧是一種巫術，因此開始禁止使用，違者處以割鼻、流放西伯利亞，甚或判死。十七世紀中期，因歐洲教士認為菸草會傷害人類生殖而開始抵制，並設立菸草法庭，宣布使用菸草為非法行為，並持續到十九世紀中期才取消。如同菸草一樣，在科學革命之前在生活中使用的許多物質（如可可、咖啡、酒精、古柯葉[12]等），也都曾因宗教改革、反宗教改革、清教徒運動等政教統治力，教導人民把這些刺激物質當作是會威脅到道德秩序的「幽靈」。直到地理大發現與海權時代，跨國商業交易頻仍、知識逐漸普及、階級產生流動等因素，在發現這些刺激性物質可成為稅收來源後，轉變了國家原先對這些刺激性物質的態度，並大力鼓吹這些物質的自由貿易與生產。

在 1790 年代的禁酒運動中，Benjamin Rush[13]提出烈酒對於生理與心理的道德溫度計（moral thermometer）一說後，不僅開啟後世對酒精與各類物質使用者在生理與心理層次的討論與道德判斷，也開啟了以現代專業協助有酒癮（物質使用）個體的診斷與治療。十九世紀英國製藥工業與醫療領域之爭，則是把物質「使用」（use）推進到「濫用」（abuse）的最重要的關鍵與推手；

---

11 麻黃中的麻黃鹼為製作安非他命的主要成分之一。

12 古柯葉經提煉後即為古柯鹼，在地理大發現與海權時代是許多航海員放鬆的消遣品。1990 年代因提煉技術可精粹出純古柯鹼且吸食方便後，成為了當時西方世界主要流行的毒品之一，並持續至今。

13 Benjamin Rush（1746 年 1 月 4 日-1813 年 4 月 19 日）是美國的開國元勳，身為醫生的他，同時也是當時美國重要的社會改革家、教育家、人道主義者；更被譽為美國精神醫學之父。檢索日期：2014 年 11 月 30 日，取自：http://en.wikipedia.org/wiki/Benjamin_Rush

由於當時製藥工業與醫療領域已進入職業化與專業化的競爭關係，英國藥品協會提出「濫用」一詞的原初用意，乃在抵抗醫師對藥品的掌控權及導正劣質藥品在市場上的氾濫，並非針對人民在使用行為與道德上的批判，且以「誤用」（misuse）作為對用藥行為的描述。然而，可惜的是此運動在當時並沒有成功，反而在各個現代專業領域的競合中，開啟對「濫用行為」與「濫用者」更專業的評估大門，展開各種醫療、社會、心理、教育、政治、經濟等科學領域對物質濫用行為藥癮復發的現代治療、處遇、教育、政治關係，並進而形成社會道德評論之依據。

一次世界大戰後，部分藥品在心理治療上的誤用[14]及海洛因與古柯鹼的流行，更促使英國在 1920 年推動起《危險藥物法案》（The Dangerous Drug Act），開啟了國家對製造、販賣、使用非法物質的定罪論述權，奠定了以國家法治的力量，管制人民與醫療專業使用各項物質的政治治理示範。

三、了解物質濫用的歷史演變的用意

筆者提供上述整理的目的，是希望提供社會工作者從歷史演變的觀點，檢視社會結構、社會系統、個人（包括社工人員與一般大眾）對物質濫用在道德與價值的形成與影響，提供社會工作者檢視對物質濫用的自我道德評論與敏感度，在理解自身藥物議題的道德鏡片如何形成的脈絡下，能進一步善用社會工作物質濫用服務倫理原則，並透過對物質濫用臨床實務常面臨的倫理議題整理與倫理決策步驟，建構對專業服務掌握的知能運用能力，以作為日後在實務場域中回應物質濫用倫理議題的參考依據。

---

14 如 MDMA 在 1912 年問世，初期的醫療用途為抑制食慾，之後發現有嚴重副作用如成癮、引發高血壓、心臟病及肌肉壞死等狀況後，才停止在醫療用途的使用。GHB（液態快樂丸）最早合成於 1874 年，並於 1960 年代由醫師進行神經遞質的研究，之後廣泛應用在法國、義大利和其他歐洲國家的睡眠治療與分娩，在發現被濫用於迷姦與治療睡眠的副作用後，開始進行管制。

「物質濫用的服務倫理議題」與「社會工作服務倫理原則」

一、物質濫用的服務倫理議題

鄭麗珍表示 Sarah Banks 在書中認為，社工倫理的實踐必須放在專業關係和社工實務的脈絡（context）中，且在探討這些社工倫理兩難的案例時，必須放在當時的專業關係、當代文化脈絡中來探討；因為倫理的決策依據不是一套標準化的準則，而是需要依據脈絡的情境而發展的因應與反思策略（曾華源審，2014）。

在物質濫用服務的實務兩難議題中，根據筆者與同儕服務經驗的整理，歸納出物質濫用的倫理議題經常圍繞在「復發（再犯）、告知議題、案主自決與隱私維護、維護生命、資源分配的公平與社會正義」。因此，根據社會工作服務倫理原則[15]產生牴觸與矛盾之處，提出物質濫用服務較常見的倫理議題：

（一）物質濫用服務常見的倫理難題

1. 「案主自決 vs.保護生命原則」

服務中的物質濫用者在無戒癮意願下，社會工作者有意圖地提供戒癮處遇與心理諮商等服務，是否符合案主自決與自由自主的服務倫理？若尊重服務對象持續使用非法物質，是否違反保護生命原則？若協助服務對象進行非法物質使用的物質管理、提供替代療法與針具交換服務，是否助長服務對象對物質的依賴，進而危及生命安全？

2. 「道德的告知議題 vs.最小傷害原則」

對於物質使用者各項資源的提供是否符合社會正義與公平，或者此舉是符合最小傷害原則？在物質使用者藥癮復發（或再犯）時，是否該中斷資源的提供，又將如何告知服務對象或與之取得共識，而這樣的告知是義務還是專業責信？若中斷資源的提供，是否有違服務最優化的原則？

---

15 Dolgoff 和 Lowenberg 在 1992 年提出的倫理原則：保護生命、差別平等、自由自主、最小傷害、生命品質、隱私保密、真誠等七大倫理原則（Dolgoff & Lowenberg, 2009）。

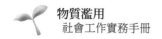
3.「家庭關係的告知議題 vs.差別平等原則、隱私保密原則」

對於物質濫用者的復發（或再犯），是否應該告知家人？告知後的家庭關係將如何維繫？服務對象的權益與其他家庭成員的權益的權衡，該以誰為重？

4.「法的告知議題 vs.隱私保密原則」

社會工作者發現物質使用者「復發」時（或司法上稱再犯），是否該通報？通報前，是否要告知服務對象？在通報之後，社工又將如何建立與物質濫用者的服務關係並取得信任，或者是應該要結案？通報復發（或再犯），是否違反服務對象個人隱私與保密原則？

（二）服務物質濫用者較特殊的倫理兩難議題

有鑑社會工作者提供物質濫用者服務時，往往合併許多多重的議題，如：物質濫用合併精神疾患、家庭暴力、與傳染性疾病等，在身分別上還涉及社區中的老年物質濫用者、青少年物質濫用者、女性物質濫用者、多元性傾向物質濫用者，以及物質濫用者的家庭、伴侶、子女、親屬等。因此，在常見的倫理難題之外，根據不同服務對象的倫理議題，也呈現了不同群體的特殊倫理議題，茲整理參考如下：

1. 青少年物質濫用者

社會工作者如何協助青少年物質濫用者面對在學校中被同儕揭密後的排擠？當學校社工發現有學生使用毒品時，是否要通報學校與家長？如何爭取物質使用的青少年，享有與其他同學相同的受教權？在學校系統中，如何同時兼顧青少年物質濫用者的隱私維護，同時又能落實校園藥物濫用的防治教育？當家長介入社工與青少年物質濫用者的處遇服務時，社工該透露未成年物質濫用者的會談內容給家長嗎？

2. 身為父母親的成年物質濫用者

根據臺灣對高風險家庭的風險因素評估內容[16]，社會工作者如何評估父母親的成癮行為、對子女的照顧能力、對子女照顧意願，並符合子女的被照顧意

---

16 衛生福利部（2014）。推動高風險家庭關懷輔導處遇實施計畫。檢索日期：2014 年 8 月 20 日。取自：http://www.sfaa.gov.tw/SFAA/Pages/Detail.aspx?nodeid=105&pid=719

願的期待（如子女不願離開父母、或不願意父母被定罪而刻意隱瞞等）？此舉是否會違反兒童最佳利益原則？另，根據《兒童及少年福利與權益保障法》（以下簡稱為《兒少法》）與《毒品危害防制法》的雙重規範下，服務物質濫用議題的社會工作者是否應肩負起兒童保護通報之責？

3. 女性物質濫用者

若女性物質濫用者對物質仍有生理依賴時懷孕，社會工作者則容易需要面對來自個體意願與外在結構，對「墮胎議題」、「新生兒戒斷症候群」風險、「兒童教養與兒童保護」等倫理兩難的壓力，社會工作者該如何降低女性物質使用者於孕期的戒斷痛苦？如何提供母親與新生兒後續就養與醫療資源？在新生兒誕生後，如何協助女性物質使用者與其家庭在社區與原生家庭中持續獲得支持與照顧？以上這些對於女性物質使用者與新生兒的服務提供，是否符合家庭與社會的期待與違反社會資源的公平分配？

4. 合併法定傳染疾病的物質濫用者

在同時具有藥癮復發（再犯）與傳染疾病傳染予他人的雙重犯罪風險之下，更容易面對處遇上的各種倫理兩難，社會工作者如何透過跨專業的醫療合作，在傳染性疾病與物質濫用行為間做出最適當的資源連結與處遇服務？當合併法定傳染疾病的物質濫用者持續與他人共用針具、或有傳染他人之虞時，社工人員是否有通報義務？而通報後又是否違反隱私維護之原則？

5. 合併家暴議題的老年物質濫用加害者與受暴者、合併精神疾患的物質濫用者、合併傳染性疾病的物質濫用者

在家庭照顧責任上，是否該由家庭概括承擔？成員的意見和利益衝突如何平衡？當疾病惡化時，誰的意見才是最重要的？如何兼顧物質濫用者與其家庭照顧者？

二、社會工作服務倫理原則

目前臺灣社工的物質濫用服務倫理原則與其他社工領域並無不同（如老人、婦女），而美國社會工作協會（National Association of Social Work，簡稱為 NASW，）則在 2014 年再次修訂了「物質濫用者的服務倫理與價值準

則」。因此，以下筆者將同時整理臺灣與美國的服務倫理原則，以供社會工作者參考比較及運用。

（一）臺灣社會工作者的物質濫用服務倫理原則

目前臺灣均根據行政院於民國 98 年頒布《社會工作師法》第十七條[17]規定，由「全國社會工作師公會聯合會」訂定之倫理原則，作為本國執業之依據。在「全國社會工作師公會聯合會」訂定的「社會工作倫理原則」第一章第五條中指出：「**社會工作師面對倫理衝突時，應以保護生命為最優先考量原則，在社會公平與社會正義的基礎上，其作為：1.所採取之方法有助於服務對象利益之爭取。2.有多種達成目標的方法時，應選擇個案的最佳權益、最少損害的方法。3.保護案主的方法所造成的損害，不得與欲達成目的不相符合。4.尊重案主自我的決定。**」明訂了面臨倫理衝突時可參考的依據。在「社會工作倫理原則」第二章的第一條中，便提出「社會工作師對案主的倫理原則」，如表 8-1。

（二）美國物質濫用的服務倫理與價值[19]

根據 NASW 在 2014 年共提出 12 條「物質濫用者的服務倫理與價值準則」，並用「有物質使用失控議題之服務對象／個案」（Clients with Substance Use Disorders）[20]一詞取代「物質濫用者」（Substance Abuser），整理如表 8-2[21]。

---

17 《社會工作師法》
  第 17 條　社會工作師之行為必須遵守社會工作倫理守則之規定。前項倫理守則，由全國社會工作師公會聯合會訂定，提請會員（會員代表）大會通過後，報請中央主管機關備查。
18 特殊限制包括：1.隱私權為案主所有，案主有權親自或透過監護人或法律代表而決定放棄時。2.涉及有緊急的危險性，基於保護案主本人或其他第三者合法權益時。3.社會工作師負有警告責任時。4.社會工作師負有法律規定相關報告責任時。5.案主有致命危險的傳染疾病時。6.評估案主有自殺危險時。7.案主涉及刑案時。
19 資料來源均來自 NASW 網站（http://www.socialworkers.org/），詳見參考資料。
20 本文「有物質使用失控議題之服務對象／個案」（原文 Clients with Substance Use Disorders）為筆者自行翻譯。根據最新版 DSM-V 對 Substance-Related and addictive disorders 一章中，則多以症狀描述為主且多以使用者（user）作為有該症狀描述者（American Psychiatric Association, 2013, pp.481-590），讀者可自行參考。
21 此 12 條準則均為筆者盡可能在以不失原意下自行翻譯，請讀者參考。或有疑義者，可至前往 NASW 網站（http://www.socialworkers.org/）核對。

表 8-1　臺灣社會工作倫理原則

準則	內　　容
準則 1 優先考量	基於社會公平、社會正義，以促進案主福祉為服務之優先考量。
準則 2 自我決定	尊重並促進案主的自我決定權，除為防止不法侵權事件、維護公眾利益、增進社會福祉外，不可限制案主自我決定權。
準則 3 代理原則	案主為未成年人或身心障礙者，或無法完整表達意思時，應尊重案主監護人、法定代理人、委託人之意思；除非前開有權代理人之決定侵害案主或第三人之合法利益，否則均不宜以社會工作者一己之意思取代有權決定者之決定。
準則 4 告知義務	應明確告知案主有關服務目標、風險、費用權益措施等相關事宜，協助案主作理性的分析，以利案主作最佳的選擇。
準則 5 專業關係	應與案主維持正常專業關係，不得與案主有不當關係或獲取不當利益。
準則 6 終止服務	基於倫理衝突或利益迴避，須終止服務案主時，應事先明確告知案主，並為適當必要之轉介服務。
準則 7 合理收費	應事先告知案主收費標準，所收費用應合理適當並符合相關法律規定，並不得收受不當的餽贈。
準則 8 隱私保密	案主縱已死亡，社工師仍須重視其隱私權利。案主或第三人聲請查閱個案社會工作記錄，應符合社會工作倫理及政府法規；否則社會工作者得拒絕資訊之公開；但有下列特殊情況時保密須受到限制[21]。

表 8-2　NASW 物質濫用者的服務倫理與價值準則

準則	內　　容
準則 1 倫理 價值觀	與物質使用失控議題者工作及提供服務時，應以 NASW 的核心價值作為職業道德及服務價值觀，並以此作為實務決策的依據。在社會工作者以社會正義、對人性的尊嚴維護、人類生存的重要性、人際關係與完整性為原則下，滿足服務對象與及家庭的需求。
準則 2 資格	社會工作者的服務資格應由 NASW、各州法令、與聯邦法令，並在對物質使用失控議題具有基本的知識與了解下，提供專業的社會工作服務。
準則 3 評價	社會工作者應進行持續服務對象的評估，為服務對象提供物質使用失控議題適當的診斷和治療計畫。
準則 4 介入	社會工作者應對介入策略有充足的知識，並能提供基於以實證為評估依據的介入服務。
準則 5 決策與實 務評估	社會工作者應運用實證數據，引導服務輸送與服務評估；同時定期檢視，以提升和擴充對服務對象的服務。
準則 6 記錄保存	社會工作者應持續保持服務記錄的適當性，並確保資料與服務記錄、處遇計畫、評估等，均在專業倫理、地方、州政府、與中央法令等規範下進行。
準則 7 工作管理	社會工作者應掌握並承擔可負擔的職責，並清楚與服務對象與其家庭的服務關係。
準則 8 專業發展	社會工作者應追求持續增強知識和技能，並對服務對象與其家庭提供最新、有益、且具文化適當性的服務。
準則 9 文化能力	社會工作者應確保所有服務對象與其家庭，是在其文化範圍與能力可理解的狀態下接受適當的服務。
準則 10 跨學科領 導和協作	社會工作者應提供積極性治療環境的發展，在對物質使用失控議題，進行跨專業、行政協調、研究、與治療上的督導協調。
準則 11 倡導	社會工作者致力服務對象與其家庭的倡導工作，使他們有平等接受服務的機會。
準則 12 協作	社會工作者應促進跨學科與組織的合作、支持、增強，並提供服務對象與其家屬有效的服務。

三、社會工作者如何看待物質濫用服務倫理的兩難

上述雖整理了臺灣與美國對社會工作者的服務倫理原則，亦同時整理物質濫用常見與特殊的倫理議題，然而在實務場上的運用與對倫理兩難的回應，是需要耗費許多時間與精力跨越的。徐震、李明政（2002）也指出對專業倫理原則的重視與建構，象徵著專業集體良心的繼續發展。

回應倫理兩難的意義，不僅僅在於問題與矛盾的解決，因為跨越倫理兩難並非代表社工就能順利達成處遇目標，或滿足服務對象的所有需求，更不代表未來不會再出現此倫理兩難。認真檢視並理解討論倫理兩難的重要性，在於使社會工作者了解服務倫理原則並非只是形式上的參考，而是協助社會工作面對倫理與服務困境時，能產生更深層的理解與自省動力，且能使物質濫用的社工服務專業從中再進步與發展。若能用這樣的角度來看倫理存在的意義，社工專業的倫理原則便不是僅在於對工作者能力施展的緊箍咒，而是協助社會工作者發揮增權功能的護身符，並更符合反壓迫倫理對社工實務者的增權精神。因此，接下來筆者將整理進行倫理決策時，社會工作者需要了解的倫理困境類型，以及可參考運用的倫理決策模式。

 倫理的決策

一、倫理困境的類型

倫理的存在是提醒工作者注意規範，並提升工作品質。當社會工作者面臨困難情境時，倫理說明了工作者的責任與提供清楚的行為準則，所以倫理是用來保護服務對象與工作者雙方，並避免任何一方受到不當的剝削（徐震、李明政，2002）。因此，增加社會工作者在實務中對倫理情境具備一定的敏感度，對專業工作的執行十分重要。

根據 Laura Lee Swisher、Linda E. Arslanian 與 Carol M. Davis（2005）對專

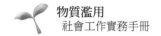

業人員面臨倫理困境的研究指出，專業人員面對倫理困境[22]的歷程與「道德敏感性」、「道德判斷」、「道德動機」、「氣節」有關，且將倫理困境區分為五種類型。而筆者將據此五種倫理困境類型，加上筆者實務經驗，整理如下：

（一）新的議題或問題（Issue or problem）

即現存重要的價值觀受到挑戰，並產生需要改變的空間與動機。此類型的倫理困境多半會帶出新的倫理規範與思考，對工作者而言是新倫理議題的開展與思辯。舉例：

1. 當服務對象有止痛劑成癮（如嗎啡、海洛因等）且處於癌末階段，在提供安寧服務的同時，如何與其他專業討論該病患的疼痛控制議題，龐大的醫療支出是否符合社會資源的分配原則？
2. 在發現服務對象在保護管束期間仍持續使用藥物，社工是否該隱瞞服務對象進行檢驗，或在服務對象不同意的情形下強制採尿？

（二）倫理的困境與兩難（Dilemma）

所謂「倫理的困境」即社會工作者面對兩種可採取的途徑與行動，而此兩種途徑與行動都同等重要，且在專業上均承擔著不同面相的重要職責，但卻無法同時被滿足；所謂「兩難」即是在倫理困境中的工作者，經歷「政治正確」[23]的抉擇歷程。

舉例來說，面對仍有海洛因成癮議題的愛滋孕婦，在此愛滋藥癮孕婦有意願生產的狀況下，醫院社工若協助此愛滋藥癮媽媽順利生產，將符合自我決定

---

22 為避免翻譯誤差，筆者附上原文如下：個體歷程（Individual Process）、道德敏感性（Moral sensitivity）、道德判斷（Moral judgment）、道德動機（Moral motivation）、氣節（Moral courage）。

23 政治正確（political correctness）：即「正確的政治觀」。大部分語境中「政治正確」是尊重、不侵犯弱勢群體，因而要求（在公共場合）言辭要中立，以圖不侵犯他人，保護弱勢社群。旨在尊重弱勢群體，防止歧視或侵害任何人，並避免因種族、性別、性傾向、身心障礙、宗教或政治觀點的不同，而產生不滿、攻擊、排除等行動。

原則，並協助此愛滋孕婦接受美沙冬維持療法。然而美沙冬維持療法卻可能在孕婦生產期間，因戒斷而引發生產危機以及新生兒戒斷症候群，產生違反免於生命落入恐懼與威脅之倫理困境。

（三）苦惱／憂傷（Distress）

社會工作者知道如何正確的行動，但卻不被授權執行此任務。處於這種處境的工作者，多半在決策階段時，落入道德窘迫處境而感到苦惱，是工作者落入在應然面與實然面價值的角色拉扯過程。舉例：

1. 工作者負責協助同儕執行物質濫用者團體輔導服務，帶領團體時與同儕意見相左，向督導提出討論，但督導提供的建議則以團體帶領人為主，但該同儕的團體輔導方向卻明顯違反案主自決原則。
2. 社會工作者評估提供處於有戒癮動機之海洛因使用者吸菸，對戒癮者心理與生理上有正向的慰藉與安撫，但因機構的輔導策略採嚴格禁止對任何物質的依賴，因此社會工作者不被授權讓戒癮者抽菸。

（四）沉默（Silence）

當社會工作者面對道德價值觀受到挑戰時，沒有其他人願意共同戳破此挑戰，因而落入沉默的處境；而此時落入沉默的工作者，也往往與面臨苦惱／憂傷時的道德窘迫有關。舉例：

1. 在機構為集體安置且根據不同性別有空間管理的規定下，當社會工作者發現在機構的男性戒癮者因同性傾向，被機構拒絕提供安置戒癮服務，使得工作者只能陷入沉默的困境。
2. 在服務過程中，發現服務對象仍持續販毒交易，社工員是否應取得販毒資訊，或誘發服務對象提供販毒資訊以利破案？若不報警，社工員是否有共犯之嫌？但社工員為維持服務關係，只好對此窘迫處境保持沉默。

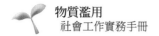

（五）誘惑（Temptation）

社會工作者落入一個可能從中獲利、但存在著明確的對錯選擇，當工作者做出了錯誤的決定便可獲利，反之則否。而獲利（誘惑）的存在，使工作者容易落入明知故犯的誤判情境中，並執行違反倫理原則的行動。

舉例來說，社會工作者可能被機構交付，須提供願意成功戒癮的案例作為社會教育與宣導教材，而刻意隱瞞服務對象的真實情境（例如：復發狀況）；又或者社會工作者為了協助機構爭取資源，提供不實且浮誇的服務成果。

二、倫理的決策模式

參考 Vincentia Joseph（1985）、Holly Forester-Miller & Thomas Davis（1996）、Michael Davis（1999）、Laura Lee Swisher et, al.（2005）、徐震（2002）、秦燕（2012）等，以及筆者實務場域經驗，提供物質濫用服務倫理的決策模式，參考如圖 8-1。

1.定義倫理處境與議題　2.確認倫理處境與資料蒐集　3.確認討論範圍與對象　4.形成初步行動與選項　5.模擬行動策略　6.評估行動與決定　7.執行行動與持續評估

圖 8-1　物質濫用服務倫理的決策模式

筆者強調這樣的決策架構並非不可變動的鐵律，僅在社會工作者在落入倫理困境與兩難時，提供可參考的決策模式架構。因此，根據此決策模式架構中各步驟決策的內容以及可回應的策略，整理如下：

◎ 步驟一：定義倫理困境

- 定義並分辨倫理困境：澄清倫理困境為新議題與價值、或困境／兩難、或苦惱／憂傷、或沉默、或誘惑。
- 整理與處境有關的倫理原則[24]。

---

24 可參考本章第二部分「社會工作者的服務倫理原則」的整理。

◎ 步驟二：資料收集

- 整理情境事實，包括事件的具體描述與相關記錄。
- 盡可能收集實證資料，包括過去曾發生（或正在發生中）的案例、過去相類似但未獲處理的案例。
- 檢視專業人員面對倫理困境的歷程，並盡可能如實呈現，包括個人的道德敏感性、道德判斷、道德動機、氣節。

◎ 步驟三：確認涉及範圍、對象、成本

- 確認涉及範圍：辨識倫理涉及的範圍。如個人、組織／機構、社會體制、法律等。
- 確認涉及對象：辨識此倫理議題應討論的角色與其功能。如社工員、或同儕、督導、服務對象（或其家人）、機構主管的層級、專家諮詢、學者、跨專業、一般社會大眾等。
- 確認涉及成本：辨識對議題回應各項成本。如時間、金錢、人力、可運用資源、不可運用資源等。
- 小提醒：
  - ✓ 對於社工面臨服務對象觸法與社工保密原則的沉默困境，社工應秉持「記錄保存」的原則[25]，針對會談內容與當下處遇回應予以詳實記錄。由於社工並非司法裁判者，因此無須進行定罪的行動，面對落入此困境的社工應盡速、盡可能開放督導或同儕討論，以避免服務陷入停滯與法律拉扯的困境。
  - ✓ 進入此階段討論的社會工作者，往往容易陷入現實與結構的壓力之中，進而降低對倫理困境的回應力，或產生無助與放棄的心理壓力。因此筆者在此特別強調，此階段的討論應秉持反壓迫倫理的服務精神，檢視系統中對人與服務產生的壓力源（例如工作者的道德觀、與服務對象的專業關係、服務績效、法律、大眾壓力

---

25 見本章 NASW 準則 6：記錄保存。

等），並保持彈性及開放的態度，面對因倫理困境對服務關係帶來的負面影響。

✓ 另外，讀者也須了解反壓迫倫理精神的實踐，是希望幫助工作者了解價值與現實之間的距離（Derek Clifford & Beverlery Burke, 2009），而不是把工作者推入譴責或承擔者的角色。反覆透過反壓迫倫理的思辨歷程，更是協助工作者能被正向增權，並展現社工專業對服務對象利益最優化的具體實踐。

◎ 步驟四：形成初步行動與選項

● 針對涉及的範圍、對象、成本等，以腦力激盪的方式提出有想像力的回應。

● 小提醒：

✓ 此階段的工作者不是在評判倫理困境的對與錯，而是對工作者／與服務對象／組織／機構等身分進行在意圖上想做什麼、不想做什麼、能做什麼、不能做什麼等討論，並盡可能腦力激盪，創造對回應倫理困境的初步選項。

✓ 在實務場域上的執行，有時可在內部邀請同儕、督導等進行內部的個案研討；或是在服務對象已透過匿名處理之下，用案例研討的方式邀請友好的相關服務單位、經驗豐富的資深工作者共同進行討論。

✓ 由於服務對象有時也是受到倫理困境影響的人。因此，以夥伴關係的角度邀請有類似經驗者（甚至服務對象本人）共同進入行動選項的討論，有時更能掌握倫理困境的核心議題。然而，在執行服務對象的邀請前，充分溝通且議題清楚與澄清相當重要，以避免使參與討論的服務對象產生預設立場或期待落差，尤其當討論內容牽涉服務對象利益時，更需謹慎處理，以免讓工作者把自己推入更大的倫理困境中。

◎ 步驟五：模擬行動策略

● 形成初步行動策略選項，並討論價值觀的界定、倫理順序，以及檢

視可能有的表面失誤。

- 小提醒：檢視的思考方向包括有
  - ✓ 傷害性的檢視：這個選擇是所有選擇中，傷害性最小嗎？
  - ✓ 宣傳性的檢視：我做這個選擇會不會使任何人上報（被公開揭露）？
  - ✓ 防衛性的檢視：我能在委員會或同儕面前表達立場，捍衛這個選項嗎？
  - ✓ 可逆性的檢視：做了這個選擇後，我或誰能幫助我迴避這個選項所帶來的負面影響？
  - ✓ 同儕檢視：當我做了這個選擇，我的同儕們會有什麼反應？
  - ✓ 專業檢視：當我做了這個選擇，我從屬的專業會有什麼回應？
  - ✓ 組織檢視：當我做了這個選擇，我從屬的組織會有什麼回應？

◎ **步驟六：評估行動與決定**

- 根據步驟一到五，做出對行動的評估與決定。此時的行動可能不只有一個，因此需要把相關的行動與以順序化，同時須評估主要行動失敗後的因應措施與下一次的因應。
- 對於主要行動的時間規劃及行動的預估評估時間，也應在行動前予以規劃並確認，以落實行動的執行與評估。

◎ **步驟七：執行行動與持續評估**

- 根據步驟六的行動決定與時間規劃，在執行後工作者仍可持續反覆思考、或重複步驟一到五的執行，並記錄本次對倫理困境回應的經驗，是否有助於對將來此類議題的回應、是否使得服務對象利益最優化、是否符合反壓迫倫理的實踐、是否有助於組織與結構的改變、是否使得專業獲得更多支持。
- 小提醒：
  - ✓ 根據 Laura Lee Swisher et, al.（2005）的說法，此階段可說是「來自服務對象的禮物」。由於專業服務倫理是用來回應專業與人之間的關係，因此倫理決策的回饋也必然來自於人（包括服務對

象、同儕、督導、專業、社會等）的回饋。

✓ 若工作者、服務對象、組織／機構、跨專業領域在面對倫理困境
並採取回應策略後，沒有因此而感到滿足或被增權，則這樣的倫
理決策回應便是失靈的。而這樣的失靈，並無法單歸咎某單方，
只顯示出此回應失靈的倫理困境，是需要更大的支持、資源、與
理解才得以回應與解決。

肆 結語

回顧本章整理，筆者提供從「物質從使用、誤用、濫用的演變」與「道德
評論」，到「社會工作者的服務倫理原則與價值」，並在最後整理「物質濫用
者常見及特殊的倫理議題」，不難發現倫理議題的產生不僅只限於服務對象的
個體性處遇，同時也牽涉許多其他的專業服務系統（如家暴、兒保、合併精神
疾病與傳染性疾病、學校教育等），因此本章不以案例舉例的方式或討論，是
不希望侷限讀者對倫理的思辨與思考，流於將倫理決策套用在相似的經驗上，
並了解每一個倫理困境的討論都是獨特且有意義的。

最後，筆者獻上 Derek Clifford & Beverley Burke（2009）的一段話：

> 從事社會工作的社會工作者，需要很有意識地知覺社會工作是很深入
> 參與服務對象生活中的一切好與壞的專業。而反壓迫的倫理討論，是
> 期待把倫理從一個對個人道德行為的窄化視角，朝向對人類關係的更
> 大的社會理解（social understanding）中，且能把狀況變得更好、或
> 者預防狀況變得更差；因此了解歷史、社會與經濟等社會情境，並在
> 這些脈絡下促使改變的發生，將是同等重要。

這樣的專業服務實踐並非紙上談兵或高調理論，而是期盼服務物質濫用社
群的服務系統與社會工作者都該體認，提供其他領域的專業助人者面對物質濫
用議題時，都能具備有脈絡性的服務敏感與發展彼此能相互支持的合作共識，

這也是物質濫用實務工作夥伴的重要任務與角色；唯有持續協助其他領域對物質濫用者有更多脈絡性的了解，才能協助禁錮物質濫用議題已久的服務對象與其家庭，創造有尊嚴的生活選擇，免於貧窮、恐懼與不安，同時亦實踐專業服務的正義與公平。

 參考文獻

一、中文部分

徐震、李明政（2002）。**社會工作倫理**。臺北市：五南。

秦燕（2012）。**左右為難的專業抉擇：社會工作倫理案例彙編**。臺南市：中華民國社會工作師公會全國聯合會。

曾華源（審），周采薇（譯）（2014）。**社會工作倫理與價值**。臺北市：洪葉。

蕭炘卉（2007）。**病人與犯人：臺灣百年來吸毒者的軌跡**（未出版之碩士論文）。國立臺灣大學法律學研究所，臺北市。

二、英文部分

Anna Nelson（2012）. *Social work with Substance Users*. SAGE Publications Ltd.

American Psychiatric Association.（2013）. *DSM-5: DIANOSTIC AND STATISTICAL MANUAL OF MENTAL DISORDERS*. American Psychiatric Publishing, Washington, DC London, England, pp.481-590.

Michael Davis（1999）.*Ethics and the University*. New York: Routledge, pp.166-167.

Derek Clifford and Beverley Burke（2009）. *Anti-oppressive ethics and values in social work*. Palgrave Macmillan.

Holly Forester-Miller, Ph.D.Thomas Davis, Ph.D （1996）. *A Practitioner's Guide to Ethical Decision Making*. American Counseling Association.

Laura Lee （Dolly） Swisher, PT, PhD; Linda E. Arslanian, PT, DPT, MS; and Carol M. Davis, PT, EdD, FAPTA（2005）. The Realm-Individual Process-

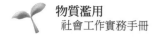

Situation （RIPS） Model of Ethical Decision-Making. *HPA RESOURCE, Official Publication of the Section on Health Policy & Administration. Vol. 5 No. 3, October.*

Nigel South （1999）. *Drugs: Cultures, Controls, and Everyday Life*. London: Sage.

Roy Porter （1995）. *Drugs and Narcotics in History*. London: Cambridge University Press.

NASW（2013）. *NASW Standards for Social Work Practice with Clients with Substance Use Disorders*. Retrieved from http://www.socialworkers.org/ (Keyword: Practice and Professional Development/ Practice/ NASW Standards for Social Work Practice with Clients with Substance Use Disorders.)

三、建議延伸閱讀

王永慈、許臨高、張弘哲、羅四維（2002）。**社會工作倫理——應用與省思**。國立國家圖書館出版品，臺北市：輔仁大學出版社。

Ralph Dolgoff, Frank M. Loewenberg, Donna Harrington（2009）. *Ethical Decisions for Social Work Practice*. Cengage Learning.

伊森・納德曼（2014）。為什麼我們需要結束毒品戰爭？TED。檢索日期：2015 年 1 月 9 日，網址：https://www.ted.com/talks/ethan_nadelmann_why_ we_need_to_end_the_war_on_drugs?language=zh-tw#t-915234（此為英文影片，有中文翻譯）

Karen Allen, Ph.D., LMSW.（2008）. *What Is an Ethical Dilemma*? The New Social Work. 檢索日期：2015 年 1 月 7 日，網址：http://www.socialworker. com/feature-articles/ethics-articles/ What _Is _an _Ethical_Dilemma%3F/

Chapter **9**

物質濫用之精神醫療社會工作

——何玉娟

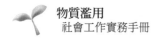

 前言

　　當我們打開電視新聞，或是閱讀報紙時，總有許多因毒品或酒精濫用所導致的家庭人倫悲劇、社會治安問題，這些事件令人深感遺憾且不勝唏噓。物質濫用涵蓋衛生醫療、教育、警政司法等不同層面，而身處不同領域的社會工作者，經常直接或間接接觸到受物質濫用危害所影響的個人或家庭。是以社會工作者有必要認識物質的作用、對身心的影響、預防及治療方式，以提供個案適當的介入及服務。

　　本文將以筆者於精神科專科醫院中的工作經驗為主，介紹精神醫療針對物質濫用所提供的治療模式，以及社工在住院、門診醫療服務中的角色及面對的挑戰。

貳 精神醫療體制下的酒藥癮治療模式

一、成癮的觀點

　　一般對成癮行為有三種思考觀點，1.視成癮為一種罪行：認為成癮行為是對某些倫理或道德規範的拒斥，是一種缺乏責任感、道德敗壞、邪惡及缺乏意志力的人，他們極易受到誘惑且沒有能力抵抗；2.視成癮為一種疾病：是一種在體質上與代謝、基因、遺傳有關的疾病，具有慢性化、強迫性、易復發的特性；3.視成癮為一種適應不良行為：主張成癮行為是經由「塑造學習」而成，亦即受制於環境，甚是認知等關聯條件之下，而導致的行為問題。

　　疾病模式觀點因具有排除道德責難、簡易教導及減除個人罪惡感的優點，為精神醫學界大為倡導，認為成癮是源自遺傳或脆弱體質，由於不明原因的體質機制，使得成癮患者一旦服用了少量的藥物，就會引發其更強烈服用的渴望（craving），最後導致了強迫性的過度使用，而個人並無法控制這種促成成癮行為產生的機制，這是一種疾病狀態，因此成癮者有充分的理由獲得照顧關懷

與治療。所以來醫院求助者為病患，病患受苦是因罹患了「癮病」及因此病所帶來的心理社會適應議題；醫院的各項設施與醫療服務，皆為以減緩或去除病患的痛苦、改善並提升其生活品質為目的；因此，與病患關係密切的家屬、親友，則被醫療人員視為病患治療及復健過程中重要的支持來源。

臺灣在民國 87 年 5 月 21 日所公布的《毒品危害防制條例》中即具有此精神，也就是說採取了「病犯」的概念，與過去視之為純犯人的作法有很大的不同，在戒毒工作中則發展了「生理勒戒」－「心理戒治」－「追蹤輔導」等三階段的戒毒體系。現行《精神衛生法》中第三條對於精神疾病的定義為：「指思考、情緒、知覺、認知、行為等精神狀態表現異常，致其適應生活之功能發生障礙，需給予醫療及照顧之疾病；其範圍包括精神病、精神官能症、酒癮、藥癮及其他經中央主管機關認定之精神疾病，但不包括反社會人格違常者。」同時適用《精神衛生法》相關法規的規定，顯示在臺灣已從法律及政策面，明白揭示酒癮及藥癮為一種需治療的疾病。

在精神科醫院與戒癮者的工作經驗過程中，筆者發現以疾病觀點作為吸食毒品的個人因素時，可減除個人道德敗壞的烙印及降低對家庭、父母過失的責難，並導向為共同預防疾病復發而努力，在此共識下個人的努力、環境的支持（通常是家庭成員、父母為主）與相互間的互動溝通，在臨床上是同等重要。

二、精神醫療模式下的戒癮服務

目前國內提供藥癮治療的醫療院所，大致可分為一般醫療及精神醫療。前者僅提供戒斷期的身體不適，藥癮者稱為「打排毒針」；精神醫療除了以短期住院處理戒斷期的不適，更透過心理治療、團體活動來增強其戒毒的動機及學習有效的社交、自我肯定等技巧預防復發，以減輕或解決心理上的依賴。

也就是說，精神醫療院所下的戒癮方案，以短期住院的戒斷症狀治療為主，並輔有門診藥物治療、個別及團體治療等。精神醫療觀點認為：1.物質濫用行為是一種「自醫」的方式，是因為人處於憂慮與焦慮狀態，才會使用藥物來減輕其症狀，因此，治療上就針對主要精神症狀加以處理；2.物質濫用後影響中樞神經，而且在心理社會層面有不良適應，引發精神病變，所以在治療上

是針對藥物濫用，一旦不再藥物濫用，則精神病理亦隨之改善；3.精神病理與物質濫用分屬兩個獨立的診斷，必須同時治療（修改自林信男，1994）。由此可見成癮者的心理治療多伴隨著精神醫療的問題，這是其他模式較無法取代的部分。

總之，精神科住院治療以短期二至三週的解毒治療為主，初期在安全的醫療環境中，透過二十四小時的密集監測病患健康狀況變化，隨時提供必要的藥物與醫療支持服務；在戒斷症狀緩解後就開始進行個別會談或團體治療、衛教活動，希冀透過認知、行為或教育取向團體心理治療引發病患戒癮動機、預防復發技巧學習，此外銜接出院後的門診治療方案如維持療法，或連結社區戒癮方案，例如戒酒無名會、福音戒毒機構等。

綜觀各精神科專科醫院對於戒癮治療階段，多可區分為急性戒癮期（建議住院）、出院之後密集輔導期（關注生理健康的恢復、心理建設）、社會生活重建期（著重關係的修復、回歸社會角色的扮演），所以門診戒癮服務方案，採取團隊工作，包含醫師門診提供的藥物治療，心理師、社工師、護理師等不同專業人員所提供的衛教、個別、家庭或團體治療，不同形式的介入目的皆在減緩或解決個人因成癮問題所造成身心健康、家庭關係、人際互動等不同層面的問題。

民國 94 年衛生署開始推動「毒品病患愛滋減害試辦計畫」，替代療法為其中一大工作項目[1]。替代療法採「減害」、「維持」概念，於臨床上以門診方式長期提供成癮性及毒性皆低之替代性藥物，接受替代療法的成癮者需配合衛生教育、定期身心健康檢查評估及尿液篩檢、團體或個別心理治療等復健方案，以降低其對海洛因的渴求、欣快感，同時可維持、穩定日常生活作息與功能，減少毒品對個人、家庭及社會的傷害。

在精神科的美沙冬門診，病患需要配合醫囑規律地服藥，雖然在作息上受到了限制，但對於有動機戒癮的患者而言，免除了追藥的痛苦、降低了金錢的花費、躲警察的不安與痛苦，加上家庭成員見到成癮者有意願改變且出現效果

1　參考 103 年反毒報告書，110-112 頁。

時，也會開始逐漸接納其回歸家庭生活，整體的生活品質獲得改善。替代療法改變了精神醫療對海洛因戒治服務以住院為主的戒斷症狀治療方式，轉變由門診方式給藥，戒癮者對於戒癮的目標也有不同的選擇——維持或完全戒除。

　　法務部自 97 年修正《毒品危害防制條例》第二十四條後，使緩起訴處分附命完成戒癮治療取得法律基礎，101 年又擬定「防毒拒毒緝毒戒毒聯線行動方案」、102 年 6 月修正毒品戒癮治療實施辦法及完成治療認定標準，將第二級毒品正式納入緩起訴處分附命完成戒癮治療範圍[2]；以司法的強制力協助毒品成癮者在社區內接受戒癮治療，並基於「除刑不除罪」的觀念推廣，成癮者可選擇是否進行醫療戒治換取撤銷假釋觀護、緩起訴等處分，加上有更多元替代療法藥物的選擇，門診也出現了自願來院就醫的成癮者。社工人員所扮演的角色有二：其一為戒癮團體帶領者，團體帶領方案及相關技術等可參考本書第7 章；其二考量此方案中參與成員若未符合補助者，需要自行負擔治療費用，為協助完成療程，社工針對經濟弱勢者，將接受門診醫師或個管師轉介，予以經濟評估及適當經濟資源補助的連結。

接受精神醫療戒癮治療的病患

一、成癮者的就醫歷程

　　實務上發現，酒癮患者一開始會到醫院是覺察身體病痛、健康惡化、失眠、情緒低落等，尋求醫療的協助，進行各項身體檢查，例如肝膽腸胃科等；當幾次進出綜合醫院，醫師對其宣告束手無策後，才開始接受醫師建議到精神科就醫。然筆者發現，酒癮患者重複就醫比率不低，他們在多次追酒經驗學到以住院作為「踩剎車」的方法，也就是開始有「18667」[3]的徵兆時，就趕緊住院，避免無法收拾的後果。

2　參考 103 年反毒報告書，118 頁。
3　「18667」：臺語發音，形容喝酒情況失去控制，也就是追酒現象。

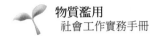
　　而其他物質使用者，可能是因為法院要求、有醫療補助（衛生局或矯治機關提供治療補助計畫）、怕被再關、沒錢、對自己角色的期待、重要他人的關懷與支持等，開始想要戒除毒品而尋求戒毒，或因毒品引發明顯精神症狀、情緒衝動難以控制，而至精神科尋求協助。所以到精神科就醫有時是自願、有時是在家人鼓勵勉強下半推半就，甚至是進入強制治療流程而開始醫療介入。

二、成癮患者精神科的就醫經驗

　　筆者整理臨床上成癮患者到精神科戒癮的經驗，期有助於專業人員思考在提供戒癮方案時，有更符合其需求的設計：

（一）面對精神科病房住院的汙名化

　　個案會對喝酒喝到要到精神科戒酒感到丟臉、擔心自己被認為是精神病患。曾經有個病患說，當自己覺得酒喝到快失控或身體難過時，就會自行整理行李到醫院住院，家人就會說他是出國玩。

（二）住院對戒癮的正面效果

1. 隔離的環境

　　「隔離」雖然有「被關」、「失去自由」的感覺，但同時具有「控制癮頭」、「讓心情沉澱」、「重獲新生」的意義，所以一住院就可以停酒或遠離毒品誘惑，因為那道緊閉的門無法隨時開啟。

2. 規律的作息

　　相對於住院之前因為追酒、追藥而導致飲食失衡、睡眠混亂、健康不佳等問題，透過規律的作息安排，包括起居時間的規定、活動的安排，提供讓身體休養的機會，這是個案認為住院最直接的效果之一。

3. 藥物治療

　　停酒／藥會經歷戒斷症狀的痛苦，服用處方用藥可以減緩身體因戒斷症狀所產生的不適、改善入睡困難或易醒的現象；住院時的藥物使用效果，亦可在醫療人員的監測下隨時調整。之後，進行戒酒／藥計畫時，醫療人員則會提供病患輔助戒酒／藥的藥物，例如戒酒發泡錠、拿淬松、替代藥物等，病患可考慮是否使用。

4. 身體健康檢查

對病患來說，最關心的是「毒品或酒精對我造成了多少的影響？」所以住院期間各項實驗室檢查的結果報告，對病患來說具有提醒與警惕作用。

5. 團體衛教或治療

在病房每日的團體中，病患可以因專業人員所提供的不同團體內容，思考自己與毒品或酒精產生的相關議題；同時也因知道其他病友的經歷而心生警惕，相反的因遇到重複住院的病患，發現戒毒／酒真的很困難，也會產生失望、挫折的感受。

6. 門診治療

門診追蹤主要在提供藥物治療及心理諮詢，前者在於改善睡眠或其他情緒狀態，後者則是預防復發。對病患而言，維持與醫生穩定的醫病關係，有助於在需要住院時即時安排床位住院。再者，固定的返診，獲得醫師的鼓勵，也會增加病患成就感及自我肯定。最後，當規律的門診成為作息的一部分，病患會因此控制使用量，不致於失控。

肆 接受精神醫療戒癮病患的主要照顧者

筆者認為主要照顧者經常遇到照顧上的困難，且面對「逐漸失去成癮者」[4]的狀態，這其實是一種失落；然在其彼此（病患與照顧者）互動過程，許多的主要照顧者同時也經歷創傷的經驗，一種惶惶終日的憂慮與恐懼，回想起仍心有餘悸。在精神醫療社會工作中，我們視家屬或主要照顧者為病患重要支持來源，以提供患者於住院或出院期間所必需的協助。但家屬或主要照顧者在面對病患吸毒或酗酒的事實，通常會有複雜煎熬的心理歷程，如前文所述；所以當我們在面對家屬時，如果能嘗試理解家屬的經歷，則更能提供合宜的介

---

4 「失去成癮者」的失落反應：成癮者的家人或親友，會感受到成癮者個人行為在各方面的變化，有種「他」已不是我認識的「他」的感覺，隨之而來的是調整與「他」的互動方式及對彼此「關係」的期待。

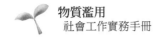

入服務。臨床上常見主要照顧者的情緒階段及心理歷程如下：

一、否認

　　成癮者的家屬，在震驚的當下，通常會歸咎是「結交壞朋友」、「一時好奇」、「他將會迷途知返」等；有時會以「他是因為夫妻感情不好」、「工作不順利」、「自我要求高」等為由借酒澆愁，認為是罹患「憂鬱症」。

二、憤怒、羞愧與罪惡感

　　有位母親每當節慶返鄉就會面臨親友的詢問：「○○還再吸毒？有再戒嗎？咱家族沒人這樣……」這位母親有深深的羞愧與罪惡感，經常自問：「我怎會教出這樣的小孩？」；或者身為人妻面對旁人關切：「○○心情不好，妳就讓他、多安慰他」、「可能要再溫柔一些，他才不會一直想到外面喝酒」等。無論是將內心的挫折情緒向外投射或歸罪於自己，這種「為何我會遇到這樣的事情」的心情，經常讓主要照顧者苦不堪言。

三、進退維谷的矛盾心情

　　主要照顧者經常在接受與否認事實之間拉扯，有時拒絕事實，幫成癮者掩飾或修飾酗酒的行為，例如明明是酒醉無法上班，卻代向公司以「生病」或「家裡有事要處理」為由請假，此時心裡或也存有一絲希望，認為「這會是最後一次」；有時會想乾脆撒手不管，落得輕鬆自在，進退之間身心煎熬、常怨嘆命運造化弄人。

四、沮喪、失落、憂鬱

　　主要照顧者或為人父母，原本對成癮者懷有著「望子成龍、望女成鳳」的期待，或為人配偶則編織著「白頭偕老」的夢想；一旦發現既成的事實無法改變，也就是一再經歷成癮者保證「這是最後一次」的誓言破滅下，心理上開始陷入無助、無奈，不知是否要再選擇相信？是否要選擇結束關係？或者面對自己對此關係原有期待的調整？

五、想要忘記的創傷經驗

成癮者受物質的影響，時有暴力或失控行為發生，在隨時處於不可預知下一刻會發生什麼事的情況下，主要照顧者常感到心力交瘁、處於驚恐當中；曾經有位海洛因成癮者的母親說：「他在『啼』時，往往六親不認好像變了一個人，我看了很害怕，他要出去我不敢攔他……」；另一個安非他命成癮患者的母親，則因為病患在家內搗毀神明牌位、與另一個兒子扭打成傷的暴力行為，在病患送精神科住院後連夜搬家，向工作人員表明：「不想再想起，那實在很恐怖，不知道下次是否會拿刀……」。

六、接受現實是放下抑是放棄

理想中接受現實的狀態，應是已能接納失落為生命的一部分，視此失落對生命具有啟發性與意義，並得到學習與成長。在臨床上，主要照顧者選擇放下或放棄，經常與病患是否能持續分擔家庭責任？是否對家人有暴力行為？是否有違反法律行為等因素有關；曾有一位年邁的母親，因兒子酗酒二十年間不斷進出醫院，與社工會談時說：「總以為他婚姻失敗、失志是一時的，總有振作的一天，但這次我看破了，我拜託里長幫他申請低收入戶，現在取得資格了，我老了無法再處理他的問題了，以後就交給政府……就當作我沒了這個兒子。」之後病患幾次住院都是救護車送來，酒醒後總是自行辦理出院，再也不見他的老母親。

當主要照顧者為配偶通常對關係不再有期待，會選擇離婚出走徹底結束婚姻關係；或維持婚姻形式，重新安排家庭結構，以維持日常家庭生活功能的運作。後者例如：病患阿牛已酗酒二十餘年，身為長嫂的阿牛太太，因捨不下年幼子女，同時也在多年不離不棄、任勞任怨的情況下，贏得家族及三位子女的敬重，雖然子女長大了也無牽掛，但她覺得已無離婚的必要；病患阿燦也是酗酒多年，表達酒是他的小三，他絕對不會放棄，所以和妻子達成共識，只要阿燦想喝酒就不要回家，回家時務必要讓年幼子女聞不到酒味，夫妻也避免為喝酒在小孩面前起爭執。

伍 社會工作處遇

一、住院醫療工作場域的特性

誠如前文所述，精神醫療模式下的戒癮服務，以解毒期的戒斷症狀提供針劑或藥物，減緩病患身體、精神上的不適及疼痛為首要，病患住院療程時間的長短則依使用物質而定，通常為二到三週，也就是說在三週左右的住院期間，醫療團隊需要快速地確定診斷、訂定治療方向、執行出院準備計畫。

無論病患以門診或急診方式住院，病房團隊在病患進入病房時，即開始進行病患的接案會談。首先，醫生會收集病患此次住院的原因、使用何種物質（最近一次使用？使用頻率？有無戒癮的經驗？以何種方式？效果如何等）、症狀的表現程度、過去治療的病史、排除其他診斷、採集尿液及血液進行各種生化檢查，以及相關的生理心理功能評估；護理則會向病患及家屬說明住院常規及測量病患生命跡象；在初步了解病患物質濫用史後，社工人員會與主要照顧者進一步會談，了解其對成癮物質的認識；如何面對病患使用成癮物質的現象；對此次住院治療的期待；出院後的計畫及可能需要的協助；收集與個案／案家內外部支持網絡關係；尤其在司法議題部分會主動了解及詢問，諸如涉及《家庭暴力防治法》、《兒少法》或其他法律訴訟等事件。

精神醫療模式強調團隊合作，當不同專業人員回到病房後會進行醫療團隊會議，由主治醫師整合各專業成員意見，討論出治療及出院準備計畫的共識。

二、急性病房社會工作流程

（一）工作取向

筆者認為危機處理、問題解決及任務中心導向的社會工作觀點，是精神科急性住院病房可參照的工作架構，也就是要能在短時間進行病患與其環境相關資料收集、評估、形成工作目標並執行處遇計畫，而最終則為病患能在住院中獲得需要的醫療服務，出院後能有好的支持網絡，以延續疾病所需的復健。

（二）急性病房社會工作流程

在上述工作取向下，筆者嘗試就以下流程圖來說明，病患住院後社會工作

人員如何與病患及主要照顧者一起工作：

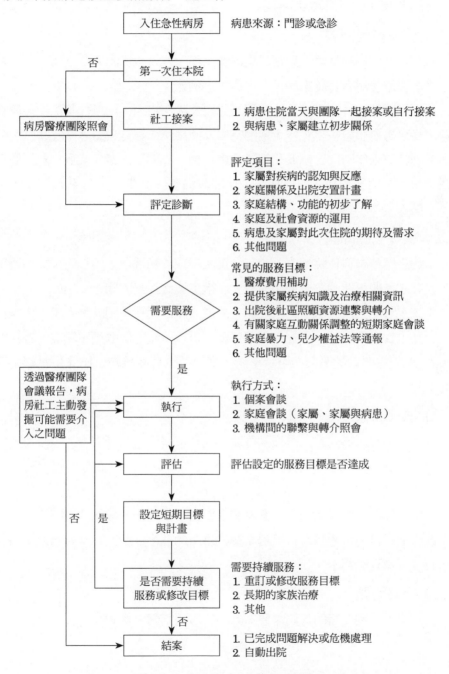

圖 9-1　急性病房社會工作流程

三、臨床常見的問題與需求

（一）醫療費用問題

當病患至精神科就醫，通常已經影響工作，連帶也影響了家庭所得，住院所衍生的醫療費用有時對家庭是一大負擔。例如：

A 小姐目前十九歲單身，此次因為想要戒除海洛因，所以住院治療。高職畢業，從事專櫃小姐售貨工作，稱因為男友使用所以好奇也跟著一起嘗試，吸食海洛因約有兩年時間。個案父親為公車司機、母親為工廠作業員，對於個案想戒毒感到高興與支持，然而海洛因住院戒治屬於自費[5]，此筆費用對家人帶來不小壓力。

（二）家庭互動問題

當病患至精神科住院治療，多有物質濫用或依賴現象，與疾病拉扯的過程中，家庭成員間可能因各種情緒糾結，而衍生彼此互動的問題。例如：

H 先生五十五歲已婚與太太同住，二名成年子女在美國就讀大學；H 先生自述因為主管喜歡喝酒，且經常要求部屬下班後一起吃飯喝酒、續攤，長期以來導致 H 先生與案妻衝突與爭執不斷，案妻甚至考慮離婚，H 先生希望還有機會挽回。

（三）法律問題及福利諮詢

病患受物質影響對家人有施暴行為，或為家庭暴力的受害者，已涉及違反家庭暴力或兒童及青少年相關法令，醫療工作人員本於職責有通報責任。例如：

B 女士此次住院戒酒前，與案夫發生衝突，B 女士明顯臉部有瘀青狀況，已至醫院進行驗傷，考慮是否提起家暴告訴；此外，B 女士有一發展遲緩的兒子，有早期療育的需求。

（四）戒癮問題

當個案感受到戒癮的迫切需要，就開始展開行動。例如：

5　詳細收費項目及標準需洽各醫院。

E 先生離婚育有五歲女兒，住院前偕女兒與母親和大哥同住；因長期使用安非他命產生幻覺、整天疑神疑鬼，在住院期間見到與自己一樣是吸食安非他命的病友及其他病患有各種幻覺等現象，擔心自己繼續吸安也會變成「神經病」，開始詢問出院後可以到哪裡戒毒。

（五）安置問題

長期使用物質的病患，隨著個人體質或病程的變化，在酒精代謝後仍存有精神病狀、逐漸退化成酒精性失智症，家屬在需要維持現有家庭功能情況下，在病患出院後即需要以機構式照顧替代家庭照顧。例如：

T 先生五十歲已婚，長期飲酒達二十年以上，家人發現 T 先生記憶力及判斷力越來越差，獨自外出甚至會迷路找不到回家的路，在就醫後接受醫師建議進一步觀察與治療。在病房中發現，T 先生每天均會重複打包行李說要回家、也不太認得工作人員，在工作人員安撫下可以回病房，然而這樣的情況每日都要重複好幾次。

四、社會工作提供的服務

依據上述急性病房工作流程圖，工作人員透過與個案或主要照顧者會談收集資料，並於必要時與相關社政單位或機構聯繫，進行完整評估便以擬訂工作計畫，以下是社工經常會提供的服務內容：

（一）醫療費用的補助與轉介

當醫療費用成為病患就醫的障礙時，社工人員就會開始進行初步的經濟評估，進一步連結各慈善基金會的醫療或急難補助。

（二）家庭或婚姻關係協談

出院準備服務計畫中，工作團隊會與家庭及病患討論可行的方向，並達成共識，針對病患出院返家之後面臨的衝突，進行個別或家庭的聯合會談；長期需要婚姻或家庭治療，則會轉介家庭治療門診。

（三）法律通報與諮詢

第一線的社工人員在進行接案或經其他團隊照會，發現病患可能是家暴的

加害人或被害人後，會與被害的一方聯繫或會談，說明法定通報責任、通報後被害人可得到的服務與協助等。

（四）戒癮機構轉介

精神科的住院以戒斷症狀治療為主，當病患開始有戒癮動機後，除了考慮出院後的門診方案及個人環境，有時也會透過社工人員說明戒毒歷程、協助聯絡福音戒毒機構等。

（五）安置及福利資源的提供與轉介

1.有時病患因長期濫用某種物質後，會產生因該物質引起之合併症，例如長期飲酒導致科沙科夫氏精神病（Korsakof-fs psychosis）[6]，家屬在面臨出院返家照顧的困難，或者有共病現象，也就是同時具有精神疾病診斷，所以出院後的照護機構，會與家屬討論後，選擇適合的慢性精神科醫院、養護中心或護理之家等。2.另一種狀況是個案家庭解組、無主要照顧者或固定居所，則須評估個案本身功能、疾病預後情況，檢視個案福利身分是否完備？進行機構媒合與轉介。

五、住院病患團體工作

成癮戒治病房，提供多元化的團體治療，維持每日一個戒癮團體，由團隊成員分別帶領，例如醫師的「疾病衛教、戒癮藥物介紹」，目的在提供正確治療資訊；護理師主持「生活討論會」，了解及解決病患住院生活的適應情況，進行睡前「放鬆團體」教導放鬆技巧；心理師的「預防復發團體」以戒癮動機促進及預防復發為目的；社工師的「讀書治療團體」透過不同主題，引導成員了解其家庭關係與溝通型態，或戒癮相關議題；藥師則提供病患藥物諮詢；此外每日均有職能治療師透過體能活動，讓病患得以舒展肢體、活絡筋骨。

以筆者帶領「讀書治療團體」為例，說明急性住院戒癮團體的實施經驗：

6　是一種大腦退化與小腦的病變，因缺乏維他命 B1 所致。症狀有近期記憶喪失、周邊神經病變、慢性智力及情緒衰退、肝硬化等，其損傷為永久性、不可回復的。參考高雄市立凱旋醫院衛教資料。

（一）團體設計與進行

1. 以「認知行為」、「改變理論觀點」及「互動式讀書治療」為實施理論背景及技巧，帶領者為催化引導角色。

2. 設定團體目標為成員「戒癮動機的覺察」或「戒癮動機增強與維繫」。

3. 團體性質與成員：為開放單元性團體設計、邀請生理戒斷已達緩解的病患。

4. 進行方式：

    (1) 每週一次，每次約六十分鐘。

    (2) 確定本週邀請參與成員後，團隊評估成員改變階段及特質，由帶領者選定適合的閱讀材料，並於團體前一天邀請成員並予資料事先閱讀，以協助成員進入團體。

5. 團體進行順序：帶領者說明團體進行方式、成員自我介紹、邀請成員輪流朗讀文章、議題尋找、形成及討論、成員對團體及自我的回饋。

（二）團體實施結果

1. 成員組成：診斷為酒精依賴或酒精戒斷成員，年紀多以三十到五十歲男性為主；該次參與成員單使用同一種物質，較易形成話題及凝聚力。

2. 選讀文章雖未提到任何與酒精或毒品相關字眼，但成員往往會主動與個人使用物質做連結；當文章內容提及「酒」或「毒品」相關議題時，成員容易因此引發共鳴，對個人住院、團體的目標產生認同。

3. 當文章內容以「健康」為主時，容易引起成員在經驗上的共鳴，包括生理、情緒、睡眠、壓力等話題；若文章是以「關係」為主時，成員會分享使用物質前後與家人關係的改變；而無論是強調「健康」或「關係」的文章，常是成員目前困擾的現象之一，以此容易引發成員戒癮的動機。

（三）結論

1. 在病患快速流動的住院病房情境，每次團體均需以獨立單元設計。

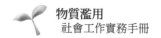
2. 閱讀媒材的提供，有助於團體議題的快速形成及聚焦。

3. 對於閱讀困難的成員，可透過團體成員朗讀，協助理解並進行討論。

4. 針對急性病房戒癮團體，需要較多指導性，媒材的選用同時扮演資訊提供的功能。

六、家屬團體工作

在醫療系統中，我們視家屬為病患重要支持來源，所以家屬對於疾病需有正確的認知、需要了解資源網絡、需要知道如何與病患相處，所以筆者嘗試針對酒藥癮家屬辦理家屬衛教活動。

（一）活動設計與進行

1. 目的：參與成員透過活動過程，對物質濫用及治療方式有合宜認識，透過成員經驗分享有互相支持效果。

2. 進行方式：邀請團隊工作人員進行短講，談論疾病知識、資源的認識與運用、壓力調適，並由社工擔任引導家屬經驗分享的角色。

3. 期間：兩個月一次，每次兩小時。

（二）團體實施結果

筆者於民國 92 年任職專科醫院，與同事以週末上午共同辦理住院病房家屬座談會，但三場活動經驗，參與人數不過二十人次，出席的成員發現以青少年或青年前期父母親為主；之後，考量照顧者出席人數少，而未再辦理。

（三）結論與建議

1. 成員低出席率之原因：首先筆者在聯絡邀請過程中，發現已婚住院病患的主要照顧者，經常需負擔家中經濟，多以需要工作無法參與婉拒；或者，酒癮患者離婚後與家人同住，但父母也多年邁，無力參加；許多病患與家人關係或衝突或疏離，表示戒酒／戒毒是他個人的事，他會戒最重要；再者，病患與家人正面臨法律訴訟問題，為利害關係之兩造雙方；最後，甚有病患家庭關係解組，根本就沒有主要照顧者。

2. 工作模式的選擇：在病患短期住院治療期間，照顧者則需兼顧家庭其他成員及個人生涯，所以能即時給予支持及提供解決問題方法，以穩定家庭日常功能運作應為首要，而工作人員所提供的教育取向的活動，是否貼近此階段照顧者的需求，則有待商榷；此外，從文獻中我們了解照顧者長期面對病患成癮行為，往往導致人際關係疏離、情緒困擾等現象，如果能在門診或社區發展支持或自助的同質性團體，或能提供照顧者選擇。

醫院社工人員的工作挑戰

一、維繫家庭支持度的衝突與選擇

病房社工角色在面對家暴事件時，具有通報義務，但在出院準備服務的計畫過程中，卻又希望家庭能提供最重要的照顧角色，無論在婚姻暴力中誰是被害人、加害人，一旦進入家暴事件程序，即成為利益衝突的兩造，無疑弱化了病患的家庭支持系統。儘管如此，在實務上仍有家屬會因情感難以割捨，與工作人員討論可行方案，例如安置機構的選擇；或者，家屬會負責病患醫療費用，但由個案自行辦理出院，之後採保護令方式因應。

二、戒癮網絡的不足

成癮病患在連續性的治療中，困難在於即使當事人有戒癮動機，卻難有足夠的戒癮機構，或因目前宗教戒毒機構多以基督教為主，導致不同宗教背景的當事人有所疑慮。宗教戒毒機構以信仰為主，採取最少的醫療介入，所以當個案因酗酒或吸毒，導致精神疾病或有較高健康風險時，即無法提供服務，例如：同時罹有精神病症而需長期服藥的共病患者，就會面臨被拒絕的結果。

以收治慢性精神病患的精神社區復健機構，在面對成癮病患，憂慮其恐有人格、法律問題或無法提供適合的戒癮方案，同樣也會以治療環境或復健方案的差異性而拒絕個案。在自助團體的發展上，雖然疾病模式透過專業教育訓練

已逐漸被專業社群所接受，但相較於歐美國家戒癮者或戒癮者家屬自助團體的蓬勃發展，臺灣民情較不易接受，所以在轉介上仍有可及性的障礙。

三、薄弱的工作人員網絡

　　「身癮易戒、心癮難除」甚至「一日吸毒、終身戒毒」是戒毒的警語；而在戒癮工作中，與個案談到怎樣才算戒毒／戒酒成功？他們往往會笑著說：「四釘子釘下的時候。」（蓋棺論定）復發率極高、成就感極低、工作危險性，再加上烙印的議題，讓成癮者處境更邊緣化，同時也對應了工作人員在工作條件的邊緣化，即使是精神醫療專業人員對於成癮者亦存有排斥感，願意投入此領域之工作者少，而投入此領域後常又有耗竭感覺（burn out），所以在專業經驗累積上更形困難。

染 結語

　　臺灣精神醫療在成癮戒治的發展，深受國家政策、健保制度及社會觀感等因素影響，實際上並無一個完全收治成癮患者的病房設置，多是在急性病房將床位數進行不同診斷患者收治比例之配置。但筆者認為精神科病房的社會工作方法，同樣適用於成癮患者及其照顧者，然對於投入此領域的社工人員而言，具備各種物質作用、成癮患者及其照顧者特質，以及資源網絡的認識是基本能力，一旦與此族群案主有較久的接觸及工作經驗，也就能掌握其經常遭遇的議題及需求，且可以選擇適當的工作方式及時回應案主在不同階段的需要。

　　另社工人員在精神科的工作角色與功能，經常被認定是與照顧者工作或轉介資源為主，但在此領域中支持網絡卻非常薄弱與不足，若僅守醫院病房或門診業務，只會增加工作挫折及無力感。所以在物質濫用領域中，應當了解從宏觀到微觀系統中所處的位置及角色功能，例如國家整體反毒策略所採用的價值觀點、法律制定，到各方資源如何投入合作，個人所處機構的方案及治療計畫等，如此才能從脈絡中找到自己的定位。

參考文獻

林信男（1994）。**藥物濫用**。臺北市：菊井。

衛生福利部、法務部、教育部、外交部（2014）。103 **年反毒報告書**。臺北市：衛福部。

Chapter **10**

司法體系矯治社會工作

——王思樺

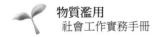
【案例】

　　阿龍手中捏著一封信走進戒治所會談室，眼神中露著憂慮，社工還未開口，阿龍急著向社工訴說打報告見社工的原因，阿龍說昨天所方接到家裡電話通知母親病危，阿龍心中對媽媽有千萬個歉疚，但似乎還來不及向媽媽訴說，自小媽媽母代父職將一家老小養大，自己在家中排行最小，也最受家人與媽媽疼愛，但在中學期間，因為不喜歡念書，喜歡和校外人士混在一起，久而久之就不去學校，也學會逞兇鬥狠，跟著人家在賭場混，覺得錢得來容易，終究慢慢染上一些不好的習慣，像是賭博，甚至使用安非他命好讓自己可以賭上幾天幾夜都不會累，但在賭場上沒有人會是一輩子的贏家，人說十賭九輸，阿龍說自己也是一樣，只是就算不賭，自己還是持續想要使用安非他命，沒錢了，就找媽媽要，總是用不同理由讓媽媽掏出錢來，阿龍知道家人很不諒解，老婆也因此離開了，但自己說什麼也不願意讓老婆把孩子帶走，最後還是留給媽媽照顧。

　　這次進來戒治所也不是第一次被關了，詐欺、竊盜、毒品吸食的前科沒少過，但每次媽媽還是帶著大包小包阿龍愛吃的東西來探視接見，每一次在會客窗阿龍總是握著電話向媽媽承諾會改，媽媽沒懷疑過，也相信她眼前的這個孩子有一天會變好，阿龍說這次媽媽沒有來，因為走不動了，自己也不敢奢求家人有一天會原諒自己，手中這封信一直不敢寄出，因為還是那些承諾，他知道家人收到也一定不會拿給媽媽看，他知道就算媽媽看了，自己也不知道這次是不是真的可以戒掉他用了半輩子的安非他命，阿龍覺得好累，但想到孩子，他知道自己還有責任未了……。

壹 社工角色與職責

　　司法體制中，矯正機關所屬的戒治所是目前唯一有法源依據，將社工正式納入組織中提供服務的單位，目前在部分監獄也有設置社工，但所服務的工作內容大部分為家暴性侵業務，戒治所社工則專責提供戒治所中受保安處分之戒

治人，或是犯司法上毒品案件之毒品犯的處遇服務。因此以下司法體系中的矯治社會工作，將僅針對矯治體系中戒治所社工的工作內容，以及戒癮服務進行介紹。

87 年訂定「法務部戒治所組織通則」，為使成癮者進入監所系統中接受專業人員提供一定程度的處遇，明定社會工作人員等專業人員在矯治體系中的位置，並訂立「戒治所組織準則」，該法條於 101 年因政府機關組織改組而廢止，後改為「法務部矯正署戒治所辦事細則」，從該細則中可粗窺戒治所或監所社工的工作職掌。

第五條社工科掌理事項如下：

一、受戒治人入所指導。
二、受戒治人之直接及間接調查。
三、受戒治人之指紋及照相分類。
四、受戒治人家庭、社會關係評估及處理。
五、社會資源之運用。
六、受戒治人出所後之聯繫。
七、其他有關社會工作及調查事項。

以上法律明定的職責，是社工初出現於矯治體系中被認為必須執行的業務，另外社工在監所十多年的發展下，也產生更多切合社會工作專業服務的職責，如：

一、個別或團體諮商與輔導。
二、課程編排與教授。
三、個案出所轉銜與安置。
四、社會工作教育與督導。

職責的演變始自於社會工作角色的定位，筆者透過莫黎黎（2003）列出的

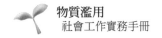
五類社會工作者角色，分享社工於監所中是如何呈現這些角色，以協助在矯治系統中的成癮者，並以阿龍的案例為例，說明角色呈現的方式：

一、臨床和行為改變的角色

工作者可以是使能者（enabler）和諮詢者（counselor），幫助個案產生希望，並提供建議幫助個案解決問題，朝既定目標邁進。因此社工在面對阿龍這樣一個有多年成癮經驗的個案，因成癮問題復發反復出入監所，使阿龍自我概念低落，不相信自己有能力面對自己的問題，因此社工必須在會談過程中，或以優勢觀點的做法強化個案自我效能，幫助阿龍從過去尋找成功經驗，透過正向經驗強化個案內在能量，誘發個案改變動力，或許透過此次案母的特殊事件，幫助個案再次省思自己需要改變的原因，透過親情、運用個案可能的愧疚感，再次強化個案改變動機。

二、諮詢和教育的角色

工作者也是提供個案知識和資訊一個很重要的來源，因此成癮和戒癮的專業知識，成為在此環境中的工作者的必備條件。成癮者進入監所這樣一個封閉體系，是個案難得可以從用藥情境中暫停的機會，難得的清醒讓個案開始不受成癮物質控制而思考及學習，大部分的個案就像阿龍一樣開始反省，尤其面對在乎的對象可能離開的時候，社工除協助處理個案當下情緒，並了解當時情境或許是一個阿龍願意改變的契機，下一個步驟就更顯重要，社工必須要有能力提供阿龍適當的戒癮資訊，以及幫助個案建立正確的成癮概念，讓阿龍能夠了解戒癮的歷程，以及學會復發前、復發後的因應技巧。

三、仲介和倡導的角色

「仲介」也就是轉介，是幫助個案連結資源的角色，而倡導者是更進一步幫助個案創造資源，並解決問題。阿龍主動找社工會談表達目前處境，社工需要敏感察覺個案的需求，了解阿龍是否有需要電話聯繫案家，或是社工協助了

解案家的狀況，降低個案目前的無助感。阿龍的狀況若非監所一般程序可以處理時，社工必須以特殊個案幫助阿龍提出申請，向機關倡導阿龍可以行使的權利。另外，阿龍未成年子女的照顧問題，也將是社工必須與阿龍討論的部分，如果案母無法照顧，在阿龍出所前誰能照顧，是否有需要轉介社會局或所外社福機構，也是需要考量的部分。

四、個案管理者的角色

　　成癮者的問題多半複雜，需要整個社會系統、家庭系統、醫療體系的介入，個案管理工作的角色變得不可或缺，社工必須要有能力轉介、整合與監督服務的輸送，讓個案的問題得以改善。身為阿龍的主責社工，必須接觸阿龍在教室的主管、衛生科的護士或藥師、所內其他諮商人員如心理師或其他社工、案家、社福單位等。與主管間的互動是為了解阿龍在班級與舍房的適應狀況，就案母生病的突發事件與主管聯繫，請主管關注並安撫阿龍情緒；與衛生科互動是為了解個案目前身體狀況，以及是否有服用精神科藥物或是醫生評估結果；與其他諮商人員互動是為了解阿龍在與其他人員輔導時的進展與狀況；與案家互動是為了解阿龍在所外的實際狀況，以及案家的支持度；與社福單位互動則是為了協助阿龍解決目前的子女照顧問題，或是出所後的就業問題等。個案管理者的產生，是以系統的觀點在協助處理個案的問題，希望個案的問題可以有所進展與改善。

　　莫藜藜提出的角色還有**研究者**和**評估者**的角色，但除了以上角色，筆者認為還有**支持者**，在個案進行改變的歷程中給予心理上的支撐，或是個案如阿龍在監所中遭逢變故或特殊重大事件時，讓其穩定心神，不致做出錯誤決定；**協調者**，當個案利益與機關利益有衝突時，社工往往成為被推上火線的角色，在不損及個案權益的狀態下，協助雙方產生皆可接受的結果；**經驗傳承者**，社工在面對新夥伴的加入或是實習生進入工作領域時，教導相關經驗以降低新手摸索的時間。

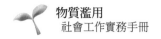

物質濫用
社會工作實務手冊

貳 服務程序

服務流程說明，如下（見圖10-1）：

1. 新收接案：個案因違反《毒品危害防制條例》入監所執行時，不需申請，社工須主動進行調查評估並開案。

2. 直接調查、間接調查：社工須完成主管機關要求對個案之制式表格，針對直接調查部分，了解個案的基本資料，包括生日、教育狀況、就業狀況、家庭狀況、用藥史、家人聯繫方式等，以及詢問個案是否有未成年子女需要政府介入協助，並通報高風險家庭；間接調查部分，主要是發文警察機關了解個案在當地風評、與家人鄰居互動狀況、是否有組織犯罪等問題，以及去信案家了解案家對個案的觀感、個案用藥的原因、對於個案犯案的想法等。

3. 社會工作處遇需求評估：社工針對個案進行家庭狀況、工作狀況、用藥狀況等全面性一對一評估，以了解個案入所後的身心狀況。

4. 擬定處遇方案：透過社會工作處遇需求評估，設定個案未來工作目標，如戒癮問題、自我探索、情緒管理、失眠問題等，進行個別諮商輔導及團體輔導，並了解個案特殊需求，如子女照顧問題、父母照顧問題、家庭經濟問題、健康問題、精神問題等，評估是否需要進行轉介其他人員或是機構。

5. 出監所準備計畫：個案回歸社會前，評估個案出所後的資源，了解個案未來工作計畫、居所等，提供適當協助，如安排中途之家、協助就業、安置或戒癮機構安排等。

6. 出監所評估：參與所內會議，提供個案停戒審查之參考。

7. 監所外追蹤輔導：出所後之受戒治人需追蹤輔導至少半年，以了解個案出所適應狀況，提供心理上的支持以及相關資源的轉介。

8. 結案：社工在矯治體系所中的社會工作是一系列陪伴的歷程，從入監所到出監所幫助個案度過難關，這些難關對有些人來說或許微不足道，但是對系統中的個案而言，卻是一輩子的功課。

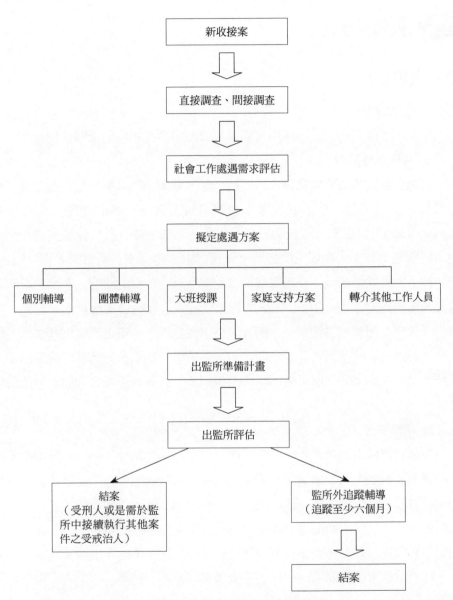

圖 10-1　服務程序流程圖

叁 服務內容

一、直接服務

（一）個別輔導

以下筆者僅就社工於監所中，面對物質濫用者常出現的議題進行說明：

1. 入所適應問題

成癮者在面對法律制裁後進入監所，部分個案因為是第一次入監服刑，在對於監所文化不甚了解的狀況下，會出現短暫適應不良的問題。國外學者Hayes（1989）曾指出入監服刑的第一個七十二個小時，被公認是高自殺風險期，特別是第一次入監服刑的犯罪者更是危險，適應不良的原因多樣。Sykes（1958）對美國紐澤西一戒護層級屬高度安全管理監獄的研究，可稍加說明收容人適應不良的原因，Sykes 的研究認為受刑人入監後會面臨自由之剝奪、物質與受服務之剝奪、異性關係之剝奪、自主性之喪失、安全感之剝奪痛苦，因此社工必須在協助個案處理成癮問題前，先解決個案眼前的困難，接受已經入監所的現況，知道如何應付監所中的潛規則，學習新的因應方式面對目前的新環境。

2. 戒癮問題

非法物質濫用為個案入所的主要或次要原因，也為社工個別會談中必須觸及的議題，個案面對成癮議題則有不同反應，部分個案會否認自己成癮，並將問題歸咎於毒品政策；部分個案知道自己有問題，但不準備改變；部分個案知道自己有問題，但不知道怎麼改變；也有個案會說自己已經在改變，並且出去絕對不會再用，社工必須要有能力評估個案的狀態，始能做出適當的處遇，但社工在面對個案成癮問題時，也需警覺個案「操弄、操控」的議題，也就是說個案所說的話是否真實呈現現況，或是僅是為達某些目的而說。

3. 情緒管理問題

UCDavis 在美國《物質濫用處遇期刊》（*Journal of Substance Abuse Treatment*）中曾發表一篇研究，表示安非他命使用者需要至少花一年的時

間，才能重獲衝動控制的能力，先不論衝動控制是成癮的成因或是結果，但可見衝動控制會是伴隨個案成癮問題的議題，在控制需求極高的監所體系中，個案必須學會適應，知道如何控制情緒，當個案缺乏情緒控制能力時，社工又該如何協助個案做好情緒管理，一般來說可以利用結果思考（consequence thinking）的方式來抑制衝動，強調個案的衝動行為會導致違規，進而延長監禁的期程等，但對於少數個案這樣的方式仍屬無效時，個案進入違規考核房時，更是幫助個案學習承擔結果的一個契機，社工需要利用契機強化個案改變動力。

4. 親密關係問題

成癮問題會不會影響親密關係？在筆者的經驗裡，部分成癮者與其另一半有共同使用成癮藥物的問題，出監所後若雙方仍繼續共同生活，有一方仍在用藥，這會讓個案更難維持戒癮（不使用）的狀態。部分成癮者因為本身成癮問題，在社會上的親密關係多半是因為毒品而結合，或是根本無心力維持穩定的親密關係，因此在會談時也會提及自己在親密關係上的無力感，以及沒有自信的部分，社工需要幫助個案釐清成癮與親密關係間的關係，了解個案對親密關係的期待，幫助個案認識何為健康而穩定的關係。

5. 子女撫養、教育問題

王瑞婉（2006）在其論文中，整理出兒童或青少年因為父母服刑而產生種種影響，如生活不穩定、分離創傷、發展危機、心理問題、偏差行為等，於監所中服刑的個案並不是不知道子女的問題，很多時候個案認為無能為力，或是逃避自己該承受的責任，又或根本不知道該如何處理逐漸疏離或是崩壞的關係，Dodge & Pogrebin（2001）提到在許多的研究中顯示，被受刑人列為最關心的就是與孩子的疏遠，個案並不是不在意，很多時候個案正經歷心理學中所謂習得性無助（Learned helplessness），他們也會有照顧孩子的挫折感、罪惡感，對自己感到失望，甚至害怕失去監護權。社工在議題上的處理，除了協助個案正視自己的缺憾、學習彌補，以及增加親職教育，也要幫助個案了解其法律上的權利與義務。

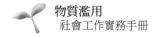
6. 精神疾病

成癮者初入監所可能因戒斷症狀，而出現短暫的精神方面問題，如憂鬱傾向、幻聽、幻覺、失眠等，或是本身精神疾病與成癮產生的共病問題，造成進入監所時，出現生活適應或是人際相處的障礙。個案可能需暫時或是長時間於病舍生活，社工需要協助個案提升其病識感，配合必要的醫療處遇，降低個案精神疾病或戒斷症狀惡化的可能性，其他收容人或是管理人員對於精神病人的刻板印象，可能讓個案在人際關係上居於弱勢，社工必須敏感於個案是否因此遭受不當對待，給予個案適當支持。

7. 失眠問題

當社工詢問個案生活適應狀況時，失眠為個案最常抱怨的問題之一，失眠的原因有很多，但繼續探究時會發現，失眠其實是個案其他問題的表徵，個案可能正因某事而焦慮，如擔心病重的家人、家中經濟窘境、是否可以順利呈報停止戒治、正在上訴的販賣官司、舍房中的人際問題、房友的打呼聲等，有些失眠問題只是暫時，但也有部分個案是屬長期失眠的患者，需要仰賴助眠藥物才得以入眠。有時社工必須陪個案看見，助眠藥物的使用也有可能是自己成癮問題的轉移。

8. 悲傷輔導

親人過世可能是所有個案最不想遇見的問題，腳鐐手銬返家奔喪是最不得已的情況，能回家看最後一眼，或許還能稍減心中遺憾，但有多少人的家屬是不願意個案用這種方式回家個案獲知親人的逝去，除面對失落的議題外，也重新逼迫個案面對家庭問題，因為若無家屬協助個案申請返家奔喪，監所無法協助戒護返家，個案必須和家人協商回去看親人最後一眼。社工陪伴個案度過失落的歷程，在失落中重新找到力量，繼續自己的人生旅程。

9. 自殺和自殘

個案在所中因為生活不適應、人際問題、官司問題等，讓個案產生憂鬱進而出現無望感，而有自殘或自殺的情形，此時對於個案的處遇模式會是以科際整合的形式出現，不僅是社工，心理師、戒護人員、精神科醫師都會在同時間介入，精神科醫師評估是否需要服用藥物，戒護人員會加強對個案言行上的監

控，以確定其人身安全，心理師或是社工則針對個案心理問題持續提供輔導，降低個案自我傷害的風險。

10. 健康問題

因個案入所停止使用成癮物質後，個案的注意力回歸至自己身上，個案會發現自己「突然」有很多健康問題，如心血管疾病、胃潰瘍等，往往這些健康問題是個案於所外自我照顧不良的後果，但或因經濟狀況不佳，社工需要幫助個案尋找醫療上的補助，或是個案對監所就醫規定不了解，社工必須幫助個案與其他科室溝通，此外個案在情緒上有時也會因罹病而出現憂鬱的狀況，社工的支持與安撫，或是相關疾病相關知識的提供，也可大大降低個案情緒狀況的惡化。

11. 法律問題

許多個案入所並非僅有單一吸毒問題，很多成癮者涉入其他司法問題，如竊盜、重利罪、販賣毒品，在監所外個案遁入其成癮世界不願面對，但一旦入監所後，法院可以隨時傳喚，個案必須面對自己的司法案件，部分個案才開始重視本身權益，社工就其所知提供意見或是轉介其他單位，也提供社會資源如法律扶助會，維護個案權益。

12. 出監所前準備計畫

對於長刑期的個案面對長期監禁，往往造成出監後社會適應問題（楊士隆等，2007），短刑期或是戒治個案雖入監所時間不長，但回歸社會也需面臨家人信任或是工作、居住問題。出監所前社工與個案需多次討論了解個案需求，與個案共同評估出監後可能面臨的問題，做好因應的準備，社工協助工作轉介，透過就業服務站或是監所中就業媒合活動預做準備，無處所居住者，安排中途之家；有心持續戒癮者，則轉介社區戒癮機構；有精神疾病或是身心障礙者，則做好協助返家的準備。

（二）團體輔導

近年來，團體處遇已被認為是具治療性和有效性的方式，在同時也逐漸被認可為在針對難以處遇的對象的治療方式中，是最兼具治療效果和經濟效益的處遇（Brook and Spitz, 2002），團體社會工作的優點在許多文獻已被驗證，所

以不再贅述,因為團體處遇的功效,監所近年來也逐漸發展出各種型式的團體主題,如戒癮團體、人際關係團體、自我探索團體、家庭關係團體、生涯規劃團體,來處理成癮者的問題,以下筆者僅針對監所中進行團體社會工作時,比較常見的特殊議題進一步說明:

1. 抗拒

進入監所中接受處遇的個案,除大部分屬於非自願性案主的被動角色,團體處遇對許多個案而言,是嶄新而陌生的方式。初進入團體,成員常以幾種樣態表露抗拒的心態,消極的方式如我不會寫字、我不會表達,或對於領導者的問題,以「不知道」或是「沒有」的說法應付;積極的方式,如我有其他事不能參加、直接向領導者表達不想說等。領導者需要敏感個案抗拒的原因,提出適當的邀請,於團體初期設定團體規範,回應時給予個案思考的空間,如果可以在個案充分了解退團可能衍生的問題時,接受個案退出的選擇。

2. 挑戰領導者

團體成員有時會視領導者為壓迫的角色,將憤怒的情緒轉移到領導者的身上,譬如成員會質疑團體對其戒癮的有效性,或是認為領導者所帶領的方式無法提供其任何幫助,此時領導者的態度決定成員未來與其是同盟或是敵對的角色,成員很多時候試探多於挑戰,領導必須避免掉入成員的陷阱,開放而誠實的態度往往可以引領團體脫離這樣的窘境,領導者接納成員的意見並開放團體其他成員的參與,將焦點放回團體而非領導者與成員雙方的恩怨,秉持團體問題由團體共同解決的信念,回應成員的挑戰。

3. 團體議題失焦

議題失焦的問題常會與「團體外事件的影響」一同產生,因為監所的封閉性,成員彼此間在團體外也是共同生活,因此在教室或工場發生的特殊事件,成員在進入團體時往往會持續討論,或是形成不同的次團體,影響團體的進行,領導者必須決定是要邀請次團體的討論至團體或是結束該討論,但原本團體議題可能會因為領導者的邀約而轉向,無法完成既定安排的團體主題,領導者接下來需考量當下的團體動力,以及評估什麼是團體當時認為重要的事,作為決定接下來討論的方向。

4. 團體外衝突的延伸

當領導者無法選擇團體成員，或是無法掌握成員於團體外人際互動的狀況時，團體外的人際衝突往往會帶入團體中，領導者常常會不解為何不論怎麼努力，團體動力依舊如死魚一般，或是感受到某些成員間的言語互動譏諷意味濃厚，領導者可以利用團體暫停對現況進行討論，或是已經了解成員間的問題時，進行團體內或團體外的調解，最壞的狀況是避免再次衝突，退團也是必要的選擇。

團體的特殊狀況還可能是團體成員於團體外發生特殊狀況，如親人死亡等、沉默等，讀者可以在其他團體工作教科書中找到適當因應方法。

（三）家庭關係處理

監所中對家屬聯繫的部分需要比外界更審慎處理，最主要是矯治體系的特殊性以及過去的封閉性，不容許社工人員隨意與家屬聯繫，社工需考量聯繫的必要性後，才能進行並做通聯記錄。此外，監所在家屬會客時或是監所家庭活動如懇親、家屬座談等，勢必要安排與家屬會談，或是進行家庭諮商。在監所中常見的家庭關係問題有：子女照顧、長者健康照顧、家人長時間未連繫、夫妻或親子溝通不良、家人對個案的不諒解、個案在所的健康問題或經濟問題等，社工成為個案與家屬間溝通的橋樑，但盡量避免成為傳話的工具，社工必須清楚知道自己行為的目的為何。示範什麼是良好的溝通，或示範解決問題的方法，而非越俎代庖，讓個案誤解了社工的功能。

（四）出所後追蹤輔導

犯使用毒品罪的個案出監所後，雖已有各縣市毒品危害防制中心進行社區關懷，以及警察機關每三個月一次為期兩年的驗尿檢查，但依規定社工同樣需要對受戒治人進行至少半年的追蹤，先不論是否是工作上的要求，就專業關係上，社工持續關心也有助於個案回歸社會後的生活穩定度，因個案出監所後開始實際面對各種曾經於會談室討論的問題，社工所教授的方法是否實用，又面臨到什麼困難，都可以透過追蹤或是個案主動連繫時進行檢視，更重要的是不斷鼓勵以增強個案正向能量，並持續提供建議與支持。

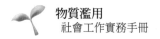
（五）社會資源轉介

「轉介」是社會工作者本身或是所處機構無法提供協助時，進行連結資源的能力，矯治社工雖主要服務對象為矯治體系中的個案，但以系統的觀點，我們很清楚知道問題不僅是個案本身，很多時候家庭也會是服務的對象，但受限於社工服務的場域性，社工必須結合其他資源全面性地解決問題，如將未成年子女照顧問題通報社會局高風險家庭外，並會依急迫性考量轉介機動性較高的民間機構，如紅心字會、慈濟、家扶中心等；獨居老人照顧問題也曾轉介弘道老人基金會等；家屬支持問題則轉介社區戒癮單位如毒品危害防制中心、利伯它茲基金會等；個案醫療經濟問題則轉介醫院社服室以專案處理。社工必須依據個案或家屬問題提供資源連結的服務。

二、間接服務

在社工間接服務的範疇中，進行社會工作行政業務，如公文處理、外部單位參訪解說、活動方案設計、工作成果評估等，以及對內部員工、社會人士進行教育宣導、同仁在職訓練、對新進同仁、在學學生提供督導等工作。

肆 矯治系統中常用的社會福利資源

社工將以監所內個案其面臨的問題，進行相關資源連結，表 10-1 僅羅列筆者較常使用的資源或轉介機構，其他資源則依個案的問題特殊性機動處理，無法逐一列於表 10-1。

表 10-1　矯治系統中常用的社福資源

類型	名　　稱	資格及內容請參閱以下網址
家庭照顧	社會局高風險家庭通報	https://ecare.mohw.gov.tw/
	特殊境遇家庭補助	http://www8.www.gov.tw/policy/welfare/page_01-02.html
	（中）低收入戶補助	http://www8.www.gov.tw/policy/welfare/page_01-06.html
	紅心字會受刑人家庭服務	http://www.redheart.org.tw/index.php?code=list&ids=11
	慈濟慈善事業基金會	http://www.tzuchi.org.tw/index.php?option=com_content&view=article&id=237&Itemid=387
	台灣兒童暨家庭扶助基金會	http://www.ccf.org.tw/?action=ourservices_domestic&class_id=7
法律救助	法律扶助基金會	http://www.laf.org.tw/tw/a2_3_1.php
安置	遊民收容中心（針對無工作能力者，無戒癮需求）	透過各縣市更生保護會進行申請
	人力派遣中心（有工作能力者，無戒癮需求）	暫不提供詳細資料
就業	就業服務站	http://www.ejob.gov.tw/link/public/public1.aspx
職訓	職業訓練中心	http://www8.www.gov.tw/policy/2009career/page1-4.html
*戒癮相關資源可參照本書其他章節。以上各網址擷取時間點：2014 年 11 月 8 日		

伍 矯治社工的工作困境與挑戰

一、轉介困難

雖社會上的社會福利機構、公益團體眾多，但能提供成年更生人的機會卻相對貧乏，社工在轉介的過程中常遇到走投無路的窘境，如果連熟知資源的社工都有如此感受，更遑論個案常會接收到不被社會所接受的感受，當社會資源難以運用，多數個案會從身邊的資源開始，但這或許也是重蹈覆轍的開始。

二、輔導成效受監禁的場域或人員影響

社工在場域中提供輔導，幫助個案脫離自我貶抑的心態，提升個案自覺與幫助個案增權，增加個案正向能量，但一旦離開會談室，個案又會回到高壓的控制，什麼是自決？什麼是增權？當管教人員一聲令下，個案仍須遵照辦理。又以一個有憂鬱傾向的個案為例，當輔導人員竭盡所能讓個案情緒能夠平靜下來，當個案回到舍房，一個不了解個案狀況的第三者質疑個案的狀況只是假裝，冷嘲熱諷下個案情緒又回到不穩定的狀態。

三、戒癮知能無法立即實際運用

環境的監禁固然隔絕個案持續使用成癮物質，讓個案可以清醒地面對自己成癮所衍伸的問題，但個案在學習戒癮方法後，重新回到原來環境，在機構所學常常不敵當下成癮物質的誘惑，個案往往得再進入矯治體系後，又重新看見自己在當時沒有學會的部分。因此在監所，社工常就戒菸的歷程來幫助個案模擬出監所後可能會面臨的誘惑或是衝動，藉以幫助個案事先準備，但大部分的個案不願戒菸，因為他們認為這是他們在所中最放鬆的時刻。

四、權力位階的不對等

雖在會談中社工不斷保證談話內容不會對個案在所內表現有任何的影響，但實際上就是因為與個案權力不對等，才會需要不斷保證，這樣的保證是為了

將來建立專業關係，以及降低因為權力地位不同造成個案的信任問題。但社工必須對自己所擁有的權力負責，知道如何正確利用，以幫助個案獲得最佳權益（Jupp, 2005）。

五、超載的個案負荷量

在臺灣，社工多數面臨個案負荷量過大的問題，就過去經驗監所中也沒有所謂的適當個案量，有多少個案就得做多少，因此到底該如何進行個案管理也考驗著社工人員的經驗、專業與良知，社工對個案問題處理先後順序，因為個案問題的急迫程度、個案改變動機、個案積極度而有排擠效應，社工只能不斷自我提醒，盡其所能試著回應每一位案主的需求。

六、各專業科際整合間的問題

因為成癮問題的複雜性，讓各專業間有互相合作的必要，但因為專業背景養成的不同，以及主體利益的不同，各專業間對個案相同問題有不同的考量以及因應方式，因社工身為個案的個案管理者，需要學習如何進行協調，降低因為專業間衝突損及個案利益的問題發生。

七、持續性專業督導的困難

督導是助人工作上一種自我成長的方式與力量，同儕督導是目前戒治所社工較常進行的督導方式，互相提供專業上的指引與建議，或是各自尋找機構外的資源，自我充實，為工作中的瓶頸找答案；團體督導的部分因為需要外聘老師，則在經費許可的狀況下有一餐沒一餐的進行，持續性的專業督導是理想，也是戒治所社工心中的盼望。

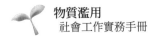
陸 結論

　　成癮者進入矯治體系只是其成癮故事中的一小章節，有些人有幸從中學會教訓，從此不再使用，有些人卻一直在這體系中流連，而在矯治體系中的社工能為他們或是為他們的家庭做些什麼？雖然社工的功能提供我們可以做的角色指引，但成癮問題的複雜性，讓社工在進行直接或是間接服務的過程中，也一同與個案及其家人經歷受挫、成長、蛻變的歷程，助人工作是幫助他人也成就自己的一個事業，助人工作者唯有不斷學習以及維持正向信念，才有力量與這些戒癮者共同努力。

參考文獻

一、中文部分

王瑞婉（2006）。女性受刑人的親職困境與需求之探討。**網路社會學通訊期刊，52。**

王瑞婉（2003）。隱藏的家庭——受刑人家庭現況初探。載於「**2003 兒童少年保護——從家庭做起」國際研討會論文集**（187-209 頁）。

莫藜藜（2003）。社會個案工作的意義與發展。載於許臨高（主編），**社會個案工作——理論與實務**（14-18 頁）。臺北市：五南。

楊士隆，林健揚（2007）。**犯罪矯正——問題與對策市**。臺北市：五南。

二、英文部分

Brook, D & Spitz, H. (2002). *The group therapy of substance abuse*. New York: The Howarth Medical Press.

Hayes, L. (1989). National study of jail suicide: Seven years later. *Psychiatric Quarterly, 60*, 7-29.

Jupp, V. (2005). Issues of power in social work practice in mental health services for people from black and minority ethic groups.*Issues of power in social work practice in mental health services for people from Black and minority ethnic groupsCritical Social Work,Vol. 6, No. 1.*

Sykes, Gresham M (1958). The Society of Captives：A study of a maximum security prison. *Princeton University Press.*

From "UCDavis health system": Brain functions that can prevent relapse improve after a year of methamphetamine abstinence. Retrieved from http://www.ucdmc. ucdavis.edu/welcome/features/20090819_brain_meth/Issues of power in social work practice in mental health services for people from Black and minority ethnic groupsCritical Social Work / Archive Volumes / 2005 Volume 6, No. 1 / Issues of power in social work practice in mental health services for people from Black and minority ethnic groupsCritical Social Work / Archive Volumes / 2005 Volume 6, No. 1 / Issues of power in social work practice in mental health services for people from Black and minority ethnic groups

Chapter **11**

毒品危害防制中心的個案管理模式
——林曉卿

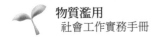
【案例】

　　阿龍目前是毒品危害防制中心固定追蹤的個案，從出監那天起，他總不定期會接到個案管理師小娟的電話，小娟從阿龍在監時就輔導過他，所以對於阿龍的基本狀況已經有些了解，在阿龍出監後，小娟在第一個月就打電話關心他生活適應的情況，後來甚至到阿龍的家裡家訪。

　　阿龍在這次入獄服刑前本來在工廠上班，因為入獄工作丟了，剛出去時以為原來的工廠還缺人，但實際去問才發現已經沒有工作機會，就這樣在家休息了一兩個月，心裡漸漸著急起來。

　　小娟現在每個月都固定會和阿龍電話聯繫，在第三個月打電話給阿龍時發現他竟然還在失業中，於是小娟直接建議阿龍可以去就業服務中心登記求職，一開始阿龍覺得公家機關不可能幫自己找到工作，就直接拒絕了小娟，但在下個月小娟又打電話給阿龍時，阿龍想與其自己一直找不到工作，何不透過這樣的管道試試看，於是就讓小娟轉介自己的資料到就業服務站，然後也依安排好的時間過去諮詢，沒想到，隔了一個月，阿龍被媒合到市公所的清潔隊上班，雖然是短期的工作，但比起一開始完全沒有工作，沒有收入，心情整天焦慮，現在這樣的生活過得踏實許多，生活也漸漸開始上了軌道……。

　　小娟社工系畢業後就進入毒品危害防制中心工作，剛開始想到要輔導用過毒品的人就覺得擔心，但是在一次又一次的接觸後才了解他們一直反覆用毒的原因，另外小娟也研讀這方面的相關資料，讓自己在面對他們時，比較能用正確的知識理解，降低個案的防衛心，才能評估個案真正的需求，加上中心資深同仁的協助，定期辦理的各項督導、訓練及個案討論，讓小娟在實務上漸漸能得心應手。除此之外，因為成癮者通常都有很多方面的問題，例如經濟、就業、醫療等，所以在幫他們找資源的過程中，和相關局處的同仁建立溝通管道也很重要，目前中心都會定期召開聯繫會報，遇有窒礙難行之處時，也能透過會議的討論而解決，惟有各單位都能互相配合，在需要連結資源時，才能適時提供個案需要的諮詢和轉介，讓他們盡快回歸正常生活。

　　經過一段時間的摸索後，小娟發現，有用過毒品的人在出監後，最重要的是建立正常的生活模式，同時和過去用毒的朋友及生活圈切割，因此她會評估

個案現有的資源及條件，透過不斷關心以及提供諮詢的方式，讓個案看到自己的問題，並激發想要改變的動機，如果是政府單位能夠提供的協助，例如低收入家庭的申請、替代療法的轉介或是就業輔導，則盡量在提供諮詢後，協助個案主動洽詢，以提高資源的使用率，增加順利復歸社會的可能性。這段時間以來，小娟發現如果能在半年的密集追蹤過程中讓個案穩定下來，其實會再復發的風險會變小。這份工作雖然辛苦，但是小娟也漸漸找到了成就感……。

 # 壹 毒品危害防制中心概論

　　毒品危害防制中心的成立有其歷史背景，但其最大的象徵意義則是在於政府轉化過去僅限於查緝的角色，開始將毒品視為一涵蓋各層面，且需透過政府力量主動出擊之議題。尤其依規定，各地方政府均需成立毒品危害防制中心，透過政府的力量及在地化，使該項資源的使用更具可近性，對於成癮者的復健處遇實具有指標性的意義。

　　本文將從毒品危害防制中心的成立談起，續以其主要功能為主，讓讀者對於整體運作有一基本的了解。內文資料多來自官方網站及相關法條，由筆者整理後精簡說明，讀者若想進一步了解相關法條內容，建議可直接至法務部網站閱讀。

一、歷史背景

　　毒品危害防制中心的概念最早起於民國 95 年 6 月 2 日的行政院毒品防制會報，當時的行政院院長裁示各縣市政府應成立毒品危害防制中心，負責地方毒品防制工作，使毒品防制工作由中央推及地方，形成垂直、橫向聯結的緊密反毒網絡。此外，因法務部本身為毒品防制的主責單位，因此民國 95 年 8 月，由法務部主導毒品危害防制中心的政策走向及組織分工，並於同年年底，各地毒品危害防制中心陸續成立。在這個背景下可以看出，毒品危害防制中心的成立是由上而下，由中央直接指示地方成立的實務單位，但非一獨立運作的

新機關，也因此各毒品危害防制中心，均由各地方政府由本來的行政部門各自任務編組而來，且無增加預算及人力。

在「法務部推動地方毒品危害防制中心業務工作計畫」中，清楚說明當前政府的反毒策略應由「斷絕供給」轉向「降低需求」，且應特別著重一般民眾及高危險群之拒毒預防教育宣導，以避免增加新的吸毒人口，並且提供毒品成癮者的戒治、心理復健、追蹤輔導等服務，協助其戒除心癮，順利復歸社會，避免再犯；藉加強「拒毒」、「戒毒」面，有效降低毒品的需求，佐以積極查緝斷絕毒品供應，以發揮最大反毒成效。

由此可見，毒品危害防制中心的功能定位不僅限於一級預防，甚至有很大的服務重點在於協助成癮者的復歸，因此納入更多的醫療概念，視成癮者為需積極治療的病人，強調社區處遇的重要，這和過去對毒品問題單純以查緝為主要目標、對成癮者直接施以監禁處分的概念大不相同。和過去相比，對地方政府而言，最大的挑戰即是在於承接這群過去從未接觸過的個案群，且尚需提供適切的心理復健及追蹤輔導，在現有的人力之下又增加此項業務，成為各地方主政者的一大難題。

二、系統整合

由於出監後的毒品成癮者，行蹤掌握不易，再犯機率高，因此提供社區處遇本身即是一項高難度工作，而在服務的輸送面，牽涉法務、警政、社政、醫療、職訓、教育等多個單位，因此當務之急即是建立一個有效的跨部會協調管理制度，以及一個貫穿各部會相關部門信息流通的機制，以掌握成癮者的動態，並提供心理復健及追蹤輔導等各項服務。

有鑑於此，法務部於民國 96 年 5 月著手規劃「毒品成癮者單一窗口服務」，建立跨部會運作標準作業程序，並經由資訊系統規劃推動過程，探究業務層面須配合改善的問題。該系統於民國 97 年 12 月建置完成，民國 98 年 1 月辦理試辦作業，5、6 月辦理系統推廣。民國 100 年上半年納入出軍監毒癮

者及替代役毒癮者，民國 103 年則納入地檢署轉介之緩刑、緩起訴及假釋個案。另外法務部資訊處還建置毒品成癮者總歸戶整合資料庫，提供動態統計分析及研究應用，使毒品危害防制中心專責輔導人員（個案管理師）能透過資訊系統，充分掌握毒癮者即時資訊，以全程管控後續輔導階段與各項作為。

另建立「戒毒成功專線管理系統」，透過戒毒成功專線提供二十四小時免付費由專人接聽服務的方式，讓所有想戒毒的個人及家庭，可不受時間及空間的限制，迅速尋求戒毒治療、緊急安置、社會扶助等資訊。

上述資訊系統的變革對於個案資料的掌握實為一創新之舉，在此架構下，毒品危害防制中心即可針對列管的成癮者，辦理各項追蹤輔導措施，例如出監前銜接輔導、出監後的電訪及家庭訪視，進而提供藥癮者戒癮治療、就醫、就業、就學及就養等各項轉介服務。

三、任務編組

地方毒品危害防制中心的成立，最初的實際推動者為中央主管機關法務部，其確立中心的各項架構及運作內涵，而各縣市政府則配合法務部的指導、地檢署人員的推展，逐步建立地方毒品危害防制中心的架構。由於地方政府和毒品防制最相關的單位為衛生局，且替代療法及愛滋病防制等業務均由其負責，故衛生局在毒品危害防制中心的成立之初，即為主要的負責單位。

在組織架構上，由於毒品危害防制中心尚未法制化，無獨立的人員編制及預算，故目前的業務均為兼辦性質，各分組工作則主要由業務相近的局處為主責單位。現依組織架構說明如下：

（一）組織架構

中心設有主任一名，由地方政府首長兼任，副主任則由副地方首長及主任指定人選兼任，下設諮詢委員會及志工服務隊，另成立預防宣導組、保護扶助組、轉介服務組及綜合規劃組等四組。

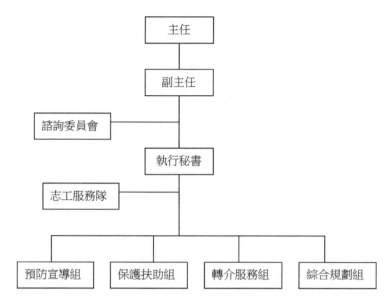

圖 11-1　毒品危害防制中心組織架構圖

註：此為主要架構，各中心得依當地資源及特殊情形（包括人力、配置、組名等）自行調整。

（二）諮詢委員會組織與功能

　　毒品危害防制中心得聘請當地地方政府局處相關人員、學生校外生活輔導委員會執行秘書、公立醫院院長、就業服務中心或就業服務站主任、地檢署主任觀護人、矯正機關首長、觀護志工協進會理事長、更生保護分會主任委員等與本中心業務相關人士擔任諮詢委員，由中心主任擔任召集人，定期召開諮詢委員會議，就中心業務推動提供諮詢意見。

（三）志工服務隊

　　為利用社會資源，廣納志工協助推動業務，毒品危害防制中心得招募各界熱心人士組成志工服務隊，並設隊長一人，承執行秘書或各組組長之命協助推動業務。中心並應負責組訓、人員講習。

（四）毒品危害防制中心各組具體作法

1. 預防宣導組

　　由教育局整合各相關局室，與司法、警政等機關共同推動，其任務功能以

建立毒品危害的觀念，而能拒絕毒品，故定位為「拒毒」。重點區分為校園預防宣導及社會預防宣導，分別側重推廣校園毒品危害預防宣導與防制教育，以及社會毒品危害防制宣導管制濫用。其任務分工為：

(1) 負責毒品危害預防宣導，宣導對象為各級學校學生、各機關及員工、各民間社團、各社區民眾、高危險情境宣導，如八大行業、網咖、電子遊樂場、旅（賓）館等場所、地檢署受保護管束人、更生人、少年法庭受保護管束人，及毒品濫用者的家屬。

(2) 推廣毒品危害防制教育及家庭重建觀念。

(3) 毒品危害防制資料收集分析研究及編印。

(4) 其他預防宣導有關資料事項。

2. **保護扶助組**

由社會局整合各相關局室、司法、警政機關等共同推動，其任務功能為設立中心專線電話接受即時諮詢，並提供施用毒品者或其家屬各項諮詢服務及輔導。其任務分工為：

(1) 辦理電話專線諮詢服務，其內容為：設立獨立專線諮詢電話、廣告宣傳專線諮詢電話、設立志工及輪值，以及辦理諮詢人員專業訓練（使了解接受諮詢的回答技巧，內容包含鼓勵戒毒、減害計畫、戒毒方法、程序、戒毒機構及資源等）。

(2) 辦理心理輔導、就業輔導、法律諮詢、危機處理、追蹤輔導等，其內容為：由社會工作師、心理師或專業輔導志工受理施用毒品犯或其家屬之初步協助，提供必要心理輔導、社會支持及社會福利資源之諮詢，或轉介相關福利資源單位，提供進一步協助。

(3) 將具工作意願及能力之個案，逕行轉介至各公立就業服務機構，目前個案來源有三：A、入監轉介資源評估個案：針對即將出監個案進行就業需求評估，待個案出監後立即轉介，以加速個案服務時程。B、毒品危害防制中心追蹤個案：如個案有就業需求，必要時得請個案至勞工處，依就業服務轉介單的指標逐項評估後，再由毒品危害防制中心統一轉介。C、戒成專線求助個案：填列評估表

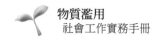
後，由值班人員逕行轉介。

上述個案依就業服務中心所訂之轉介表進行評估後，再行轉介至該中心提供後續就業及職訓協助，並定期回覆就業或參加職訓情形。

(4) 辦理家庭支持性服務方案，其內容為：協同相關人員組成資源評估小組，入監針對即將出監個案進行資源轉介及評估，協助復歸社會。另辦理有益成癮者及其家屬身心的相關戒癮講座、關懷活動及支持團體。

(5) 其他毒品危害防制保護扶助事項。

3. 轉介服務組

由衛生局、社會局整合各戒毒醫療院所、民間公益或宗教戒毒團體提供施用毒品者戒癮服務，並辦理後續追蹤輔導。其任務分工為：

(1) 辦理轉介衛生署所指定醫療機構門診提供心理諮詢、愛滋病的篩檢、治療，或民間公益、宗教戒毒團體戒癮治療。

(2) 建立轉介戒癮治療處理流程及戒癮者檔案。

(3) 辦理毒品防制及戒癮狀況分析與統計。

(4) 辦理毒癮個案轉介參加替代療法：配合中央政策，藉由完善替代療法轉介流程，鼓勵藥癮者參加替代療法，幫助更多藥癮者降低對毒品的依賴。

(5) 出監所毒品犯的追蹤輔導，其內容為：建置出監所、緩刑或主動求助毒品犯的資料，並予追蹤輔導，對接受醫療或收容補助的施用毒品者，應提供後續轉介服務，並得依法接受尿液檢驗，以避免再次施用毒品。追蹤輔導對象為：A、假釋或緩刑付保護管束的毒品犯，由觀護人執行。B、出監所後自願接受更生保護的毒品犯，由更生保護會執行。C、出監所後接受戒癮醫療及參加減害計畫的毒品犯，由醫療機構執行。D、施用毒品未被發覺時，自動請求治療者（即零犯），由醫療機構執行。E、出治療性社區的毒品犯，由醫療機構執行。F、視受追蹤者個別狀況，協調或轉介相關機關執行追蹤輔導。

(6) 辦理入監銜接輔導：為擴大服務對象，定期進入監所進行個別及團體輔導，做為個案復歸社會前的準備，且能有效銜接藥癮個案出監後的各項轉介服務。

(7) 其他轉介服務事項。

4. 綜合規劃組

(1) 整合各組實施方案，依目標擬訂毒品防制年度工作計畫，其內容為：協調有關局室召開會議，研議服務內容，辦理方式及主協辦單位及各組提具各組實施方案，並據以執行。

(2) 定期召開會議，管考及追蹤各組工作進度與績效，並定時呈報，其內容為：與各相關單位及民間機構，共同建立合作模式及各組定期與各相關單位及民間機構召開會議，進行協調溝通。

(3) 辦理人員訓練研習及其他綜合性業務。

(4) 毒品危害防制中心總務事項。

四、經費補助

法務部自民國 95 年起至民國 97 年，主要以動支第二預備金的方式，補助地方毒品危害防制中心辦理反毒業務，自民國 98 年度起，則由法務部及衛生署共同編列預算補助，而民國 99 年 11 月 24 日修正公布施行之《毒品危害防制條例》第二條之一規定，縣市政府應編列預算，由專責組織負責毒品防制工作，但考量各地方政府財務困難，有賴中央經費補助。故法務部遂於民國 102 年訂定「補助地方毒品危害防制中心辦理強化藥癮者輔導處理計畫」，補助地方毒品危害防制中心相關人力，不足部分由地方自籌，期使地方毒品防制業務穩健發展。

而為有效運用人力及經費，法務部則每年度均審酌各縣市政府財力分級、列管追蹤人數、辦理追蹤輔導成效、年度視導考核成績，據以核定補助金額，嚴密控管補助款，避免濫用。而行政院則逐年編列預算，補助上述追蹤輔導人力，經費的運用則專為補助專案人力費。

貳 社工角色與服務

整體而言，毒品危害防制中心的運作方式就像是一個大型的個案管理中心，透過初步評估後提供就學、就業、就醫及就養等多方面的福利輸送。惟因人員及財務均未獨立，故個案的相關福利仍需由縣（市）政府各主責單位依其需求提供。

目前各地方毒品危害防制中心的主責單位多為衛生局，社會局在任務編組上則屬保護扶助組，因其屬公部門，社工的服務輸送仍不脫依法行政的運作模式，在社會局的架構下，依其被分派的業務內容，針對轉介而來的成癮者個案，評估其需求，並提供相關服務。

除保護扶助組外，毒品危害防制中心長期均有人力編制及經費編列上的困難，為達到全面追蹤輔導的目標，故法務部每年均會編列經費補充相關人力，此部分人力現多分派於衛生局，主要工作內容則為出監（所）成癮者的追蹤輔導。此部分的工作人力現均非正式職缺，均依專案方式以臨時人員之名義僱用。工作項目亦依規定進行。以毒品危害防制中心的個案通報及收案標準來看，可以簡單將工作內容區分如下：

一、轉介服務

目前毒品危害防制中心的個案管理師，其背景多來自護理、公共衛生、諮商輔導及社會工作等科系，而個案管理師在整個毒品危害防制中心的運作中，即擔任第一線的工作，提供直接服務。

提供直接服務的同時，社工員需具備基本的法律知識，尤其是和毒品相關之法令，例如《刑法》、《毒品危害防制條例》、《戒治處分執行條例》等，另外也需對物質成癮有基本的衛生醫療知識。

（一）個案來源

除了個人（含家屬）外，還包括機關的轉介。

1. 自行求助之個案：個案（含家屬）直接至中心、透過電子郵件或是戒

成專線（0800-770-885）。

2. 機關轉介：機關的個案多屬具有司法身分者，例如由矯正機關（甫出監之個案）、觀護人室（假釋中之個案）、更生保護會（更生人）、司法警察機關（含調查局、海巡署及憲兵司令部之個案）轉介而來之個案。

（二）服務內容

行政文書作業及提供服務。

1. 行政文書作業：收案後先行填寫「案主基本資料及追蹤輔導紀錄表」編號列冊並完成電腦建檔。

2. 提供服務：包含透過訪視（親訪或電訪）以了解案主需求及意願，由個案管理師或其他專職人員，就案主需求及意願進行轉介。並於程序完備後，填載轉介追蹤輔導回覆單回復案主與引介機關。

3. 緊急事故（例如：急性戒毒治療、安置、社會扶助等）應立刻處理、即時回應，並於期間內回復轉介機關。

二、出監個案追蹤輔導

（一）追蹤流程

若擔任個案管理師的職務，即需在個案出監前，透過「毒品成癮者單一窗口服務」，掌握轄區內即將出監的個案，並和矯正機關配合，於個案在監期間，進行出所前之銜接輔導。銜接輔導的主要目的在於提早和個案建立關係，以降低出所後的失聯率。

個案一經收案，即進行追蹤輔導，輔導的時間為期兩年，前四個月為高關懷時期，每月均需追蹤輔導；第五至九個月則為中關懷時期，每兩個月進行一次追蹤輔導；第十個月開始，則每三個月進行一次。出所後的追蹤於個案出監當天即展開，若個案處於失聯狀況過久，則會轉由當地警察單位協尋。

（二）服務內容

個案管理師針對追蹤輔導之個案，經評估後可提供的服務範圍有：就學輔

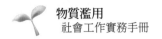

導、法律扶助、經濟扶助、衛生醫療、心理輔導、收容安置、就業輔導及銜接輔導。

（三）追蹤方式

追蹤輔導的方式則包括電訪及家訪。雖然目前追蹤輔導的方式以電訪為主，但在「補助地方毒品危害防制中心辦理強化藥癮者輔導處遇計畫」中特別強調，為深化對藥癮者的追蹤輔導效能，仍須提升家訪服務量能，改以家訪為主，了解藥癮者的不同需求，針對需求提供服務，協助藥癮者戒癮並復歸社會。結案標準依《毒品危害防制條例》第二十五條第二項之規定，毒品危害防制中心需進行為期兩年之追蹤輔導，結案標準如下：

1. 問題改善至預期目標（追蹤二年未再吸毒）。
2. 個案再入監。
3. 無法聯繫。
4. 死亡。
5. 遷出（至外縣市）。

由上述要求可知，擔任追蹤輔導人員需隨時掌握個案的行蹤，除了電話追蹤之外，還需搭配家訪。為確保工作人員自身的人身安全，建議於進行家訪時，應連絡當地警察局協助陪同，以降低工作風險。

三、家庭服務

成癮者的家庭福利服務主要由縣（市）政府的社會局處（所）負責。社會局之社工員的主要工作在於接獲個案主動求助或是轉介機關通報時，即應針對成癮者及其家庭進行需求評估。依其評估的結果訂定個案處遇計畫，並派案至福利服務中心（如高風險關懷服務方案、社會福利中心、單親家庭及外籍配偶服務中心、身心障礙者個案管理中心、家庭暴力及性侵害防制中心等）進行後續協助，並登錄個案清冊。社工員亦應在期間內進行家庭訪視，確認是否開

案，並開始提供相關社會福利扶助。

另外因應推動成癮者家庭支持服務方案，社工員需了解成癮者的個別化需求，建構成癮者家庭之支持系統，藉由家庭支持團體，減輕家屬身心壓力，提供家庭支持性服務。

在實際的執行面，因成癮者本身掌握不易，成癮者家屬擔心被汙名化，因此在推展家庭支持方案時，服務的人口群一直無法擴大。為了解決該項問題，有些毒品危害防制中心的實際作法是直接結合矯正機關，於其辦理家庭方案或是懇親會時入監宣導，透過面對面的懇談，於事前建立關係，掌握標的人口群，待個案出監後，將家庭服務的輸送直接由監所延伸至社區。

四、預防宣導——一般民眾宣導

預防宣導的工作在社區部分，針對一般民眾，強化對毒品防制的相關知識，因此偏重透過社區工作的方式，組織社區民眾，形成社區意識，於社區內強化藥物濫用危害的基本概念。社工員可運用文宣品、舉辦活動等方式，建構三級預防宣導的概念，加強社區內高風險場所之預防宣導。

五、三級預防——防制學生藥物濫用三級預防輔導作業流程

另在校園的部分，需善用三級預防的輔導概念來防制學生藥物濫用。

（一）一級預防

於課程中施以相關的反毒認知教學，教師亦用參加藥物濫用研習課程，所有可預防學生使用毒品的輔導措施，均需善加利用。

（二）二級預防

針對危險因子篩檢高關懷群，進行高關懷群篩檢，於在校期間，以早期發現並介入輔導。主要的作法為尿液初篩及複驗。青少年藥物濫用的問題，在校內由春暉小組（由學校召集導師、輔導老師、學務人員、軍訓教官、家長等人員組成）進行輔導，經輔導後尿液篩檢仍為陽性者，則進入三級矯正戒治階段。

（三）三級預防

經三個月追蹤輔導，尿液複驗仍為陽性者，則由學校結合家長，將個案轉介至毒品危害防制中心、藥癮治療機構及輔導機構繼續處理。使用一、二級毒品者，經強制勒戒或強制戒治出所後，資料將函送地方毒品危害防制中心實施社工追蹤輔導；使用三、四級毒品者，則實施輔導作業，無效者移送少年法院協助處理。

六、多重問題個案的處理

毒品危害防制中心的個案管理師，於接獲通報後即評估個案狀況，如有保護服務需求則將個案轉介至縣（市）社會處（局），並填載轉介追蹤輔導回復單於期間內回復。

在實務工作經驗上可發現，成癮者有很高的比例合併其他問題，在轉介過程中，即常發現成癮者本身或是個案家庭，早為社會局列管之個案（例如高風險家庭、弱勢婦女、特殊境遇個案、低收入戶及兒童保護案件等），遇到該類型個案，社工員應扮演好個案管理的角色，排定問題解決之優先順序，評估各項風險因子，了解資源的使用原則，整合福利服務的輸送。在此部分，為協助藥癮者本身解決問題，社工員需具備基本諮商輔導的功能，提供立即性的輔導，另外在跨部門的資源輸送部分，需扮演整合及協調的角色，若衍生其他問題時，還需及時提供轉介服務。整體而言，在處遇社區藥癮個案時，除需隨時加強藥癮相關知能外，對所有的資源現況亦需充分掌握。

叁 結論

　　成癮者不可能永遠都用隔離的方式戒除毒癮，復歸社會是解決的最終目標，社區處遇的完備是達成此目標的必要手段。毒品危害防制中心的成立對於我國在毒品防制上為一重要里程碑，貫穿中央和地方，橫跨各部會，將行政機關整合至毒品防制工作上，讓社區處遇模式取代機構處遇，建構完善資源網絡，提高戒癮資源可近性並強調在地化，從而預防新生毒品人口的增加，協助成癮者於社區中戒除毒癮。期待毒品危害防制中心能在政府的主導下，挹注充分的人力、物力及金錢，並朝法制化的方向邁進，成為我國公部門處理成癮問題的專業典範。

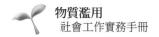
物質濫用
社會工作實務手冊

附錄：毒品危害防制中心轉介服務作業流程

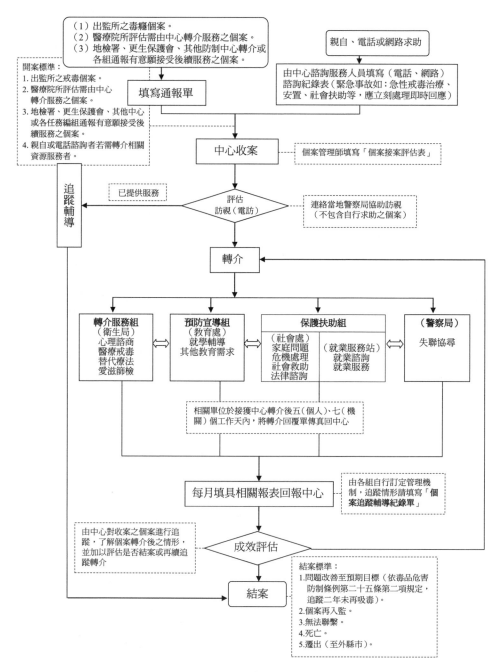

（1）出監所之毒癮個案。
（2）醫療院所評估需由中心轉介服務之個案。
（3）地檢署、更生保護會、其他防制中心轉介或各組通報有意願接受後續服務之個案。

親自、電話或網路求助

由中心諮詢服務人員填寫（電話、網路）諮詢紀錄表（緊急事故如：急性戒毒治療、安置、社會扶助等，應立刻處理即時回應）

開案標準：
1. 出監所之戒毒個案。
2. 醫療院所評估需由中心轉介服務之個案。
3. 地檢署、更生保護會、其他中心或各任務編組通報有意願接受後續服務之個案。
4. 親自或電話諮詢者若需轉介相關資源服務者。

填寫通報單

中心收案

個案管理師填寫「個案接案評估表」

追蹤輔導

已提供服務

評估訪視（電訪）

連絡當地警察局協助訪視（不包含自行求助之個案）

轉介

轉介服務組
（衛生局）
心理諮商
醫療戒毒
替代療法
愛滋篩檢

預防宣導組
（教育處）
就學輔導
其他教育需求

保護扶助組
（社會處）
家庭問題
危機處理
社會救助
法律諮詢

（就業服務站）
就業諮詢
就業服務

（警察局）
失聯協尋

相關單位於接獲中心轉介後五（個人）、七（機關）個工作天內，將轉介回覆單傳真回中心

每月填具相關報表回報中心

由各組自行訂定管理機制，追蹤情形請填寫「個案追蹤輔導紀錄單」

由中心對收案之個案進行追蹤，了解個案轉介後之情形，並加以評估是否結案或再續追蹤轉介

成效評估

結案

結案標準：
1. 問題改善至預期目標（依毒品危害防制條例第二十五條第二項規定，追蹤二年未再吸毒）。
2. 個案再入監。
3. 無法聯繫。
4. 死亡。
5. 遷出（至外縣市）。

參考文獻

法務部全球資訊網。取自 http://www.moj.gov.tw

全國法規資料庫。取自 http://law.moj.gov.tw/

顏良恭、林俊宏（民100）。地方毒品危害防制中心的實際運作——政策網絡觀點的分析。**東吳政治學報，29(2)**，111-180。

Chapter **12**

物質濫用戒癮者的社區復健模式

——蘇悅中

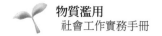
壹 前言

多年前筆者剛接觸物質濫用成癮者服務時，查閱了一本書籍 *Social work with addiction*，裡面提到物質濫用成癮的問題就像一片森林，每一個成癮者都是森林中的一分子。他可能對自己這棵樹十分清楚，助人工作者不會比他更清楚，也很了解附近的好幾顆樹，例如親近的朋友或一起使用成癮物質的同路人，但是助人工作者應該要了解整片森林。

這片森林包含了成癮問題與戒癮歷程的面面觀，筆者長期接觸戒癮工作，覺得這森林至少應包含成癮問題的原因與歷程、復發的相關因素、精神層次的提升對戒毒成效的影響、成癮行為的理論觀點、正向思考的力量與練習、壓力與高危險情境因應技巧、戒癮成功者不同類型的關鍵因素、A.A.的歷史與十二步驟、A.A.跌到谷底（hit the bottom）的應用、協助案主學習重新打造安全生活情境、國內外戒癮模式與相關資源、熟悉動機式晤談法（如應用擴大矛盾的原理讓感動與頓悟引發動機）、自我效能的提升等相關內容還有很多，容先列出這些重要元素。

筆者剛開始在明德戒治分監（又名國家戒毒村、新生山莊）服務，從做中學逐漸了解與成長，卻也看到許多失敗的例子而累積挫折與灰心，雖如此仍持續每週六到晨曦會擔任志工老師前後約八年時間，除在監獄中服務也一邊體會福音戒毒中心的運作。

一日在戒治分監的課堂上，邀請了某位戒毒成功者分享，大大振奮了我及獄中的學員們，原來這位過來人是臺南在地的戒癮前輩張明雄，曾近二十年沉浸於速賜康及海洛因中，後因前往花蓮主愛之家三次，前兩次都因身體稍微復原就找藉口離開，第三次因有深刻的感動決定調整人生價值觀，留在主愛之家戒癮三年八個月，他分享戒毒過程的點滴，以及離開主愛之家後與妻子一起實踐利他的大愛人生，目前在主愛之家服務，其故事給予聽講者許多啟發。

不久後，我們戒治分監也出現了回家後轉至中途之家，持續學習而有重大改變的成功學員，其中一位曾入獄七次，1999 年出獄後戒癮迄今，目前已成

為青少年安置機構的執行長。在工作的第七年時，筆者與幾個朋友在臺南更生團契與更生保護會的支持下，獨立打造了更生中途之家——讚美小家，共執行兩年的時間，並嘗試兼辦水餃工廠、洗車廠、組工作隊至工地蓋屋瓦，每天白天學員外出工作，晚上則除週三放假外，每天皆有課程安排，包括日文、烹飪、至書局看書、週日下午打壘球，同時成立了每週一次聚會的自助支持團體，實是深刻體會了箇中冷暖滋味，但也理解了社區復健模式雖在人力與財力上所費不貲，但效果不容小覷。

社區復健模式的治療觀點

　　Thombs（1994）指出濫用藥物者身分的爭議有三種不同的思考觀點：1.上癮是一種罪行；2.上癮是一種疾病；3.上癮是一種不良適應行為（李素卿譯，1996）。Volpicelli、Pettinati、McLellan 與 O'Brien 等學者（2001）另指出傳統的戒癮治療法，包括有「道德模式」、「藥理決定論」、「匿名戒酒會／明尼蘇達模式」、「學習模式」（高淑宜、劉明倫譯，2003）。據此看來，社區復建模式並非懲治戒癮者，而是視上癮為不良適應及不良環境的影響，需要透過社區復建模式改善戒癮者的生活模式與因應能力，並隔絕危險的環境。

　　我國 2007 年的反毒報告書亦揭示：「毒癮戒治不單是停止用藥而已，更需要的是自我效能的強化、整體健康生活的重建、家庭結構與經濟困頓的解決，有些戒治者甚至面臨生存能力不足及多重的困擾，包括心理創傷、自卑、缺乏人際互動所需的社交技巧、欠缺完善的壓力因應模式與工作技能之訓練與輔導。非法藥物使用者的復健不應只強調經驗的治療，而更應致力於認知模式與生活結構的重建，以及個人生活方式的改變，以免非法藥物使用者因無法擺脫掉惡性的循環之困境，選擇逃避現實問題而再濫用藥物」（法務部等，2007）。社區復健模式當中最能處理戒癮者社會心理問題與行為改變的處遇策略是「治療性社區」（Therapeutic Community），本文將採取疾病模式與學習模式觀點，著重探討藥癮治療模式中的治療性社區之運作。

叁 社區復健模式介紹

1998 年公布實施《毒品危害防制條例》前，我國將毒品犯視為一般犯人，以判刑監禁處遇之，迄《毒品危害防制條例》實施改將毒品犯定位為「犯人兼病人」身分，原則先施以治療，將戒毒程序規範為生理解毒、心理治療、追蹤輔導社會復健等三階段。查考宗教團體辦理的戒癮模式，也可看見大致區分為四類階段：適應、重建、成長造就、社會復歸復健。戒癮者在生理解毒後，勢必需要逐漸重拾過去所損壞或忽視、丟棄的重要課題。

由目前國際間毒癮戒治體系與社會資源網絡概況可以發現，新近的毒癮戒治思想已傾向於提供藥癮者復原的整合性服務策略。對藥癮者的處遇並不僅止於「戒癮治療」，更重要的是重建毒品施用者的社會功能，使其重新獲得因為施用毒品所影響的社會生活能力，並重新整合融入社會生活中，幫助其回復生活、家庭、職業與社會功能，降低藥物與犯罪行為的再犯率（楊士隆、黃世隆，2009）。

藥癮者因藥癮問題可能會接觸毒品危害防制中心、醫療體系、戒治所、監所、福音戒毒機構、其他治療性社區等，在一個體系中很可能提升了動機與自我效能、訓練了壓力因應技巧，好比種下了種子，又擁有該體系中助人工作者協助建立的土壤，但當離開該體系後，因土壤（環境情境）改變，種子不見得能順利移植。筆者認為，社區復健的概念，最重要的課題就是促發這個能讓種子移植成長的土壤能順利轉化成型，對戒癮者而言，常見的社區復健模式包括了治療性社區、中途之家、自助性團體等方式。

一、治療性社區

治療性社區是指以參與、團體為基礎，應用於慢性精神疾病、人格疾患和藥物成癮等領域的名詞。這種方法通常是居住式，案主和治療者一起生活，但逐漸有些居住式單位已被日照單位取代。它是基於環境治療原則（milieu therapy principle），包括團體心理治療，以及實踐活動（維基百科，2015）。

　　鍾明勳（2012）指出：1960 年 Rapoport 便提出治療性社區的四個原則，包括（一）民主：治療性社區中每個人具有相同的位階，也共同分享權力。（二）社區性：每個人分享工作也互相緊密的依賴。（三）容許性：可以包容成員不良的行為。（四）現實挑戰：每個人的行為要接受大家的挑戰（Rapoport, 1960）。

　　治療性社區的社群（Community of Community）明確闡述其核心價值為依附、包容、尊重、溝通、相互依賴、關係、參與、過程、平衡及負責（Haigh & Tucker, 2004）。近年史蒂夫（Pearce Steve）歸納出**歸屬感**與**自我負責**是治療性社區中最獨特的療效因子。透過長期、頻繁、正向且相互支持的互動，成員對治療性社區發展出強烈的歸屬感，進而願意面對成員間的挑戰，改正自身的不良防衛機制或行為模式。同時，成員亦享有在社區中的自主權及分攤社區中的責任，將幫助成員擁有自信及養成自我負責的成熟態度。如果再加上社交學習便是治療性社區中最重要的三個療效因子。

　　藥癮治療性社區是一個沒有藥物的居住性機構，應用等級制度的進階模式（hierarchical model），居民依其在社區是否遵守社區規範及應盡義務獲得權力，依自己努力獲得的權力代表其在社區中有較高的地位、較多的自由與個人隱私。治療性社區本身就是一種「治療方法」，其治療目標是改變藥物濫用者的生活形態與個人的性格，規劃以治療性社區社會化的組織結構、醫療工作人員與居民共同參與每天固定的會議、團體治療課程、值日生工作及娛樂等行程活動，促進居民的學習、復健及個人改變，治療焦點在於改善負面的思考及行為模式，其方法是遵守社區裡的各項團體規範（藥癮治療性社區指導手冊，2012）。

　　依據 TCOF（治療性社區開放論壇，Therapeutic Community Open Forum）在 2006 年修訂提出「治療性社區」十六項核心運作標準，必須符合這些標準，才是一個具效能的治療性社區（趙雅芳，2014）：

第 1 項　　社區需有定期的會議
第 2 項　　社區居民需要共同合作完成每日的工作

第 3 項　　社區居民每日必須有共同分享的時間

第 4 項　　社區居民必須一起用餐

第 5 項　　社區居民需承擔不同的角色及責任

第 6 項　　非結構的日常活動融入社區運作

第 7 項　　社區居民有權公開討論社區內的任何生活議題

第 8 項　　社區居民固定檢視彼此的態度與感受

第 9 項　　社區居民分擔彼此的責任

第 10 項　所有居民共同創造一個情緒安全的社區環境

第 11 項　社區居民必須參與幹部的選拔

第 12 項　所有社區居民參與新居民的入住過程

第 13 項　當有居民完成階段治療計畫時，其他社區居民需參與其下階段
　　　　　計畫擬定

第 14 項　社區是一個可以理解、包容混亂行為與情緒表達的地方

第 15 項　正向的冒險被視為改變過程重要的一部分

第 16 項　居民可以理解治療性社區是一個有清楚的界線、限制跟規範的
　　　　　社區

綜觀以上十六項核心運作標準，本文以下介紹的治療性社區大致符合，惟宗教性的治療社區較不強調民主原則，且第 11 項及第 12 項則未必符合各機構設立宗旨。

當社工轉介戒癮者至治療性社區，需協助家屬考慮機構提供服務時所規定的面向：

1. 機構是否禁戒其他成癮物質，如：菸、檳榔、酒。有些機構嚴格禁菸，有些則否，申請入住前均須考慮戒癮者對戒癮標準的期待。

2. 機構收住期間長短：住宿時間太長是一種進入障礙。許多成癮者不易嘗試長時間的方案，但可藉由助人工作者運用晤談技巧引發動機與改變認知。

3. 收費標準：大部分會收取保證金，每月收費不等，常見在一萬元上下。

4. 設立宗旨理論背景等因素：宗教類型（如晨曦會）、專業整合模式（如茄苳山莊）、A.A.戒酒匿名會，例如紐西蘭奧克蘭基督教救世軍創辦的 Bridge Center 就同時包括信仰、醫護社心專業團隊及 A.A.團體。

5. 課程內容安排。

6. 戒癮過來人擔任角色：有些機構偏重專業人員，有些機構重視過來人的行為楷模，例如晨曦會劉民和牧師的名言：「以生命影響生命」。

7. 空間環境設置為何：都會區、山莊、農莊，家屬選擇時可以考慮戒癮的專注度或是探訪的便利性。

8. 成癮者本身處於何動機階段（如沉思期、行動期）、是否主觀的有跌到谷底感受、家庭支持程度。

9. 機構是否包括其他技藝課程、銜接職業訓練、後續訓練、中途之家、追蹤關懷（可參考美國 Betty Ford Center 的豐富完整團隊及多元服務內容）。

二、臺灣的藥癮治療性社區

臺灣的物質濫用戒癮者社區復健組織／藥癮治療性社區包括了以下幾個重要的機構，要深入了解各機構之服務內容與推動理念，尚需再查閱其詳細緣起、創辦人（多半是戒癮成功過來人）的生命經歷及學員們轉變成長的故事等，否則容易流於對其組織架構與方案型態的表面認識，但礙於篇幅關係，無法一一詳列於此。

（一）財團法人臺灣基督教主愛之家輔導中心（Agape House Christian Counseling Center）

主愛之家位於花蓮，是臺灣第一個社區復健式的福音戒毒中心，由美籍牧師鮑得勝及其師母張麗英設立。主愛之家的英文名稱是 Agape House，Agape 是希臘文第三個層次的愛，意思是對人類的理解和包容，是對反對者、甚至敵人的的寬恕。是神性之愛，也特別強調行動與付出。鮑牧師和師母是在宗教力量的支持之下成功戒除毒癮，所以當他們創立主愛之家輔導中心之後，便以自

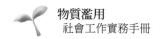

己的改變經歷創立了福音戒毒中心，以進行戒癮者全人復健。

所謂的全人復健福音戒毒，分靈、心、身、社四個部分。靈的方面，學員早晨至海邊讀經禱告，藉宗教課程重新省識自己的生命，明白生命真正的意義，及自己在世上所背負的任務為何。心的方面，辦理心靈講座以導正學員認知，透過宗教、個人輔導、團體治療、系列講座，糾正學員扭曲的價值觀。身的方面，辦野外求生、戶外游泳、烘焙課，安排攀岩訓練活動等。社會方面，吸毒者因為長期和社會脫節，不被周遭的親人朋友接納，產生嚴重的疏離感，又因無法得到關愛而自暴自棄，教育學員如何面對重回曾放棄他的社會和人群，也同時藉由反毒宣導、家屬座談，呼籲大眾給予曾犯錯、曾傷透他們心的人一個改過自新的機會，重回社群懷抱。

服務據點方面，主愛之家目前有四個據點，包括本部成人戒毒中心、凱歌園少年中途之家、以斯帖中途之家（女子戒治）、多元中途之家（主愛之家網站，2015）。

（二）財團法人基督教晨曦會（Operation Dawn）

晨曦會戒毒工作始創者為香港美門浸信會陳保羅牧師，臺灣晨曦會工作是由劉民和牧師開啟。曾在香港晨曦會戒毒成功的劉民和牧師，於 1984 年受陳牧師差派與江得力牧師一家來臺展開福音戒毒事工。劉民和牧師在戒毒過程中共在晨曦島待了七年，看遍了島上的各種書籍，從一個戒毒者，逐漸成為晨曦島戒毒工作重要夥伴，期間並被派往美國洛杉磯接受訓練。目前為國際晨曦會副總監，直到 2010 年的二十六年間，協助建立國內外十八所福音戒毒村（劉民和、莫少珍，2011）。

何謂福音戒毒？福音戒毒工作是以「福音」幫助戒毒學員脫離罪的轄制。是屬於靈理治療之領域，重點是不依賴麻醉藥物、不憑己力，因著上帝本體的愛、聖靈的感動、傳道人聖經的教導、過來人榜樣的帶領以及團體動力，幫助吸毒者重生，成為主的門徒。晨曦會收治戒癮的學員必須住在戒毒村一年半，分為四個輔導階段，以身、心、靈及職能輔導等全方位復健為輔導內容。

第一階段　讓學員適應村／家生活，幫助他／她們身體恢復健康。

第二階段　輔導男學員人格重建，藉著農場式的生活方式，鼓勵學員自己
　　　　　種菜養畜；女學員藉著家庭生活由工作中操練責任，產生良性
　　　　　的團隊默契及自我肯定。

第三階段　輔導學員在思想更新中建立人我互動的關係。

第四階段　賦予戒治穩定的學員責任照顧新學員，且擬訂出村／家後之生
　　　　　涯規劃。

關於晨曦會目前的工作據點，臺灣晨曦會目前共有以下工作據點：永和行政中心、男／女中途之家、苗栗戒毒輔導村、臺東戒毒輔導村、臺南更生晨曦輔導所、愛滋戒毒輔導村、姊妹之家、晨曦門徒訓練中心、晨曦職業輔導中心、臺東青少年學園、高雄關懷輔導中心、高雄大寮輔導所、高雄嶺口戒毒輔導村、美濃戒毒輔導村、基隆更生晨曦輔導所、屏東更生晨曦輔導所。

（三）沐恩之家

沐恩之家位於高雄，是由晨曦會早期的畢業學員王銘石牧師創辦，在芬蘭信義差會季伯武宣教師夫婦及屏東數個教會的支持下，初期由屏東信義會五房教會提供場地設立。沐恩之家的宗旨認為福音本是神的大能，要救一切相信的（出自聖經羅馬書），本著此一應許設立「沐恩之家」。透過福音戒毒全人治療模式，協助藥物濫用、酗酒成癮者認識耶穌基督，成為新造的人，尋回自我價值，重返人生舞臺，回歸家庭及社會。「福音戒毒」是將耶穌的愛與能力，深植在成癮者心裡，幫助他們更新意念，改變過去舊的生命，例如幫派生活、逃學、蹺家、偷竊、猜忌、說謊、出入不良娛樂場所、從事特種營業等，擺脫這些舊生命的枷鎖，讓他們心裡不再有物質濫用的意念，不再被毒、酒捆綁，進而擁有一個新的價值觀，新的生命。

物質濫用是全人破壞，「福音戒治」是全人治療與全人康復的方法。沐恩之家服務據點包括：

1. 伯特利家園：男性戒毒工作。

2. 多加家園：女性戒治（戒毒或戒酒）服務。

3. 亞當學園：為青少年服務據點，服務對象為滿十二歲以上，未滿十八歲中輟、非行、虞犯、家庭失功能之男性少年。

4. 行政中心：整合沐恩各據點之行政連結與公部門的聯繫，含行政（人事、會計、出納、總務）及資源（社工、公關企畫、文宣、宣導團、網站）兩大部門，期望連結政府、社區、教會、企業及民間團體，擴大宣導、教導及宣教之視野。

（四）歸回團契

歸回團契位於新店市，創辦人陳建榮曾因吸毒被家人當作精神病患送醫治療，也曾因吸食強力膠被警方拘留了三十一次，後續並再染上速賜康、海洛因。十二年間毒品不離身，直到家人認為他無可救藥，被當成精神疾病送醫治療，最後轉介至花蓮主愛之家，才經由信仰宗教力量遠離毒品（中國時報，1998）。歸回團契採用福音戒毒的模式，幫助戒毒、戒酒者重獲自由。創辦人陳牧師是過來人，戒毒成功後他認為應盡一己之力，幫助有同樣遭遇的朋友，進而成立一個幫助吸毒者回歸社會軌道的歸回團契組織。他用自己微薄的薪水和幾位熱心的歸回之友捐款開創這個工作。

在戒癮理念上，歸回團契認為吸毒的人因為長期倚賴毒品，久而久之就無法自拔，就算沒有吸毒的朋友再來找他、再來引誘他吸毒，但是在心中對毒品的那份思念是很難根治的。因此，若要幫助人戒毒必須長期陪伴，單靠輔導是不夠的。必須提供一個規律生活環境，給予培養勤奮的習慣，並加以引導探索原生家庭的傷害始因，幫助、陪伴案主建設回歸社會的預備，配合各社會資源，達到生命改變的目的。歸回團契提出戒毒網絡模式，盼能突破傳統福音戒毒的瓶頸，開創更新福音戒毒模式。歸回團契的輔導流程也分為以下四期：

1. 預備期：當尋戒者與辦公室聯絡，輔導部作初步電話諮商，再予以安排約談兩次。在約談期間幫助尋戒者充分了解戒毒是長期療程，並藉信仰力量，待尋戒者進入輔導中心，即能用積極的心，付出代價接受挑戰。

2. 康復期：中心提供一年半的課程，第一年注重規律生活的養成；品格教育的建立，信仰生命根基的打造，以及施予銅雕技藝之訓練。在第一年必須達到戒菸、不說髒話、早睡早起，養成團隊精神及建立健康自我形象等目標。

3. 銜接期：在第二階段注重工作訓練及引導教會敬虔生活。這階段為期半年，以服務別人為訓練目標、參與外展服務隊，隨團隊進入社區打掃、救災、服務老人。中心也鼓勵學員自力更生，在這階段參與勞力服務，提供油漆、清掃、搬家等服務，外出工作所得奉獻回饋中心經費所需，也會給予適當額度的零用金供應每月所需。

4. 職場訓練：當學員從中心結業，結合各方資源提供就業機會。規劃研擬興辦庇護型輔導村，並設立更生事業。盼再施以理財訓練，漸進式的引導學員成功的回歸社會。

（五）鹿鳴精舍

鹿鳴精舍位於臺東，臺東縣紅葉山區的如覺法師從修習達摩易筋經創出一套拍打全身穴道、頭頂拔罐、溫泉水柱沖瀑按摩的禪修運動方式，幫助毒癮患者戒毒。如覺法師曾學習達摩易筋經三年，他認為經文內容主張除欲、消除筋肉緊繃，可以達到心靈與身體協調，並消除吸毒欲望。於是他以手指或木槌敲打戒癮者身體穴道的穴道療法，降低戒癮者的吸毒欲望；這種做法，戒癮者稱為「打通任督二脈」，還利用紅葉溫泉的高壓水柱沖擊戒癮者皮膚和穴道，幫助戒癮者排除體內毒素。如覺法師利用沖瀑按摩配合森林日光浴，以大自然的清新空氣清除五臟六腑的濁氣。另以有機蔬菜料理三餐，喝自製的鹼性梅子醋來改變體質及加速排毒。

鹿鳴精舍的戒毒方式以農禪觀身法提升自信，讓學員改變身心的錯誤執著，來此戒毒的人必須絕對有心戒除毒品。可以長住精舍當義工，課程包括：慧命氣功、易筋洗髓經、農禪法、禪七訓練。鹿鳴精舍用功法來修復心靈，用沖水來抒解筋絡，用拔罐去除瘀血，進而勤練佛教慧命功，增強慧命強健體魄。鹿鳴精舍並在山區承租了果園農地，為學員們提供更生果園、更生農場，

使之自食其力，目前生產梅子、蘿蔔，製成梅精、蘿蔔精，義賣籌措經費。為鼓舞過去戒毒成功的同學，因此設立金不換禪寺，以利學員禪修，作為精神指標。鹿鳴精舍的四大部門包括：

1. 精舍本體：含戒毒輔導、監所弘法、學校布教。
2. 般若禪修中心：以般若法門轉換吸毒人身心為要務，於適當時機授予「三皈五戒」。
3. 有機農產品加工中心：用傳統古老的精煉法，把一些不起眼的植物蔬果轉變成精製有用的食品，如梅精、香椿精、枇杷精、橄欖精、桑葚精、龍葵精等。供應眾生解除病苦所需。
4. 金不換禪修中心：戒毒之餘、欲更上一層樓的人可以參加健康禪及協助推廣大乘般若法門。

（六）社團法人中華民國恩福會

基督教恩福會位於苗栗，由劉志宏與陳蘭芳傳道創立，劉傳道曾吸食強力膠與安非他命長達十年，在最無望之時，透過晨曦會的福音戒毒改變，更讓幾乎破滅的家庭重新建立。因這緣故，劉牧師到改革宗神學院受六年神學訓練，畢業後投入戒毒工作，在教會牧師與太太陳蘭芳傳道支持下，從零開始這艱難的工作，恩福會目前可接受十八位學員入住。

恩福會宗旨是以基督教宗教教育幫助人重建生命，推動生命教育使人對生命有正確認識。

訓練原則完全以《聖經》為依據，並以禱告和神的話為軸心，課程均由神學院畢業的牧者授課，生活中有戒治經驗的專屬同工照顧，陪伴戒癮者經驗主的愛，明白真理得到新生命，進而開始過新生活。生活規範以尊重人性為依據，每天規律生活，戒癮者養成自律簡樸的生活習性，全人得到重建。恩福會特色如下：

1. 共同生活，學習真理也在當中實踐真理，操練盡本分，在基督的愛中

重建品格。

2. 期滿一年半,培訓生活自理與烹飪技術,且訓練戒癮者從他律邁向自律,重建正確人生觀和價值觀。

3. 香草農場已成立六年,讓更生受輔者接受工作治療,且親手操作習得農技與從中得到成就感與自信心。恩福會期盼藉由農場經營發展在地性經濟型產業,讓戒癮者將來能有參與及發展事業機會。恩福會還研發將之提煉為精油,並運用精油製作百分百純天然的手工皂。

(七)茄荖山莊

2006 年,隨著國家戒毒醫療政策的改變,行政院衛生署除了在各縣市全面推動美沙冬替代療法外,更與法務部展開跨部會的合作,積極評估藥癮治療性社區在臺灣施行的可能性。署立草屯療養院之藥癮治療專業獲得衛生署的肯定,承辦臺灣第一個在醫療體系下設置藥癮治療性社區的計畫,位在草屯療養院旁原草屯分監的地點。茄荖山莊收案條件為:

1. 必須是物質成癮患者。
2. 自己要有動機,建議已住滿十二個月以上。
3. 必須經過成癮治療團隊的評估,包括生理評估與檢驗、精神狀態評估、社會心理評估。
4. 入住當天驗尿需呈陰性反應。
5. 目前規劃收治男性病患,以二十歲以上為主。
6. 排除合併嚴重的精神疾病、傳染病、及無法自我照顧的患者等。

茄荖山莊居住時間方面,入莊一個月內需與外界環境隔離,居民不可以打電話、會客、通信,必要時只可以透過工作人員與家人間接的聯絡;一個月後,將視其居民的狀態由醫療團隊予以評估,決定是否可以與家人連絡或會客。原則上以入莊後兩個星期為試住期,若不適應可以轉介其他的治療。在山莊接受治療的的時間越長,效果越好。希望居民至少能居住十二個月以上。

茄荖山莊費用方面，戒癮者住進來前的生理檢查評估費用須自行負擔，約四到五千元。於專案補助期間，免收住宿及治療費用。但每月需依帳單自行負擔，分攤水電瓦斯費用。此外，伙食費及生活零用金方面，具更生人身分將協助申請全額伙食費及部分生活零用金補助；若非更生人身分，則需自行負擔伙食費及生活零用金，每個月大約需六千到八千五百元。

山莊的治療完全不採用藥物治療，而是以社會心理治療為主，以戒除心癮為目標。山莊內的治療，以社區生活為治療的媒介，主要透過居民相互間的互助與學習，達到自我改變的目的。另外以心理－社會－職能治療為醫療介入的專業，包括團體治療、個別諮商、活動治療、環境治療、職能復健等治療方式，以期達到認知的改變、良好行為的建立、生活全方面的重建。醫療團隊包括醫師、護理師、心理師、職能治療師、社工師及保全人員，一天二十四小時皆有工作人員輪值照顧居民。

（八）蘆葦營

創辦人黃紹基因答應教會傳道人，幫助一位酗酒者借住而接觸戒癮工作，2006 年一位從美國導航會來臺的宣教士林為慧對這工作表達關心，且願意提供訓練，讓狀況有了轉機。訓練內容包括醫學、心理學、輔導倫理及方法、神學等角度「介入」癮症疾病，屬於明尼蘇達模式的癮症康復療程。後續因發覺自主康復團體對患者的必要性，設法接觸 A.A.戒酒匿名會，並於 2008 年將戒治時間改成基礎的兩週結構。第一個由酒癮混亂中走向清醒（Sober）的人出現了，後續其餘清醒者回到居住地後，也紛紛加入甚至成立了 A.A.，他們自己引用一些 A.A.或 N.A.書籍材料，定時聚會，彼此分享、互勉，持續維護疾病的康復狀態走向人生新旅程。

蘆葦營的工作理念認為在家屬工作上的著力，其實與成癮患者康復基礎有密切不可分的關連，成癮者與家屬間極不正常的互存依賴，成為患者極大的負向吸引力，本來看起來似乎是為了幫助患者的關係，結果都成為了患者康復的阻力，甚至成為成癮患者的疾病溫床。為了暫時先期處理（切割）這個關係組合，以利成癮患者在營中的康復訓練，蘆葦營採取了拒絕家屬在患者身上的一切幫助與常用的模式，例如：捐款奉獻、送禮、寄物資給患者、來電關懷、接

聽患者電話、聽患者發飆、要加長留置患者時間等等。真正根本的辦法是引導家屬參加家屬團體 A.A.，以利家屬返回正常思考及生活，目前雖成效有限，但是在戒治營裡的這一段時間，家屬與患者間的互動會被暫時牽制。

營地內的課程如下：

1. 清晨：每日一思十分鐘，思想今天早上醒來要注意哪些事？有哪些計畫？
2. 白天：自修課閱讀與戒毒戒酒相關書籍。同時安排心靈晤談時間，幫助戒癮者經歷上帝的愛與真理。
3. 晚上：每日默想十分鐘，檢討今天生活是否與罪有牽扯，如：埋怨、憎恨、憤怒、逃避、隱藏、驕傲等。週一至週六晚上有戒酒戒毒聚會（A.A.聚會）。

（九）臺灣世界愛滋快樂聯盟

2007 年成立的社團法人「臺灣世界愛滋快樂聯盟」是由屏東美和技術學院社工系老師們發起，共同促進與維護臺灣世界愛滋成人、幼兒及大眾的健康為宗旨，以共同推展尋找快樂生活及提升生命價值為願景。主要協助對象為愛滋更生人暨愛滋幼兒等弱勢族群，初期的使命以愛滋收容人出監後的多元就業輔導服務、愛滋更生人暨幼兒安置家園、家庭關懷與社區愛滋衛教宣導為主軸；中期將以發展社區愛滋更生人經濟型為主的就業服務方案，及長期性的愛滋快樂家族農場之推展，希望協助愛滋更生人重新站起來及貢獻社會，也讓社區大眾對愛滋有一個正向的接納態度。

臺灣世界愛滋快樂聯盟服務內容包括監所訪視、諮商輔導、職業訓練、就業輔導、家庭關懷、愛滋宣導、資源轉介、安置服務、戒毒諮詢、弱勢家庭暨兒童輔導、針具工作站與衛教諮詢服務中心、附設安置中心（向日葵家園）、屏東司法保護關懷據點（幸福向日葵健康中心）。

治療性社區各具特色，表 12-1 整理了收案和服務療程，以供轉介時參考：

表 12-1　治療性社區的收案和服務療程

機構名稱	方案	使用物質	對象	療程
主愛之家	戒毒村、庇護性工場、青少年中途之家	各種物質濫用	一般、更生人青少年	一年
晨曦會	戒毒／藥癮愛滋村中途之家、職訓中心	各種物質濫用	一般、更生人青少年	男性一年半女性一年
沐恩之家	戒毒村、庇護性工場、中途之家	各種物質濫用有獨立之男性戒酒村	一般、更生人青少年	一年半
歸回團契	戒毒中心、中途之家	各種物質濫用	一般 25-50 歲之男性、更生人	一年半
鹿鳴精舍	戒毒村、農場	各種物質濫用	一般、更生人	無限定
恩福會	戒毒村、農場	各種物質濫用	一般、更生人	一年半
茄荖山莊	戒毒村、職能復健	各種物質濫用	一般、更生人	十二個月
蘆葦營	戒癮、A.A.	各種物質濫用	無限定	兩週
快樂聯盟	藥癮愛滋、安置中心	藥癮愛滋	藥癮愛滋	無限定

三、臺灣藥癮相關中途之家介紹

鄧煌發（2003：1）指出：「社區處遇之發展背景為犯罪矯正由機構處遇轉化為社區處遇，乃是刑罰思想演變之結果，亦是現代刑事政策重點之一，已漸為各國所採行之有效的犯罪處遇方式。社區處遇之發展，除有堅實之學術理論為基礎外，社會發展亦為促進其茁壯、成熟之重要因素。每一種社區處遇措施，均有其獨特之發展歷史，有些措施如：中途之家、罰金刑等，已經歷經一個多世紀的運用與改良；有些則是觀念起源甚早，而真正受到採認卻是近年的事。」（鄧煌發，2003）

英國哲學家邊沁（Jeremy Bentham）曾謂：「出獄之人如自樓墜地，倘無中間階梯，非傷即死！」（鄭峰銘，2006）在美國有銜接監獄與社會的社區處

遇方案，在日本有中途之家與開放式社區處遇，在瑞典的受刑人在監服刑時可以外出接受職業訓練或治療，在德國開放式監獄白天可以外出工作（林健陽等，2010）。近年「再安置」（resettlement）的概念，是希望透過社區處遇，讓受刑人出獄後不要直接回到社會，而是經由第二階段的服務，循序漸進地由中間處遇緩和監禁狀態，並作為受刑人復歸社會前的橋樑。日本亦有「中間型處遇」，以促進受刑人出獄後之社會復歸為目的，兼有社會防衛的意味（林順昌，2008）。這種「社區處遇」（community-based treatment）型態，包括社區矯治中心（community correction center）、中途之家（halfway house）、寄養家庭（foster home）、觀護處遇（probation）、假釋（parole）、更生保護（after-care）（蔡德輝、楊士隆，1999）。

劉美君提到一位學員在中途之家的成長歷程：「在剛出獄時，接受機構服務的初期，雖然有許多的計畫和理想，但是往往天馬行空，像是想要去歌唱比賽、想要發起警政單位對機構的募款、想要讀神學院、當牧師等等。中途之家並沒有人潑他冷水或是譏笑他，在漸進式的陪伴和帶領之下，讓她以接近四十歲的年齡重新進入高中就讀、現在也如當初目標在就讀神學院，過程將近四年。這一份支持，不是盲目的，而是激發和循循善誘。」（劉美君，2013）從這一個簡短的例子中，相信實際接觸戒癮工作的助人者必能看出這是多不容易、多麼令人振奮的成長歷程，尤其關鍵在漸進式、陪伴、不嘲笑、激發和循循善誘，成為有價值的蛻變。

中途之家是一個能讓更生人或藥癮者在開始重返社會的過程中，有條件限制下逐步回歸社會的中繼站，同時可含有監控和支持功能。相對於離開監獄、戒治所或治療性社區（以上保護較嚴密）直接進入社會，若再經中途之家的過程可減少再犯或復發的風險。同時可見，中途之家在較開放、與社會環境接觸較頻繁情形下，誘惑與突發事件的可能性更常見，工作人員將可能面臨更多的情緒挑戰，筆者過去工作中曾轉介到各地中途之家及本身在臺南的讚美小家經驗中，超過半數學員持續改變成長十年以上。

衛福部自 2010 年起也推動「補助民間擴大團體參與藥癮戒治計畫」，結合政府各部會及民間資源，提供藥癮者生活安置、職業技能培訓、家庭支持、

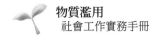

宗教輔導、生活與職業輔導等服務，2014 年更進一步補助藥癮者出監後的安置服務，藉由中途之家協助藥癮者逐步復歸社會。相關據點簡介如表 12-2。

表 12-2　藥癮者出監後的安置機構

類別	機構名稱	服務對象	性別	名額	聯絡電話
更生保護	展夢家園—南區更生綜合服務中心	年滿 18 歲至 65 歲未滿（另含生態田園、會客菜技訓班、家庭代工工作坊）	男女性	40	更保高雄分會 07-2010925
	花蓮輔導所	18 歲至 65 歲未滿	女性	5	更保花蓮分會 03-8230418
	趕路的雁中途之家	18 歲至 65 歲未滿	男性	15	更保士林分會 02-28332699
	桃園希伯崙	18 歲至 65 歲未滿	男女性	25	更保桃園分會 03-3362002
	新竹中途之家	18 歲至 55 歲	男性	10	更保新竹分會 03-5249326
	璞園女性中途之家	18 歲至 65 歲未滿	女性	15	更保臺中分會 04-22236240
	雲林西螺愛心慈善會	18 歲至 65 歲未滿	男女性（不混收）	3	更保雲林分會 05-6320041
	花蓮就業輔導中途之家	18 歲至 65 歲未滿	男性	10	更保花蓮分會 03-8230418
	澎湖中途之家	18 歲至 65 歲未滿	男性	3	更保澎湖分會 06-9219043
	板橋姊妹之家	18 歲至 65 歲未滿	女性	6	更保板橋分會 02-22608369
	馨園中途之家	18 歲至 65 歲未滿	女性	20	更保臺中分會 04-22236240

類別	機構名稱	服務對象	性別	名額	聯絡電話
更生保護	渡安居	18 歲至 65 歲未滿	女性	20	更保宜蘭分會 03-9252346
	藥癮者復健中心	18 歲至 65 歲未滿	男性	12	更保基隆分會 02-24655138
愛滋	露德之家	18 歲至 65 歲未滿，罹愛滋病家人拒絕	男女性	5	更保臺北分會 02-23751479
	愛慈恩典之家	18 歲至 65 歲未滿，罹愛滋病家人拒絕	男性	5	更保臺北分會 02-23751479
	日光家園	年滿 18 歲至 65 歲未滿，罹患愛滋病，(1)家人拒絕收容之受保護人。(2)甫出監無家可歸未找到穩定工作。	男性	5	更保臺中分會 04-22236240
	真愛家園	年滿 18 歲至 65 歲未滿，(1)感染 HIV 且家人拒絕收容之受保護人。(2)感染 HIV 甫出監暫無工作之受保護人。	男女性	5	更保高雄分會 07-2010925
	向日葵家園	年滿 20 歲至 65 歲未滿，(1)罹患愛滋病，家人拒絕收容之受保護人。(2)甫出監無家可歸未找到穩定工作。	男女性	10	更保屏東分會 08-7551781
精神障礙	唯心康復之家	年滿 18 歲至 60 歲未滿，罹患精神疾病之毒品案受保護人	男女性	5	更保桃園分會 03-3362002
	迦南康復之家	年滿 18 歲至 65 歲未滿，《更生保護法》第二條規定罹患精神疾病之受保護人	男女性	5	更保南投分會 049-2243570

註：屬於晨曦會、主愛、沐恩等機構之中途之家不再複述。

四、自助性團體

目前自助性團體在戒癮領域最常見的就是戒酒無名會 A.A.，其餘藥癮者自助性團體有戒毒匿名會 N.A.和戒古柯鹼匿名會等，均為繼戒酒匿名會之後發起的戒毒團體。這些團體抱持成癮是一種疾病的觀點，團體由復原者與正陷於癮症者共同組成，在團體中，由復原者見證往昔成癮之痛苦，彼此提出其改變成功的明證。他們都採取類似於 A.A.十二個步驟的戒癮康復計畫，透過成員相互支持、照應，使戒癮者加強對自己問題的意識，增強自我力量，並對問題獲得新的應付方法。

A.A.是一個國際性互助戒酒組織，在 1935 年由美國人 Bill Wilson 和醫生 Bob Smith 在美國俄亥俄州亞克郎城成立，現在會員超過數百萬人。其活動宗旨是酗酒者互相幫助戒酒，重新過正常的生活，在活動中，酗酒者互相分享各自的經歷、力量和希望，以達到戒酒的目的，保證自己不再嗜酒，同時也幫助其他人戒酒。此外，所有成員對外亦均保持匿名。Bill 和 Bob 與其他早期成員發展出十二個步驟的心靈成長和人格發展課程。1946 年推出十二個傳統，以協助戒酒無名會的統一和成長。十二個傳統建議，成員和團體在公眾媒體保持匿名，無私地幫助其他酒癮者，包括所有希望戒酒者。十二個傳統還建議，以團契的名義行事避開教條，避免科層組織和參與公共事務。隨後發展出的團契，如戒毒無名會，都採用十二個步驟和十二傳統各自的主要宗旨。目前此協會在臺灣有相對應的「戒酒無名會-台灣」（A.A. Taiwan），並有架設網站。

筆者建議，如同轉介成癮者至治療性社區及中途之家一般，專業工作者不能只知其服務項目與入住規定，必須多加了解其成立始末及該機構中的改變故事，如需介紹 A.A.等類自助團體，也應清楚了解 A.A.的成立故事，尤其創始人 Bill 與說出「我信了宗教」的那位拜訪他的朋友，從牛津團契發展的六步驟課程，到安寧經-尼布爾禱詞、recovery 的概念、sponser 的重要性都應該清楚了解，並建議至少先閱讀完該會的《戒酒無名會》這本書，否則，助人工作者自己都不能理解這些歷史為何造成世界的撼動，又怎能清晰轉述給成癮者了解其價值？

其餘十二步驟相關內容，請參考第三章物質濫用處遇理論中的十二步驟療

法章節。A.A.相關團體聚會時間地點請參考本書附錄，相關社區復健資源的使用細節資訊，均可以透過與機構溝通，以評估戒癮者自己本身可以接受的方案，在良好健康的社區重建身心與生活支持網絡。

參考文獻

一、中文部分

李素卿（譯）（1996）。**上癮行為導論**（原作者：D. L. Thombs）。臺北市：
　　五南。（原著出版年：1994）

高淑宜、劉明倫（譯）（2003）。**「BRENDA 取向」戒癮手冊——結合藥物
　　與心理社會治療**（原作者：J. R. Volpicelli 等）。臺北市：心理。

法務部矯正署（2012）。**臺中戒治所全球資訊網**。取自 http://www.moj.gov.tw/
　　ct.asp?xItem=126020&ctNode=28172&mp=001

法務部、教育部、行政院衛生署（2007）。**2007 年反毒報告書**。臺北市：法
　　務部。

楊士隆、黃世隆（2009），**建構毒品施用者修復社會功能的社區資源網絡之研
　　究**。臺北市：法務部。

鍾明勳（2012）。**英國人格違常者的日間照護模式——人格違常者的治療性社
　　區**。公務出國報告資訊網。

草屯療養院（2012）。**藥癮治療性社區指導手冊**。南投：草屯療養院。

趙雅芳（2014）。**藥癮治療性社區與美沙酮維持療法戒治者穩固的完全緩解
　　改變歷程之敘事研究**（未出版之碩士論文），國立屏東教育大學教育心理
　　與輔導研究所，屏東市。

鄧煌發（2003），社區處遇之探討，**刑事政策與犯罪研究論文集**（5），法務
　　部。

劉美君（2013）。**女性更生人社會復歸歷程之研究**（碩士論文），朝陽科技大
　　學社會工作系，臺中市。

林勝義（2013）。**社會工作概論**。臺北市：五南。

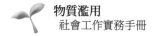
二、英文部分

Mueller, M. D., & Wyman, J. R. (1997). Study sheds new light on the state of drugabuse treatment nationwide. *NIDA Notes, 12*(5), 1-4.

Chapter **13**

物質濫用合併家庭暴力議題

——陳怡青

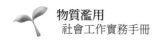

 前言

　　在家庭暴力案件之中，物質濫用的問題經常是重要的伴隨因子，陳筱萍等（2004）認為 62.2%的加害人在暴力行為時，曾經有使用酒精／藥物的情形。物質濫用的問題往往同時涉及健康、工作、經濟等層面的生理、心理與社會的議題，使得物質使用者及其家屬在日常生活中，出現重大的壓力與困難。然而，物質濫用與家庭暴力事件到底是如何相互作用，並帶來影響的呢？一般而言，許多專家會認為物質的不當使用，是家庭暴力發生的因素之一，更精準地說，有許多家庭暴力事件，都是在物質使用之後發生的。然而，並非是所有類型的物質使用都會與家庭暴力有關，唯獨酒精使用，無論從研究報告或實務經驗來看，酒精與家庭暴力事件關聯性，確實已達到不容忽視的程度。實務經驗上，大約有一半的家庭暴力事件都與酒精使用有關，林明傑（2001）也發現法院裁定加害人處遇計畫保護令案件中，有超過 70%的加害人「經常出現」飲酒問題，陳筱萍等（2008）亦提及家庭暴力加害人之中，飲酒行為形成因素之一是同儕學習、飲酒的環境所致，也就是說工作場所的文化氣質、工作結束藉酒放鬆、交際應酬的生活模式是一個重要的影響因素。可見對於家暴事件來說，飲酒行為比其他類型的物質使用更加值得重視。以下，將以酒精使用的家暴事件為例，進行討論。

貳 案例背景說明

1. 此案家範例引用並修改自期刊登載之範例，出處為：陳怡青（2011）。從社會環境與文化價值的觀點談飲酒與家庭暴力——以一個參與「家庭暴力加害人戒酒教育團體」的成員來論述。亞洲家庭暴力與性侵害期刊，7(1)，1-12。
2. 下文中所使用之案例姓名均化名。

一、案家概述

　　李志明，男，三十八歲，十三歲第一次飲酒，結婚前多為社交性飲酒，工作期間飲酒量漸增，近六年來大致上是每日飲酒，偶而會有大醉失態之情形，多次因醉酒而出現酒駕等問題，也曾因為飲酒問題而至精神科住院治療，至今已有二十五年的飲酒經驗。原本從事鐵工工作，有自己的工廠，因為景氣不佳，持續虧損，在太太黃美嬌的建議之下，結束工廠的經營，家庭經濟開始倚賴美嬌的工作所得。失業之後，志明結識住家附近的朋友，每日在公園、小吃攤、檳榔攤聚會喝酒，歷經一年之後，出現憂鬱、幻想、自傷、記不起酒後事情與酒後施暴等情形。近二到三年來，在美嬌協助之下至北部某療養院精神科就診。唯飲酒行為持續，去年底因酒後施暴，美嬌聲請保護令，在保護令的要求之下，參加十二次的戒酒教育及十二次認知教育輔導團體。目前志明仍與太太美嬌及孩子同住。

　　李志明在戒酒教育團體參與期間，自述開始減少飲酒，曾經停止三週未飲一杯酒，之後一週內會偶而喝一到二次，每次一小杯或一到二口。家庭關係改善，並在團體中清楚描述酒精對生活的影響、承認對家人的暴力及傷害、表達改變意願高，並鼓勵其他成員一起面對酒精與暴力的問題。其行為改變獲得家人的善意回應，令個案十分珍惜並感激家人的接納。

　　然而志明在參加認知教育團體中期，因為在團體成員的邀約之下參與會後的聚會，團體成員並廣邀其過去的酒友，介紹彼此認識，飲酒狂歡，並再度醉酒，返家後與家人衝突、將衣服拿出來剪破，並端木炭要自殺，雖然個案清醒後不復記憶，但此次飲酒使得美嬌十分生氣，揚言一定要離婚。

　　志明因此而十分消沉，覺得已經努力解決自己的飲酒問題，但做了十次的好事不敵一次的壞事，家庭關係再度疏離，目前對生活十分茫然。

二、家庭關係

（一）夫妻次系統

　　志明與美嬌結婚時分別是二十五歲與二十三歲，多年來夫妻關係尚可，但每次談到志明原生家庭時，夫妻之間就會出現口角與衝突，早期雖與婆家同住，後來遷出至步行約十分鐘之住所。美嬌原本不反對志明的飲酒行為，直至近年志明的酒後失序與暴力行為漸增，美嬌為此感到困擾，雙方口角增多，也漸漸對志明失業狀態多有抱怨。志明則認為美嬌對其經常以言語刺激，還向法院聲請保護令，因此懷疑美嬌有外遇的情形，雙方衝突漸增。

（二）父子次系統

　　志明過去對子女照顧的方式多是以陪伴遊玩為主，近年來，隨著飲酒與遊蕩時間增多，逐漸減少與孩子的互動，有時因為醉酒與情緒不佳，甚至在夜歸時將子女於半夜叫起來訓話，有時子女也會目睹父母的衝突情境。長子家豪漸漸出現對父親的不滿情緒，曾多次頂撞父親，有一次出現較激烈的父子衝突，而且近來功課明顯退步，明顯有情緒起伏的現象。長女家佳對於父親的行為多順從，很少表達看法與意見，白天則儘量減少接觸的機會，生活重心多置於課業上。次子家君亦會順從志明的要求，偶而志明去社區的公園或檳榔攤閒逛時，美嬌會要家君隨從，志明也會帶著家君外出。

（三）母子次系統

　　美嬌雖然會承受志明的酒後行為，但仍教導子女要尊重父親，聽父親的話。美嬌對家庭的付出與承擔受到家佳最多的陪伴與支持，家佳是美嬌最佳的小幫手，而家豪近來的情緒狀態與對父親的憤怒和抱怨能被美嬌理解，但美嬌並不接受家豪的行為和情緒表現，使得近來母子間亦有一些緊張關係。而次子家君仍年幼，卻是美嬌與志明關係的緩衝點，家君的活潑調皮及各種小錯誤會轉移夫妻雙方的衝突。而每當志明要外出時，美嬌也會希望家君能隨同，期望藉此減少志明飲酒及晚歸的情形。

三、生態系統

（一）志明原生家庭親屬

志明在其原生家庭為獨子，又是老么，結婚前不需負擔太多家庭責任與家事，行事上亦受到父母與姐姐們很多的包容與支持；親屬們對美嬌則期望能多提供志明關切與照顧，令美嬌壓力很大。近年志明的酒後失序、憂鬱及自殺意念，令夫家親屬認為是美嬌對志明的照顧不周所致，而美嬌則漸漸減少與夫家親屬往來。

（二）非正式支持系統

美嬌娘家雖然與案家有些距離，但偶而可提供家庭支持與少許的經濟資源，太太工作則是案家經濟的主要來源，鄰居對志明而言是很重要的社會聯結管道，但因為彼此間多是在飲酒情境之下互動，令美嬌為此感到困擾。

（三）正式支持系統

在保護令聲請之前，學校及（精神科）醫療系統是案家固定的資源系統，保護令聲請之後，社會局及管區則會開始介入案家的暴力問題，對美嬌而言，雖然得到一些支持，但家庭原本的互動模式也因此而受到影響，案家對正式系統介入家庭感到陌生，而且還在調整與適應之中，其中包括志明與警察、處遇系統的關係，美嬌與社會局婦保社工的關係等等。

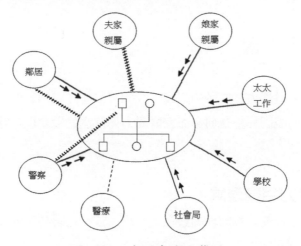

圖 13-1　志明家庭生態圖

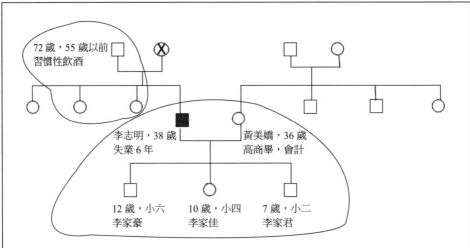

1. 長子：李家豪，十二歲，近年來因父親飲酒情形日漸嚴重，經常半夜被叫起來訓話，近兩年來，開始出現對父親的敵意及憤怒的情緒，且功課有明顯退步的情形。
2. 長女：李家佳，對父親較疏遠，與母親及兄長關係佳，學校成績與適應均尚可。
3. 次子：李家君，與父親關係尚可，有時會隨父親到公園、社區內的檳榔攤玩耍。個性活潑、調皮、小錯不斷。

圖 13-2　志明家族圖

叁 理論依據

若要討論家庭暴力及飲酒的議題，我們可以先從成因的理論來進行思考，到底家庭暴力的成因理論為何？而家庭暴力與飲酒的關聯性在理論上又是如何解釋？

一、家庭暴力相關理論

家庭暴力成因的詮釋的理論觀點：一般而言，在詮釋家庭暴力理論觀點大致分為以下四個面向：

1. 社會文化理論面向：著重在家庭暴力之社會結構，檢視父權制度、文化價值等觀點，及對男性優越及主控權合法化的社會文化信念。
2. 家庭為基礎的理論面向：關注家庭結構與家庭互動因素導致的家庭暴力行為，強調家庭內的角色、功能、界線、互饋系統等面向的問題。
3. 個人為基礎的理論面向：著重加害人的心理問題，如人格異常、受虐童年經驗或生理特質；包括精神分析、認知行為、社會情境學習及依附理論等。
4. 生態模式及資源模式面向：前者強調加害人的生活模式變遷及調適狀況；後者則著重於家庭暴力與家庭資源多寡的相關性，即社會資源不足者如經濟收入不足、人際關係等支持網絡薄弱者易成為較脆弱人口群，而訴諸家庭暴力解決問題與壓力（陳怡青，2011）。

由上述觀點來看，若要著手解決家庭暴力的問題，小自個案內在的生理及心理發展，大至社會文化的層面，對家庭暴力的發生與存在，都有其脈絡可循。因此當我們著手處理案主或案家的問題時，社會工作者必須同時具備鉅視的眼光，理解家庭暴力的社會文化與資源的意涵，並進而處理。

二、酗酒與家庭暴力關係的理論

並非每一個有過渡性飲酒議題的家庭都會有家庭暴力的問題，然而，不可否認酒癮者在家庭暴力問題的比例相當高，雖然研究統計上或有差距，但在家庭暴力的問題中，由飲酒所引發的比例大約都在 40%至 70%之間。

論及酗酒與家暴的關係，同時身兼心理學研究者與社會學家的 Gondolf，認為有三個理論可以論述其中的關聯性（Wilson, 1997）：

1. 失控理論（the disinhibition theory）：此理論認為酒精本身的藥性會破壞一個人的抑制力並且導致反社會行為，支持這個理論的證據為一個人在飲酒後的行為往往不同於其在清醒時的行為，也就是說，此理論的觀點認為暴力是酒精所引起的。

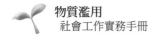

2. 否認理論（the disavowal theory）：此理論強調個人在其酗酒與暴力的關係中的社會學習，酗酒者使用暴力，乃是因為喝酒的因素可以合理化其暴力行為，並且為其行為找到一個理由。因此酒精濫用會是其深思熟慮下的暴力行為的藉口。

3. 互動理論（the interaction theory）：此理論強調生理學、心理學和社會性因素互動之下的變化，藉以解釋酗酒和暴力的複雜關係，這些複雜的因素結合在一起，使得一個人可以決定在飲酒後使用暴力的程度。

從上述這些理論來看，首先，酒精作用所帶來的失控行為是首先必須被正視的，其次再探討酒精使用背後的動機與動力狀態，在清楚面對酒精作用的前提之下，與個案及家庭成員一起思考對酒精和飲酒行為的態度。

雖然如此，社會工作者往往會發現飲酒者及其家人，都需面對一個共同的難關，即酒精的使用行為，是有社會文化的背景所支持，使得在處理個案或案家時，會面臨許多的困境，使我們不得不面對酒精的社會性效果，再進一步思考酒癮性的問題。

從社會文化的觀點而言，酒精可以被描述為擁有四項廣泛的功能（李素卿譯，1996；陳怡青，2011）：

1. 它具有促成社會互動的作用：酒精的使用可以增強社交的連結力，讓涉及自我揭露的溝通型態變得更容易，強化人際間的信任感，撤除自我界限。因此飲酒的狀態可以促使飲酒者分享個人的經驗。

李先生形容飲酒時的酒伴關係，在其飲酒的初期，一起成長的同儕友伴的聚會中，會一起飲酒，使得這樣的社交關係與聚會形式持續數十年。

好朋友啊，就小朋友一起長大的嘛，我老婆講說「換帖」的……聊天啊喝個小酒，這個樣子，就純聊天、純喝酒這樣。

在李案失業期間，他建立起新的社交關係，酒精則是其建立關係的符

號與媒介，在公共場所，只要看到酒和人聚集之處就可以開始產生社會互動。

> 我去，就會隨便跑，搞不好出去走一走，像公園啊、小吃攤啊，坐著就跟人家聊天。一回生、二回熟就聊上啦，就變酒伴。

2. 協助飲酒者自常態的社會責任義務中獲得抒解的機會：因此他們可以自一般社會責任或期待中退陣下來，而暫時逃離個人所扮演的種種角色，也使其得以從此角色壓力中暫歇口氣。
   就李先生而言，其面對失業的經驗，其生活方式有了具體的改變，從每日工作轉而為每日漫無目的聊天，享受漫無目的的快樂。

> 社工：「每天……有那麼多可以聊？」
> 李先生：「打屁……就是……想到什麼說什麼，沒有目標性的，你懂不懂？聊一些沒營養的事情……就沒有目標性的就對了啦。」
> 社工：「那種感覺是什麼？」
> 李先生：「很自在……又自在又快樂，又沒人管你……」

3. 酒精有促進社會或種族團體成員間凝聚與團結的功能：藉以定義「我族」與「他族」的分界。
   在這群飲酒者的群體關係中，飲酒者透過這樣的區別，會經驗到有共同經驗的安全感。李案對其酒友間的共同感有以下的描述：

> 在那邊有什麼……去那邊的人，我敢講十個有八個是不好過的，你了解我意思嗎，沒地方跑嘛。……我老婆就講一句話：「正常的人那，不會去那邊」不會去每天去那邊報到……天馬行空，很輕鬆。

4. 對中產階級或「體制」價值的否認：他們共同擁有相近的反體制價值觀，對多數與常模感到輕蔑，尤其是對那些道德和經濟產能有關的事項。他們的生活型態以追逐逸樂、放任及擺脫家庭責任為主軸；而此種價值結構與中產階級或主流價值所奉行的準則存在著爭論。

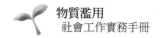
社工：「您剛說不正常的人去那邊報到，那這個快樂是怎麼……？」
李先生：「我也不曉得怎麼講，又自在又快樂又沒人管您……天馬行
空，很輕鬆。」

此種情形曾經被飲酒者以「英雄會」來形容每日的飲酒聚會：一群人
在社會大環境的變遷之下，經濟條件每況愈下，生活條件與家庭關係
亦日益艱難。每日長時間的工作之餘，唯一的樂趣就是參加「英雄
會」，在杯觥交錯間，一切挫折與無奈都突然顯得不再重要，暫離現
實上日益受限的困境，得到一種反向的自由與存在感。

肆 工作方法

　　對於酒癮合併家庭暴力的案件而言，最基礎與最重要的部分就是結合網絡
資源，共同處理這兩個議題。在家庭暴力防治方面：包括安全評估、司法與保
護系統資源提供等部分；而酒癮問題方面則包括：飲酒狀況評估，引進醫療知
識與資源等等。從更深層的角度視之，酒癮與家庭暴力所帶來的困境，無論是
對生活或者是對心理層次而言，都會帶來巨大的影響，因此兩者都是需要長期
工作的介入，才能多面向地解決。

　　另一方面，家庭是不同成員的組合，酒癮與家庭暴力現象也會對不同的家
庭成員帶來不同層面的影響，因此建議針對不同的對象，可以視情形有不同的
介入計畫。值得一提的是，在許多縣市政府的方案設計之中，若案家已進入家
庭暴力防治的保護系統，則較可能由不同的工作者共同著手案家的介入工作，
因此與個案在工作關係的建立上也會比較容易，否則只由單一的社會工作者執
行介入工作，較可能捲入家庭內部既有的動力狀態，且需經常面臨工作上面對
不同角色需求的兩難。若能進入網絡合作的模式，工作者之間必須經常保持聯
繫，統整工作目標。原則上，安全的議題是最為優先必須要處理的問題，畢竟
生命安全是一切工作的基礎。值得一提的是，若家庭能進入保護服務的系統，

並且依《家庭暴力防治法》聲請保護令，並不表示家庭暴力情形就一定會因此而得到控制，王珮玲（2009）發現，擁有保護令的婦女，持續受暴時間超過六年，而對於禁制令、遷出令及遠離令之效果，施暴者違反比率約四成，而再發生肢體暴力之比率則約 19%。陳芬苓（2011）對家庭暴力防治網絡工作人員的調查中顯示：只有 53.19%的工作人員同意和非常同意相對人會遵守保護令的規定；但有 43.59%的工作人員非常不同意和不同意相對人會遵守規定。由此可見，保護令的聲請與核發僅是家庭暴力防治工作的一部分，而非等同於避免家庭暴力的唯一方法。工作者除了協助受暴者思考提出保護令的方法之外，更需看重受暴者本身的需要，運用資源及心理輔導的技巧，提升受暴者及目睹暴力者本身的能力。

　　整體而言，酒癮及家庭暴力議題可能涉及的安全問題包括：未成年子女的安全、婦女的安全、飲酒者憂鬱、自殺及意外事故的風險。工作者可能參考表13-1 進行不同的工作重點。

表 13-1　李家的社會工作工作重點

	李志明（飲酒者）	黃美嬌（受暴者或家庭主要責任承擔者）	家豪、家佳、家君（未成年子女）
工作者	醫院社工 家庭暴力相對人社工 處遇工作者	婦女保護社工 庇護所社工	婦保社會工作者 兒保社會工作者 學校社會工作者
建立關係	1. 傾聽其在家暴司法上所面臨的處境。 2. 傾聽其飲酒精驗、對酒精的需求狀況、同理其對酒精作用的依賴。 3. 接納其飲酒伴隨的情緒、生理困擾。	1. 介紹工作單位及工作者角色。 2. 傾聽並接納家庭在酒精及暴力議題上的困難。 3. 了解當下需求。 4. 提供資源並 empower 受暴者。	1. 對於不同年齡層的孩子，用遊戲、繪畫、說故事等方法，關切未成年子女的生活及學習困境。 2. 肯定孩子曾做過的努力，並區分飲酒與暴力控制的責任不在自己。
評估面向	1. 用會談的方式評估其飲酒現況，必要時可輔助以 AUDIT 等評量工具。 2. 了解酒精對生理健康上	一、安全評估：確保被害人當下的身心安全，並決定及是否需要立即性的介入，包括隔	一、安全評估：確保未成年子女的身心安全，並考慮立即介入之必要性。重點包括：

	李志明（飲酒者）	黃美嬌（受暴者或家庭主要責任承擔者）	家豪、家佳、家君（未成年子女）
評估面向	的影響：習慣性的飲酒長期而言，會對生理及精神狀態造成很大的影響，必須一併評估其生理及精神狀態，同時進行治療。 3. 探討家庭過去的暴力經驗及其主觀看法，核對保護令、警察或婦保社工的資訊，並評估個案與不同家庭成員的主觀經驗的差異。 4. 了解個案對性別意識的主觀態度及其對家庭成員處境的理解，以評估其個人對暴力的認知及家庭動力狀態。	離暴力環境或提供其他必要協助。重點包括： 1. 暴力是否正進行中並危及生命安全。 2. 暴力是否已經造成被害人身體、心理嚴重傷害。 3. 暴力是否可能持續、無法暫時改善，將影響被害人生活、心理狀況。 二、家庭暴力危險評估：經由會談了解家庭暴力經驗，可介由「危險評估量表等工具」（但不可只使用此工具）。 三、醫療相關知識評估：透過個案的飲酒行為因應經驗，評估對飲酒及酒精知識的理解。	1. 是否受適當養育或照顧。 2. 是否有立即接受診療之必要。 3. 兒童是否遭遺棄、虐待、押賣，被迫或引誘從事不正當行為或工作者。 4. 是否遭受其他迫害。 二、心理及發展性評估： 1. 學齡前兒童：是否有體重過輕、外觀髒亂、探索與遊戲能力受限，情緒表達偏向負面、錯誤暴力認知：暴力是因為自己不乖，過度使用攻擊性的行為等等。 2. 學齡期兒童：上課精神不濟、課業難以完成、學習力降低、情緒表現多恐懼、擔心，認同暴力行為、固著的性別刻板印象。 3. 青春期子女：與家庭過度分離或難以分離（向家庭外發展，尋求家庭外的認同對象／捲入暴力的風暴圈，企圖控制家庭暴力的發

	李志明（飲酒者）	黃美嬌（受暴者或家庭主要責任承擔者）	家豪、家佳、家君（未成年子女）
評估面向			生）；對於性別議題及兩性關係感到困難與困惑；過度沉溺於電子遊戲或開始嘗試使用物質。
工作重點	一、安全議題介入： 　1. 若有施以家庭暴力或違反保護令之行為，則聯繫警察或家防官，予以立即性的介入。 　2. 提供法律相關知識，設定暴力行為的界限。 二、依據飲酒狀況評估提供醫療相關資訊與資源。 三、認知輔導教育：認知輔導教育雖是保護令中的處遇項目之一，為使加害人改變其飲酒與施暴行為，故建議考慮於聲請保護令時提出，認知輔導教育的內容一般包括： 　1. 指認暴力行為。 　2. 暴力的本質：權控與選擇。	一、必要時進行家庭暴力防治危機處理，主要包括緊急庇護安置[1]、報警協助、驗傷醫療。 二、依據被害人個別狀況擬定輔導計畫，目前各家防中心可提供相關輔導服務資源大致上包括： 　1. 情緒支持與陪伴。 　2. 心理諮商。 　3. 親職教育。 　4. 法律諮詢。 　5. 協助或代為聲請保護令。 　6. 律師訴訟補助。 　7. 經濟援助。 　8. 醫療補助。 　9. 轉介職訓就業。 　10. 庇護安置服務。 　11. 子女寄養服務。 　12. 就學協助。	一、保護及安置：兒童少年有生命、身體、或自由有明顯而立即危險者，依《兒少法》第五十六、五十七、六十五條，進行緊急保護、安置、長期輔導計畫，或為其他必要之處置。 二、對未成年子以提供必要之生理治療及心理輔導資源。 三、提供資訊：協助增加對物質依賴及飲酒議題的相關知識，並發展因應的方法與策略。

1　成人庇護考量成人已有自主判斷能力，以尊重其個人進住意願及離開時間為主。兒童少年緊急安置則考量未成年人尚無完全自保能力，且有法定監護問題，必須依循《兒少法》相關規定進行緊急安置。

	李志明（飲酒者）	黃美嬌（受暴者或家庭主要責任承擔者）	家豪、家佳、家君（未成年子女）
工作重點	3. 暴力的影響。 4. 情緒壓力。 5. 學習非暴力解決衝突的方法。 6. 尊重的兩性關係與家庭關係。 7. 家庭暴力防治相關法律課程。 8. 酒精減害相關知識。 四、聯結相對人的服務系統，協助長期的暴力行為改變與提升家庭衝突因應能力，找出飲酒與暴力的替代行為。	三、提供資訊，協助理解酒精及成癮議題的衛教知識。	
對整體家庭而言	在安全考量之下，一般在暴力問題解決之後，才會同時一起處理家庭互動的議題，包括： 一、家庭關係的重整：重建家庭功能、使家庭成員有能力因應家庭發展各階段的任務與需求。 二、飲酒問題的處理：飲酒議題是一個需長期面對與處理的議題，飲酒者與家庭成員需： 1. 學習酒精、酒癮的相關知識。 2. 每一個家庭成員都學習為自己尋求協助和支持，而非全然以飲酒者為家庭的核心。 3. 學習幫忙或協助解決問題的方法。 4. 如果有必要，可以找專家進行家庭會談。 5. 對於康復過程有一定的理解，並有耐心。 6. 對長期的康復抱持期待。		

　　除了酒癮問題可能伴隨著家庭暴力議題之外，部分藥癮的家庭也可能有這一類的問題。不同的是，有藥癮議題的家庭需要面對許多與司法有關的問題，因此，家庭在思考是否對外求助之際，會有更多的猶豫，擔心不只無法立即解

決困難，還會面臨刑責的壓力。因此，在處理藥癮合併家庭暴力議題上，社會工作者除了熟知藥理作用與影響之外，也需具備相關的法令、司法處遇的知識。在實務工作上，則需目標明確，辨別社會工作的角色與立場，避免與司法調查的目的相互混淆，除此之外，也需花更多的時間與案家建立關係，並取得信任，提供長期的協助。

 參考文獻

一、中文部分

王珮玲（2009）。親密關係暴力危險評估：實務操作方法的探討。**社會政策與社會工作學刊，13(1)**，141-184。

陳芬苓（2011）。**家庭暴力防治政策成效之研究**。臺北市：行政院研究發展考核委員會委託研究報告 RDEC-RES-099-019。

林明傑（2011）**家庭暴力問題與有效防治——從分類分級到監督輔導**。嘉義市：濤石文化。

現代婦女基金會（2014）。2014 年 10 月 17 日，取自 http://www.38.org.tw/OnePage_1.asp?id=691

新北市政府家庭暴力暨性侵害防治中心（2014）。**新北市政府家庭暴力暨性侵害防治中心，受理家庭暴力及性侵害案件作業流程圖**。2014 年 10 月 17 日，取自 http://www.dvp.ntpc.gov.tw/_file/1198/SG/23696/D.html。

陳怡青（2011）。從社會環境與文化價值的觀點談飲酒與家庭暴力——以一個參與「家庭暴力加害人戒酒教育團體」的成員來論述。**亞洲家庭暴力與性侵害期刊，7(1)**，1-12。

陳筱萍、周煌智、吳慈恩、黃志中（2004）。裁定前家庭暴力相對人特徵與心理社會危險因子評估。**中華輔導學報，16**，147-178。

陳筱萍、曹桂榮、周煌智、黃志中、吳慈恩（2008）。參與戒酒方案男性婚姻暴力加害人飲酒行為形成歷程之初探。**亞洲家庭暴力與性侵害期刊，4(1)**，50-84。

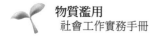
林明傑（2001）。對婚姻暴力犯之治療方案與技術暨其危險評估之探討。載於
家庭暴力相對人鑑定專業人員訓練手冊（111-131 頁）。臺北市：內政部
家庭暴力防治委員會。

二、英文部分

National Council on Alcoholism and Drug Dependence, Inc. (2014). Retrieved from
https://ncadd.org/get-help/intervention

Wilson, K. J. (1997). ed. When Violence Begins at Home. CA: Hunter House Inc.

Chapter **14**

青少年物質濫用議題

——劉柏傳（咖哩）

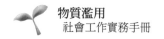
本文將以筆者本身實踐場域「社區型少年服務中心」的角度切入。中心夥伴堅持透過多年外展工作主動出擊的概念，進入少年生活場域之中，在街頭、校園、公園陪伴少年，而筆者藉由與年輕生命交匯後，所累積的在地實踐知識和學習，依不同場景與空間，書寫與少年互為主體的交流過程。

 實務案例

一、在後巷見

在下午五到六點的中心，少女西瓜手機的臉書（FB）訊息傳來彼端好朋友少年小柏丟出的幾個字：「後巷見！」於是少女西瓜表示要下去和小柏碰面，那是個社區後面的小巷，也是少年們經常約碰面的祕密基地，每每總是當少年們彼此感到無聊、煩悶，都會約在祕密基地一起抽 K 煙或拉 K，不過拉 K 的頻率並不高，因為少年經常表示拉 K 的感覺真的不舒服，進而較習慣抽 K 煙。這開放空間及時刻，少年們也發展出許多特別拉 K 方式（一般都需要有 K 盤與卡片的搭配使用），少年小柏分享他曾經在機車後照鏡上、手機面板、甚至透過一頭封死的吸管中磨碎倒出，那個當下是屬於少年自在放鬆的時刻……。

二、一起開趴！

少年在無所事事的 playing[1] 階段亦或是在忙碌工作後的休假期間，少年們總是喜歡「揪開趴」，這個開趴狀態與形式是少年們習慣的休閒生活方式之一，至於開趴的空間可以在少年的家、汽車旅館（摩鐵）、酒店或是 KTV 等

---

[1] 這是善牧臺北市西區少年服務中心持續陪伴，輔導一群屆齡國中畢業後的青少年。其無法或是未能順利在主流升學主義中成長，且未能順利銜接就業，臺灣目前普遍稱該群組少年為未升學未就業，而中心則稱之為 playing 少年（正在玩耍的青少年），少年透過這個歷程摸索探尋自己的未來。

地。下班後的少年最近被抓很緊，去「美*殿」開趴的時候，門口櫃臺小姐都說：「最近三組比較常來臨檢，你們再看看要不要開房間。」忠仔來中心與社工聊到，在過程中少年們使用藥物時，會習慣配搭舞曲音樂幫助進入「藥物迷幻世界」，藥物的選擇多為最近流行的咖啡／奶茶[2]（沖泡式內含安非他命成分的粉末）、前段時間流行過的水（神仙水）、丸子（搖頭丸）或是 K 他命。在這樣的狀態下也順勢產生一個工作——搖妹，這是有別於傳播公司的工作（需要有基本的鐘點費），而搖妹則是在開趴者提供免費的藥物，便可陪伴開趴助興的女性，雖然在開趴的空間中少女可以有姐妹陪伴，但卻也增加女性在施用藥物後的相對危險性，尤其當藥量服用過多而失去意識的當下，很容易造成性風險。不過有不少少女當被警察查獲，而被裁定進少年觀護所進行收容時，社工在與少女重新整理看待那段時間，少女小魚仍說：「不後悔且喜歡過去那段跑趴搖頭的時光，看見招待會所內昏黃的燈光覺得很溫暖，而且比自己的家裡還溫暖。」

三、歡迎回來！

　　一位位剛從少年觀護所或輔育院出來的少年和少女，再回到社區會面對同儕們的迎接方式——直接安排到酒店開趴或是詢問要不要來一支？這是社區發生的真實情況與現象，卻也是少年們經常需要不斷面對的誘惑與考驗，過程實在不容易且困難，尤其對面對許久未用或是意志尚不夠堅定的少年們來說，更是辛苦的是，即使他／她能拒絕三次、五次、十次……，接下來是否還能堅定地面對更多次的試探與誘惑？

四、我現在沒有在兜了，只有抽抽 K 煙！

　　當少年因觸法被抓而接受司法處遇，經過勒戒或收容後再度返回社區後，我們透過持續的陪伴與關懷，關心少年當下及面對司法處遇後的狀態，陪伴少

2　咖啡或是奶茶即為溶包包裝的藥物，少年對此代稱為：喝咖啡聊是非或挫咖（不自主抖腳）。

年在警局、法院、觀護所或輔育院等,社工會問:「最近一次用是什麼時候?」、「是否有堅持住?」、「用量如何?」、「如何可以堅持住?」我們便會追問:「究竟是如何辦到的?」少年小亨大聲且有精神地表示:「我現在都沒有在兜³了,只有抽抽 K 煙!」我:「嗯,感覺的出來,你的氣色好很多,那很棒,你怎麼辦到的?」這是社工站在減害觀點與少年進行互動與對話。

五、要不要試試看

少年小鯊在學校私下跟幾位比較熟的朋友表示:「最近畢業學長小瑪有好東西,你們要不要試試看,一件才四百元很便宜,你們可以一起合買,我可以先給你們免費試抽看看……」藥物會透過這種小蜜蜂⁴的方式進到校園,倘若少年平時在社區比較常出來「走跳」⁵,會較容易連結認識一些比較常在社區玩的少年,甚至少年跟隨的大哥也曾跟少年們分享自己過去的經驗:「如果要出來跟人家『七逃』⁶,那就一定要出陣頭,因為那是最快可以認識更多人的方式之一。」所以少年可以透過許多共同社區生活或是活動來累積人脈,甚至拓展藥物銷售的線路與機會,進而到校園中發展。

貳 案例背景說明

一、社區

在少年們最自在的社區生活場域中,少年經常會遇到諸如上述「歡迎回

---

3 兜,這是少年描述形容使用安非他命的字詞,全名為兜安仔(尚以單手比出國字六的模樣,大拇指靠近鼻孔意指吸食的狀態),或稱逼啵噗(為吸食安非他命時,過濾器〔水車〕液態過濾時發出的狀聲詞)。

4 小蜜蜂的角色,跟在藥頭身旁並協助販賣轉讓。如果少年的生意夠好,大概二到三天可以販售近一百克的量,而小蜜蜂則通常可以領取一天兩到三千元不等的酬勞。

5 臺語,意指出來玩與人互動打交道的意思。

6 臺語,意指作兄弟或流氓的意思。

來」此類的考驗與誘惑，當抽 K 煙變成一件自然的事、當分享 K 煙變成人際
互動的交際手腕之一、當少年生長在容易取得藥物的環境中、當少年在深夜從
事勞動工作時，需要提振精神，當藥物鑲嵌在少年的生活脈絡中，這一切都存
在於看似隱微又自然的矛盾狀態之中。

（一）二十四小時 on call，隨手可得

> 凌晨三點鐘少年阿龍，在剛用完安之後精神正好，玩著手機遊戲並守
> 著乾哥給自己的王八卡手機，害怕自己漏接任何一通電話。電話響起
> 話筒那頭傳來：「碰面聊！」於是少年阿龍便帶著貨下樓，騎上機車
> 前往老地方……。

眾所皆知臺灣目前婦幼保護專線 113，是透過公辦民營的方式進行排班直
接 on call，而在少年藥物世界的輸送管道與方式，亦是透過排班值機的概念進
行，當少年的經濟體足夠龐大支撐，會僱用小蜜蜂協助從事輸送的工作，甚至
透過近似直銷的架構操作，在上線藥頭會教導如何挑選靠得住[7]的下線藥頭，
因此有部分少年會透過這樣的方式賺免費的毒品吃及生活費，而要如何維持客
戶群，不漏接電話是過程中需要辦到的，有些少年會害怕錯過電話，進而選擇
吸食安非他命以維持自己的精神，避免漏接電話而損失任何一筆生意的機會。

（二）透過賣，看見社區中許多成人都在用

> 社工在桃園輔育院訪視五位正接受感化教育的少年，並詢問關心最近
> 院內少年因為毒品而進來的人數有多少。少年小亨主動示：「你看我
> 們五個人裡面有四個都因為用藥才進來的，你應該就知道有多少比例
> 吧！」少年小亨後來也分享自己的歷程：「起初是先自己食用，再和
> 朋友一起叫貨合用，接著自己開始賣[8]，後來竟然還送貨送到朋友少

7　靠得住的藥頭，1.自己不會吃太多；2.錢回得來。
8　進階歷程，因著少年食用量及價格的轉變，也因為隨著這樣的歷程，少年拿藥的價格會較為便
　　宜，且有一部分比例的少年在用藥後，都會進到第三階段從事販賣。

女小萱的爸爸，靠超屌的！還有很多在市場工作的人也都跟自己調貨，後來自己才知道好多大人都在用，我只差沒有放藥給馬英九！」

透過這樣販賣轉讓的過程，也讓少年開了眼界，並在這過程中經歷了某種程度的「轉大人」，因此更加看見與認識自己生活空間與某種真實的處境。

（三）目睹家人用藥兒童／少年

一對男女朋友少年阿月和少女小秋幫忙暫時看顧，並帶著社區一位兄仔[9]近三到四歲的兒子來中心，那時大家在中心籃球機旁玩球，社工主動走過去認識、打招呼，結果少女小秋很開心回應並介紹這位小孩的特殊口頭禪，小孩在少女小秋的慫恿鼓吹下，便進行表演：「阿爸貢，K仔一件四霸摳（四百元）；阿嬤貢：甲K愛怕！」

這是發生在中心場域的真實狀況，卻也勾勒出少年成長過程的處境，更是一個社會現象的縮影。後來常與少年一起聊聊過往自己的家庭，並且談論到家人如何看待少年的用藥行為，不少少年都曾表達過：「我家人也有在用……甚至隔壁少年阿金家是三代都在用藥。」我：「你怎麼知道？」少年：「我們都會聊啊，阿我爸媽就直接在我面前使用啊！或是自己會看到一些水車、或是他們都會在廁所用，但是因為我們家太小，所以其實都看得到，也都清楚他們在做什麼。」

二、日常生活之中

當少年遇到困頓、心情阿雜[10]的當下，藥物似乎是少年最快排除煩惱的選擇方式之一。「不可否認藥物在當下給予少年身心的舒服感」這是筆者陪伴少年去松德院區戒毒門診，與醫生對話時醫生表達的，當然更多時候是透過少年

9　兄仔，是少年們在社區中對於具輩分／年長（年滿二十多歲以上）、人脈、錢路、喬事情（調解仲裁衝突）、拳頭大（很會打架）、叫小賀（膽識夠）等其中一特質的男性尊稱，女性則稱之姐仔。

10　臺語，形容煩躁。

表達出來的心聲，像是在昏暗的外展場域少年小緯：「小時候爸爸都在外面努力工作賺錢，家裡只剩我和妹妹，我的心事沒有人可以說，我都選擇憋起來，壓力很大其實，只有在喝完咖啡後，我才可以像這樣盡情地說……」在過去這段期間中其實有不小比例的少年或少女遇到情感挫折時，當下心情很挫敗又悲痛，尤其當夜晚時分來臨，身旁朋友離去後僅剩自己一人獨處，少年就會容易選擇用過去看見或學習的一些方式逃避，而施用毒品或是喝酒是快速且方便的選擇，因為可以在短時間內讓自己暫時抽離，遺忘與拋開那些不舒服的經驗與情緒。少年會有這樣的選擇，可能是因為少年本身的排解情緒方式並不多，或少年早期生長歷程中的安全感不足，安全依附關係不足、尤其當遇到情感上挫折時，酗酒用藥便容易成為少年選擇排解困擾的方式之一。

（一）逃

在少年小龍高職三年級即將要畢業的前一個月，發生了一件令少年生命大崩潰的事件，一位交往多年的女友劈腿離自己而去，這段經驗對於當時少年的生命產生了很大的衝擊，因此少年起初選擇食用藥物企圖幫助自己舒服一些，但過沒幾天學校透過驗尿方式檢驗出有毒品陽性反應，因此便要求少年轉換環境，表面是要求學生轉換環境，但實際上卻是遭到退學，在雙重打擊下的少年似乎隻身陷在黑洞之中，因此繼續選擇吸食安非他命企圖讓當下的自己好過些，可以暫時逃避面對當下的真實感受……。

（二）娛樂用藥，一起開趴

當少年感到無所事事、工作放假、同儕慶祝生日等等時刻，當用藥變成社區少年們群聚的休閒活動選擇之一時，少年們便會相互吆喝邀請；再加上空間的有限性與隱蔽性，尤其現今青少年在社區外面的活動空間容易受到主流環境的限制與驅離，譬如：過往在外展時，在少年經常會聚集的社區公園聊天，但當聊天音量過大，超乎社區民眾可接受的範圍時，便會遭到社區居民透過市民專線 1999 通報，警察就會過來驅趕，少年也因此從原先存在的開放空間，轉而尋找較為隱蔽的空間群聚，像是轉往同儕家、KTV 或汽車旅館等，也同時增加少年接觸藥物的可能性，透過一起吸食或服用藥物，而進入一種集體性的解放狀態。

三、在販毒背後

我們很幸運透過外展工作的手法和精神，主動出擊進到少年熟悉的場域與生命之中，得以有機會可以貼近與認識許多正處在矛盾困惑、狂飆摸索找出路的年輕生命，讓我們可以更加理解環境、結構、家庭與少年生命之間的複雜關聯度，而不只是單純透過數字統計以簡化記錄少年的行為，協助我們理解體會販毒少年是如何在有限的資源（家庭和教育等）和選擇中，評估判斷而作出當下最好的選擇。

（一）一位十七歲承擔家計的少年

一天午後當時年僅十七、八歲的少年小白，來到中心聊他的感情與最近的生活，社工透過牌卡[11]會談協助少年釐清並整理當下困擾的狀態，後來接著關心小白近況，他談起他為何選擇走上這條路，以及如何使用自己透過販毒賺取收入的資金。小白娓娓道出自己年約五十多歲的父親原本在鐵工廠工作，但因為腳受傷而無法繼續工作賺錢，所以家中每個月固定支出開銷——房貸、水電瓦斯費都直接落在小白肩上，並由他承擔下來，至於小白的媽媽本身是中國籍配偶（少年稱繼母為中國媽媽），因為身分的關係尚無法有太多的工作機會，或是無法賺取太多收入，小白甚至表示：「中國媽媽後來要返鄉探親的開銷，也都是我拿錢出來的。」

（二）一位走投無路的少年

少年大頭因為毀損與傷害案進入司法流程，因為當庭裁示需要繳交民事和解賠償金，當時少年身上並無多餘的錢，因此先由父親代繳，幾個月後少年賺足了錢返家，打算要歸還給父親這筆賠償金。當少年將錢交到父親手中時，父親卻把那一疊錢丟在大頭的臉上並說：「我不要這髒錢，你給我滾出去！」當下的少年難過又氣憤，甩門離家而去並開啟自己漂泊生活。離家那段期間有錢住旅館，沒錢時就住朋友家，所有的家當（盥洗衣褲、手機和錢）都放在自己

---

11 中心社工會經常運用的牌卡，諸如：精靈卡、守護天使卡、oh 卡等牌卡工具，因該類牌卡有別於傳統的塔羅牌，多屬於回到少年本身主體自我投射與詮釋，可以協助與少年之間的工作。

的摩托車車廂中，販毒是大頭當時賺取生活費的方式，社工也與當時選擇過漂泊生活的大頭聊過：「自己是否有設停損點？」大頭：「就放到被抓到為止吧⋯⋯。」大頭在談話結束前準備離去時，幽幽地留下一句話：「你以為我喜歡這樣嗎？」

叁 與青少年建立關係

不論是在外展場域或是透過學校、社會局轉介而來，我們所接觸的少年皆為非自願性的服務對象，不覺得自己需要協助，這是有別以往其他領域的服務對象，因各自需求而主動來到服務提供者的面前或是辦公室求助，再加上少年們的主體意識皆很強烈，所以在初接觸時都會有不少的挑戰。

一、在關係建立前

在與少年接觸之前，自己的心情以及對於在地文化歷史背景、社區脈絡、青少年次文化與眼光，是否已經準備並調整好了嗎？如何在進入之前清楚看見與認識自己、少年與土地之間各為主體的狀態，這是一件比學會何種技巧來得重要的事情。

（一）在地文化歷史背景／社區脈絡

因為在每一個場域社區都會有其自己的發展狀態與沿革，如萬華區：市場遍布、夜間工作、角頭文化、福利人口多等，當理解後，對於整個環境系統才會有更通盤的體會與理解。

（二）青少年次文化

在開始接觸青少年之初，可以先對於青少年次文化有基本的理解與認識，譬如：愛情、同儕、網路世界、流行事物、特殊語言等等，倘若是邊緣少年的部分，也可以擴增對於少年的社區文化、參與組織（角頭、幫派或是公司）、地下經濟（販毒、顧場子、經紀人、酒店）等等的理解與認識，藉由這樣的接觸，可以幫助自己重新檢視自己的界線與舒適圈，尤其當自己面對有別於自己

的世界、價值與選擇，心中定會有許多挑戰、猶豫、掙扎和衝突，如何在過程中透過對話、整理、回觀，解構自己原先的主流價值再重新建構，這是一段不簡單且重要的歷程。

（三）眼光

每個少年的外顯行為背後，都有一些故事值得我們多加理解與認識，試著跳脫傳統以「問題為導向」的工作模式去認識與追蹤輔導青少年，我們則是以「復原力」的概念去看見我們的服務對象，我們相信每一個少年都各自有其價值與力量，「正向眼光」正是最好的體現方式。

二、初次見面

（一）如何約？約在哪裡？

針對尚在就學的少年，有部分少年起初會對於輔導人員約在輔導室進行訪視會談，會被貼標籤視自己是有問題的顧慮，當然也有部分少年喜歡約在學校，因為可以在輔導室會談而不用入班上課。因此通常會依據少年本身狀態以及對於空間自在度，作為判斷而進行約訪，可以是速食店、飲料店或是少年覺得自在且習慣的地方。

（二）怎麼開始談？

1. 使用綽號介紹自己

可試著透過綽號與青少年進行互動，因過往服務經驗，稱謂所代表的意涵與狀態存在階級與權力關係，因此在最初透過綽號與青少年進行第一次接觸，一方面幫助青少年記憶，另一方面讓青少年知道這個助人者好像不太一樣，比較像平權的同輩。接著進行開場說明自己的身分與來意，並進行釐清與警察體系角色的不同，不是扒子[12]而是要來關心和聊聊的：「你知道為什麼會跟你約嗎？因為我們收到通報表，需要來關心了解一下，如果未來當你遇到什麼困難都可以跟我們說……」

---

12 意指監控角色，會通風報信讓少年受到懲處。

2. 站在少年角度幽默開場

「厚！氣[13]不好齁！被學校驗到／法院驗到齁！」、「家人或是學校有沒有靠北你／妳？還好吧？」、「很要緊！ㄘㄨㄚˋ賽了！這樣不是多一條（如果保護管束少年）？」透過一些幽默輕鬆的開場白展開第一次的碰面，一來可卸下少年的擔心、化解初次訪視的尷尬氣氛，並在過程中給予某種程度的同理，讓少年可以放心聊。

三、如何持續維繫深厚關係

（一）放下自己的刻板印象

先止住助人者對於少年當下狀態的評價與勸阻，避免帶著自己既有的偏見到一個社會期待助人者站的位置——改變與成效，助人者需要有些辨識與釐清，否則太快站在助人者的位置或是給予承諾，助人者將會在過程中感到更趨無力與困頓。也應該要取代一般主流體制對於青少年的反應（直接斥責、批判、管教的態度與思維），要接納少年這個人而不是他的行為，讓少年感受到你是願意和他在一起工作的。

（二）帶著好奇心，多觀察、多問、多傾聽、多了解

我們很重視來到面前的年輕生命，他／她不是統計數據上的一個量，更不是一個問題，我們看重的是他／她的生命與價值，在互動過程中是專心注意少年的言談與狀態，使少年感受到被接納及重視，因此會發自內心想理解與認識，所以我們不單只認識眼前的那一位少年，更會認識他的同儕以及他背後的社區與生活等，試著多了解少年是如何在這樣的情況下生活、如何進行這樣的選擇，決定過這種方式的生活、在用藥過程中少年的狀態、自己和同儕在什麼情況下會使用、用完的感受如何、售價與成本價為何、怎樣的方式取得、如何辨識藥物的純度等等，有太多的好奇與疑問都會向少年詢問，也相信透過這樣的貼近可以開啟彼此不一樣的關係。

---

13 臺語發音，形容氣勢、運氣。

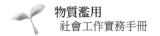

（三）網路工作主動關懷少年

　　網路世界透過電腦或是智慧型手機可以大大滿足少年諸多需求：人際交友、休閒娛樂、情緒抒發、工作賺錢等多元需求，因此中心社工會透過大量的網路工作與少年進行互動，例如：臉書更是現今少年在經營與展現自己的平臺，舉凡分享自己的感情狀態、玩遊戲、上傳照片、分享心情與生活近況，社工藉由主動透過臉書訊息去關心與了解少年生活近況，也因為有這樣的互動而可以快速掌握少年的狀態，並給予適時的關懷與協助。

（四）適時且真實的反應自己眼前少年的狀態

　　助人者除了與來到面前的少年進行會談之外，還會如實反應少年此時此刻的狀態，譬如：眼神、精神、氣色、皮膚、記憶力和體態[14]等，因為少年平時鮮少會注意自己的外表、身型和狀態，讓少年可以藉由他人的看見，協助自己更清楚了解與掌握身體狀況，並有更深刻的體認與覺察，視情況甚至可以延伸到愛自己的議題。雖然在與青少年接觸的當下有時無法有太多的作為與介入，但是我們都會珍惜每一次聚首與交流的時刻，因為我們要面對的是活生生的生命，而這個生命經歷了太多因緣牽動，順著當下的脈絡前行，帶著我們的相信繼續等待，期待再次聚首的時刻。

肆 評估面向與資源連結

　　在服務過程中會針對少年年紀、就學情形、身體狀態、用藥程度、當下藥物對於身體影響，以及對社會互動和他人影響程度等狀況，進行評估與判斷，爾後再考慮選擇資源進行連結與合作，不過目前雖有通報系統與制度，但各資

---

14 在藥物狀態中眼睛多會呈現瞳孔放大、眼神直直和吊吊的；而精神與氣色多是萎靡無力或有黑眼圈；皮膚方面，如果吸食安非他命會長出安豆顆粒狀；記憶力方面通常都有明顯變差的跡象；體態上身體突然變瘦、牙齒變差、體力不佳，容易疲憊等等。

源單位的橫向連結仍受限於資源而有出入與限制性，以下仍可先依照就學狀態和司法資源進行簡單的區分：

1. 就學與否：倘若少年尚在學階段是可以透過教育資源進行掌握與約束，否則如果離開教育系統的少年則鮮少有資源可以介入；
2. 違反《少年事件處理法》與否：少年如果本身已有司法案件，是會受到法院的約束與資源，倘若尚未落入該區塊的少年同樣鮮少有機會可以有被介入的時刻。

以下更針對少年依照現階段較常使用的資源，作約略整理與說明：

一、社政體系

（一）少年（福利）服務中心

各縣市政府社會局（處）透過公辦民營或方案委託設有少年（福利）服務中心，但目前僅有雙北市、基隆市、臺中市、高雄市和花蓮縣支持，而南投縣和屏東縣則是透過非營利組織自籌經費，辦理青少年服務中心業務工作（截至2014年，金門縣與桃園市將於2015年成立），而其他不少縣市政府則是透過公辦公營的方式進行，但礙於資源與人力的限制，很難提供直接且具發展性的服務。

（二）社福團體或安置機構

在社福團體中較少特別針對物質濫用的少年提供服務，目前針對青少年服務的機構多具宗教背景，如更生團契、晨曦會、利伯他茲教育基金會、主愛之家等。而安置機構部分多為以上提及團體成立，一般而言，當少年觸法進到司法處遇才有機會進行安置，有些法官會針對長期物質濫用和屢勸不聽的少年進行裁判，尤其當下矯治機構中少年同儕過多或是因少年的特質，觀護人會同時提供安置機構的選項給予少年選擇，而這些過程都是社工可以與法院觀護人隨時保持聯繫及給予意見，以便做出對於少年較佳的處遇。後來發現幾位被安置

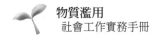
到上述機構的少年都有相對於接受感化教育的少年，獲得較多關懷與陪伴成長，並在戒治狀態上的持續性是較持久的，自我價值與意識也相較提高。

二、衛政體系

（一）毒品危害防治中心

各縣市政府衛生局處下都設有此編制，但在人力與資源有限情況下，除本身業務需面對大量成年藥癮者工作之外，鮮少有資源人力可針對青少年族群的藥物濫用部分，給予直接且實質協助。

（二）相關醫療單位

其中專門針對青少年辦理的服務，有南投草屯療養院成立「青少年物質濫用成癮門診」，其餘尚有一些醫療單位提供協助，例如：臺北市立聯合醫院（松德院區）、行政院衛生署八里療養院等，但此資源介入時機點多半是透過司法處遇後，遭法院強制要求進行就醫處遇，經常礙於少年的非自願性導致效果不佳，除非有極少數少年因覺察身體異樣，不願再繼續過此生活，會主動向社工提出想要尋求醫療協助。

三、教育體系

學校體系雖然持續有春暉專案，到近幾年的紫錐花運動，都是強調從校園開始提早透過三級預防[15]進行操作，近兩年校園都有增聘學校專業輔導人員，以及各縣市政府教育局（處）陸續成立學生資源輔導中心，或駐區學校社工等人力進入校園給予協助，因此在輔導人力上是較以往充足，但仍發現在學校場域會受輔導人力以及學校名聲、負向連結等因素限制，學校透過驗尿篩檢如發現物質濫用學生，即依照流程通報並函送少年法院，但在校園內的機制本身對

---

15 教育部於 95 年即以「教育宣導」、「查察篩檢」、「矯正戒治」的三級預防規劃，推動防制學生藥物濫用措施。

於該群少年較難給予直接協助，不少少年當被發現都會被校方要求「轉換環境」作為處理，在此過程的少年多是感受到雙重的懲罰。

四、警政體系

依據《少年事件處理法》針對少年不良行為及預防辦法，在各縣市政府成立少年輔導委員會（以下簡稱少輔會），隸屬在各縣市政府少年隊之下的編制，但目前在臺灣僅在雙北市、高雄市以及桃園市有編制社工員或稱輔導員（截至 2014 年）針對虞犯少年或是由家長簽署同意書，方可進行追蹤輔導，其餘縣市多為少輔會僅聘有幹事一名，較難提供實質服務。

五、司法體系

（一）觀護人體系

當少年觸法進入司法處遇後，便開始會有保護官進行案件調查，爾後如果法院裁定保護管束，少年將需要定期到法院找觀護人報到，並針對物質濫用少年在家長簽署同意書後，進行不定期驗尿，爾後持續觀察少年的表現與生活狀態，給予不同程度的處遇：保護管束、勒戒或撤銷保護管束裁定感化教育，當然也會依少年狀態給予少年選擇進到安置機構，對於少年而言是具有更多的權力和約束力。

（二）矯治機構（少年觀護所、少年輔育院等）

經觀護人報告建議法院裁判之後，在保護管束報到期間狀況不穩定會透過勸導單給予警示，並依照少年表現狀態而有不同程度的回應，從當庭訓斥、假日輔導、留置、收容，以及撤銷保護管束進行感化教育。短天數的處罰留置與收容會在少年觀護所（臺北與臺南）進行，長時間矯正學校的感化教育有少年輔育院（桃園和彰化）、誠正中學或明陽中學等選擇。

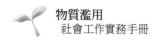
伍 工作方法與挑戰

一、工作方法

（一）了解與傾聽

在青少年發展階段，被傾聽與被理解對於青少年而言是一件很需要的事。因為在少年生命中能夠被了解與傾聽的時刻是匱乏的，比較多的時候是在被誤會或是有爭執時，少年想要澄清表達，而成人（家人或是學校老師）的反應多是：我現在不要聽你的解釋、狡辯、找藉口等責難，因此如果可以好好先緩下自己的焦慮、擔心與批判，好好了解與傾聽少年在什麼情況下選擇使用、用藥的期程、使用時間、過程感覺等等，都是可以直接與少年進行對話交流的題材，這個階段比較像是基本資料訊息的了解與收集。

（二）不帶批評的討論

接續進到少年身體與意識層面的討論，帶著真誠開放的心，關懷與理解少年的狀態以及選擇，針對少年用藥的感覺、過程中是否有不適、是否覺察身體的異樣、用藥的感覺可否被其他事物取代、是否還有其他選項甚至是否喜歡這樣的生活等等，這個部分是進到更深層的感受與價值的討論，有時甚至會衝擊助人者的價值，因此必須要隨時覺察與意識，這個部分的討論是珍貴的，倘若少年願意分享，也代表彼此雙方關係持續前進中。

（三）借力使力

青少年階段是屬於同儕關係的發展，因此許多出來街頭玩的少年也多是在原本環境中得不到太多成就感，而選擇參與陣頭活動、角頭、幫派企業組織等，並且都會很重視且在意同儕的眼光、互動關係等等，少年也在其中找到自我認同和成就感，因此掌握少年們在社區中的狀態，就變成助人者很重要的資源，並可以與少年進行工作。倘若少年身上有些狀況產生（身體健康狀況徵兆、司法案件）、新聞（政府宣戰、被搜索）、風聲（誰被驗尿、誰被警察盯上、誰狀態不清不楚影響在社區的名聲）或是分享真實案例等訊息，這些訊息

多少對於少年們都有些警惕，但不是百分百有效，因為少年們比較多的時候是需要親身經驗才會有些調整。甚至當少年群體中開始有少年思索要戒毒的聲音出現，社工會與群體少年仔細討論要如何辦到，以及彼此相互約定與提醒，運用團體的力量達到相互監督支持的作用。

（四）減害概念

這個前提是確信藥癮無法立即戒斷的，需要時間慢慢地持續前進，因此我們透過減害概念陪伴少年在戒斷前，知道如何在過程中可以保有健康的身體，我們會與少年針對以下的狀態進行討論：

1. 關於藥物的純度以及如何辨識

少年都會說：「這一批藥不純，洗[16]很大，用完沒有 fu。」過程中如果有經驗的少年也會教導我們如何辨識，亦或是少年不清楚，我們也會教導少年辨識，因為當藥物越不純，對於身體的傷害是相較更大的。

2. 如何注意安全

提醒少年在開趴時，當大家都在用藥的過程中，身旁需要有一位清醒沒有用藥的朋友，因為如果遇到緊急狀況發生（譬如：用量過多而休克），隨時都可以有人進行關照或報警求救。

3. 如何保護身體

與持續用藥少年討論在食用的過程中，如何可以保有較為健康的身體，譬如：多喝水補充水分或是多運動促進代謝排毒等。

4. 不斷的提醒

透過不斷提醒少年：少用一點，最近很貴、對身體很傷、注意一點，最近抓很兇等等，讓少年在減害的過程中，可以持續清楚與覺察自己的身體和社會的狀態。

---

16 洗，在現在少年經常使用的藥物中，藥頭為了要賺取更多的錢，會在原本的藥劑中加入洗劑，好一點的藥頭會洗入葡萄糖，比較惡劣的藥頭會混入玻璃粉，以擴充重量，可以賣更多、賺取更多報酬。

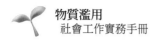
（五）協助發掘更多有意義的事情

不斷在過程中與少年核對狀態與想望，其實少年許多時候是處在茫然無方向的狀態中，但也在這過程中不斷尋找自我認同和意義價值感，因此我們會經常與少年討論，並提出少年不一致的地方，尤其當少年表示自己想要開始努力工作存錢重新開始，但卻還是選擇繼續遊蕩……，我們都很看重少年的每一次重新開始，這都是一個工作的契機點，如何陪伴少年深化與擴散這個開始，就是協助少年尋找與增加意義感，唯有當少年感受到自己的價值和意義感，才得以有機會繼續前進，爾後就是要協助並增加少年的持續力。

（六）尋找其他正向的舒壓排解方式

這個部分的確不容易做但卻是重要的，會使用藥物亦是少年排解自己壓力的方式之一，只是差別在於這是目前法律所不允許的，因此如何在過程中與少年尋找較為正向健康的舒壓方式是重要的，以及如何面對與排解壓力都是助人者與少年工作對話很重要的方式。在過程中，我們也針對少年的需求配搭中心方案，辦理戶外冒險體驗的出遊活動，增加少年正向休閒的選擇與機會。

（七）與家人工作

1. 家庭關係修復

在不少用藥少年背後都帶有與家人衝突的緊張關係，不管少年因為藥而進展到何種階段（未被發現、保護管束、勒戒或是感化教育等），親子衝突經常因彼此觀念與期待上的落差而發生，少年其實也都很敏感甚至期待被家人看見與關愛，但卻也經常遇到當雙方處在高壓力狀態下，容易出現令人受傷的話語（你不要再回來、沒救了等），而造成雙方關係更加惡劣，但當少年遇到相關司法處遇或是困難時，其實是更需要有家人的陪伴與支持，也是親子關係修復的重要時刻，許多家長會常問：「該說的也都說了，該做的也都做了，我還可以做什麼？」社工則會回應：「請繼續相信和陪伴與不斷相信！」因此在過程中會不斷與家人進行澄清與提醒，繼續深化與擴展家庭對於少年的支持力量。

2. 支持家人

家人遇到自己小孩施用毒品的當下，會有許多不同的回應，起初多是震

驚、不敢相信甚至否認等，甚至深感這是一件很丟臉的事，不願跟其他人說，甚至拒絕資源進入等，因此在此過程中是需要被支持和鼓勵的，甚至可以透過個別或是支持團體工作等方式，讓少年家人感到不孤單，知道不是只有他／她這一家和自己在經歷和獨自面對，還有其他家庭也遇到共同的困境，因此持續給予家人與少年支持與鼓勵是必要的。

二、挑戰

（一）資源匱乏

在臺灣目前為止，青少年物質濫用的資源層面仍是匱乏不足的，以雙北市的例子來看，因為雙北市資源是較其他縣市來得豐厚，所以青少年福利服務資源是較多的，但在面對物質濫用少年而言，依舊不足夠且尚處在殘補式服務、資源輸送狀態斷裂，尤其在教育、司法、警政、衛政，以及社政體系是屬多頭馬車，雖然在《兒少法》中訂定需要針對藥酒癮少年進行追蹤輔導，但實際上資源不足與結構狀態未解決都是不爭的事實。

（二）上線貨不斷，下線價廉好取得

在過往的服務中發現，藥物查緝方面多是追查到中下游，而其中多是由少年承擔罪責，況且下線替代率高，而上線貨源未能被阻斷，造成市面藥物依舊氾濫，價格便宜促使少年在生活環境中可以接觸到藥物的機率也隨之提高，風險性亦隨之增加。

（三）教育單位對於物質濫用少年的回應與態度

雖然教育單位都有通報流程，但在面對少年碰觸到毒品，各校的態度與做法卻不一致。有些學校會選擇壓案，藉此機會與少年進行交換條件成為校方的線民，進而監控更多同學；也有學校是選擇較為粗暴的處理方式，直接要求學生轉換環境（退學），這些都是少年在校園中真實遇過的處境，也正是少年如何在看待成人世界的經驗，如果校方可以好好且細緻地針對碰觸藥物的少年給予更多協助和陪伴，定能有不同的成效產生。

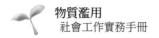

（四）協助少年建立正向的人際網絡

　　要在少年既有的人際同儕網絡和網路社群中介入與了解是一件不容易的事，因為這個部分涉及少年過往的習慣與價值，因此社工要如何能夠打入其中並漸漸滲透進入，則社工必須要能清楚自己的方向，並願意了解少年的既有生活、社區與文化，因過程中會遇到許多衝擊挑戰自己既有價值與知識經驗。在過程中持續陪伴，並視情況給予適時的協助和處遇，企圖慢慢讓社工成為少年生命中另一正向人際網絡且持續拓展。

 參考文獻

《少年事件處理法》（民 94 年 5 月 18 日）。全國法規資料庫，取自 http://law.moj.gov.tw/Law/LawSearchResult.aspx?p=A&k1=%E5%B0%91%E5%B9%B4%E4%BA%8B%E4%BB%B6%E8%99%95%E7%90%86%E6%B3%95&t=E1F1A1&TPage=1

Chapter **15**

女性物質濫用議題

——李易蓁

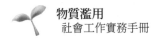
壹 我們的故事

　　我們大多不到三十歲，通常只有國、高中職肄業或畢業，不是還沒結婚就是已經離婚、不然就是跟另一半吵吵鬧鬧。用藥以後的我們，生活圈很封閉、上班的地方龍蛇雜處，有很多人都曾經坐檯陪酒，伴侶也多半有吸毒、販毒或是接送我們上班的馬夫。即使交往有正常工作的伴侶，他們雖然會要求戒毒，但也會因為捨不得我們被警察抓，所以幫忙遮掩。有些人會利用毒品來控制我們，譬如幫忙送藥或以性換藥，有的伴侶則會供應毒品，有時候也會被酒店客人包養。吸毒的開銷很大，因為不願意賣身，不少人就只好靠販毒籌錢。

　　其實，我們在二十歲以前，甚至更早在十一、二歲，就已經開始有用搖頭丸、K他命、FM2或大麻了，後來才慢慢改用安非他命、海洛因，也會同時喝酒或用安眠藥。「家太遠了！」是我們對家的感覺，因為大多數的人小時候家裡環境就不太好。譬如爸媽常吵架或有家暴發生；家裡比較窮、甚至家人也有吸毒，第一次吸毒是家人供給的；或者就是跟家人處不來，總是覺得家人不了解、也不關心。交的朋友都不愛讀書、愛玩或喜歡找刺激，毒品就是這些朋友給的。開始吸毒後，會覺得自己很糟糕、惹人厭，所以就不好意思跟正常朋友再多聯絡，也因為怕家人罵，就盡量躲家裡遠一點，最後就變成只跟吸毒的人混在一起。

　　被家人發現吸毒、認識好的伴侶，對我們而言或許是改變契機。因為如果家人和伴侶沒有放棄，而且還很支持、鼓勵，譬如煩躁時願意聽我們說話、戒斷症狀很不舒服時會照顧、或擋掉吸毒朋友，那我們就比較會覺得生活還有一點希望，或應該要回報愛我們的人，且不會那麼苦悶、覺得自己一無是處。懷孕也是機會，因為我們大多不曾享受過家庭溫暖，會希望小孩不要跟我們以前一樣，所以要振作。但是小孩不好教、開銷又大，如果沒辦法好好抒解壓力，就很可能再走回頭路，靠毒品發洩，也可能會疏忽照顧或打小孩出氣。

女性物質濫用者之困境

女性用藥導致的困境會較男性嚴重（Levin, 1999），且成功回歸社會亦比男性困難（Pape, 2004）。筆者在實務工作中，即常看到女性毒品犯受刑人在得知可以出獄時，因為擔心無處安身而失眠焦慮。當中有些人會因為去酒店上班，可以當天領現金，所以計畫先至酒店工作，等存夠錢了再找正常工作或學學一技之長。聲色場所隱藏的自我貶低和復發風險，她們當然清楚。「有誰喜歡被摸來摸去」，個案是這樣告訴筆者的，但卻似乎是受制於生活困境不得不然的選擇。

Pohl 與 Boyd（1992）在統整相關研究後，指出女性用藥主因先前已面臨母女認同、被暴力對待、家人亦有用藥、貧窮、婦科疾病、具上癮基因、低自尊等，之後則涉入有害活動、否認自我行為和親密關係已構成危機，以及成年後之伴侶依附受損等多重因素導致。且多半是當下已身陷特定困境，想尋求解決的因應行為之一，譬如因找不到工作、心情不好而用藥物放鬆、舒緩壓力。但卻導致不僅原來的問題更惡化，還因濫用藥物而製造新問題。此凸顯女性個案會面臨多重困境，茲分述如下：

一、不當使用之藥理作用

個案較屬多重用藥者，較常濫用海洛因、安非他命、搖頭丸、K 他命、FM2、大麻。藥物本身之藥理作用、使用方式、添加物等問題，均可能會導致生理疾病、精神疾病症狀、情緒起伏大、性冷感或降低性歡愉。

二、愛滋病、性病的感染與傳播

個案會因為性行為較頻繁、性伴侶較多且複雜、不安全性行為、以性換藥以致容易感染愛滋病和性病。亦可能在無意中將疾病傳染給其他性伴侶和共用針頭者。若懷孕生子則可能有垂直傳染問題，波及子女身心健康。

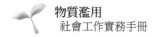
三、創傷情緒、自卑和自我傷害

　　相關研究顯示，部分個案會以毒品來因應家庭暴力或童年受虐的創傷和痛苦（Amaro & Hardy-Fanta, 1995；Ferraro & Moe, 2003）。實務上更常見個案傾向自認一無是處、自卑，陷入既怨恨真心付出未得回報、又自責搞砸伴侶或家庭互動的矛盾情緒中。並較悲觀、容易胡思亂想，也易因憂鬱、嚴重情緒困擾、失眠而求助精神科、有自殺念頭與嘗試自殺行為。

四、受暴困境

　　個案易遭受性侵害或身體虐待（Pohl & Boyd, 1992），且會猶疑是否應該求助，並認為是自己有錯，伴侶才會施暴（許維倫，1997）。筆者在聆聽個案回顧感情史時，也觀察到部分女性在遇到真心相待、客觀條件不錯的伴侶時，會因自認配不上、或終究會被對方發現其缺點而被拋棄，故「不敢高攀」、主動疏遠。反倒是與一些狀況欠佳的伴侶交往時，會因覺兩人「門當戶對」而較心安；即使相處過程，就感受到對方的暴力傾向或操控，也會覺有人愛就好而不輕易分手。甚至陷入總是交往暴力伴侶的強迫性循環中。

五、社會支持欠佳

　　部分個案會因家人不諒解，而被斷絕聯繫，並會被家族成員禁止跟子女會面。再加上她們會有罪惡感，自責惹了麻煩或讓家人蒙羞，所以即使遇到困難，也不願意返家求助。並因有一定比例來自低社經、結構不健全、家暴、亂倫等失功能家庭，或因與家人溝通、情感欠佳才會離家、中輟，故家人能提供的支助也很有限。

六、難以勝任親職

　　物質濫用對女性生殖系統的傷害，與懷孕時之持續用藥，均會衝擊胎兒健康。筆者也接觸過部分個案因長期月經週期不規則，自認無法懷孕，所以無避孕措施，或已懷孕數月仍不知情。且物質濫用母親通常與子女依附關係較為緊張，呈現親職失當、情緒起伏大、過於獨裁權威、管教不一致、對子女要求不

適當、將照顧責任轉移給親友或較年長子女（Schilling, Mares & El-Bassel, 2004）。筆者認為這些負面言行其實呈現她們已自顧不暇，並陷入自我困境的泥沼下，實在沒有多餘心力和耐心來好好照顧子女。

七、陷入經濟困窘、難以穩定生活

謀生困難，難以應付基本生活開銷，甚至無處可住是她們面臨的最現實問題。且她們常會有多重身分，譬如單親子女、未婚媽媽、單親媽媽、受虐婦女等。成長過程中的波折也讓她們沒有一技之長，並因而導致想為回歸正常生活時，就只能找勞力、低薪工作。

 協助女性物質濫用者的特有處遇重點

Pape（2004）指出女性物質濫用者的成功處遇方案必須能滿足女性獨特之醫學、心理和社會需求。這提醒助人者在提供協助時，必須考量女性不同於男性的成癮機制獨特性。以下為筆者綜合實務經驗，並與理論對話，分別就「有助建立關係的會談原則」、「診斷評估時的獨特面向」、「處遇目標建構與落實的實務策略」、「資源連結時的特殊考量」逐一探討：

一、有助建立關係的會談原則

Tracy、Munson、Peterson 與 Floersch（2010）曾指出陪伴聊天是女性個案在康復過程中最能得到情緒支持的方式。社會工作助人技巧則強調「有目的談話」、「扮演專業朋友」。這提醒助人者在與個案的互動時，言談內容、氣氛營造等均宜藉由日常生活瑣事、閒話家常來引導討論。這還牽涉到須能掌握女性特質，譬如可能比較敏感細膩、重感情等投其所好，與避開因濫用藥物的特定忌諱，才能相談甚歡、被個案青睞、信任，進而建立良好關係。相關原則茲說明如下：

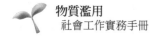
（一）讓個案感受到我們是真心的

　　個案身處複雜用藥圈，為了自保，不免需要「耍心機」或「保持戒心」，再加上自卑心態，自認為不值得被關心，所以她們也會將這樣的心態投射到助人者身上。特別若還有未照顧好小孩或在酒店上班等，較不符合一般道德的言行，就更可能會因為「心虛」，而更自我防衛。若要化解此窘境，可以嘗試以下會談策略：

　　1. 先處理當下心情、削弱無力感，再談處理事情

　　很多時候個案的不自在和防衛，是因為誤以為我們會沒辦法接納她的行為或會責備；也或者是因自認問題太嚴重、已沒有解決的可能，以致無心再多談。所以需要敏感個案會談當下的不自在、自我貶低和無力感，暫時把目標轉移為同理、協助當下的心情宣洩，以及灌輸現況是有改善可能性的希望感。這也有助讓個案感受到「我是懂您、了解您的」，進而較願意接納助人者，並較有改變動機。

　　2. 多聊生活瑣事，且回饋或詢問個案狀況或外貌有改變之處

　　助人者可藉由生活瑣事閒談，評估個案生活脈絡與個性特質。且定要主動回饋或詢問，當下觀察到的個案狀況或與前次會談不一樣處。譬如：「氣色不錯或不太好」、「剪了頭髮」、「穿新衣服」等。這會讓個案知道我們很注意她，是真的有把她放在心上。並化解個案誤認為我們不是真的關心，只是因工作需要才會做做樣子的負面聯想。

　　3. 先聊現實生活困境，其他的再說

　　若個案當下有實質生活困難，可以先協助申請物資和補助，藉此展現我們沒有因為她們吸毒，就另眼相待，或覺得她們不值得被幫助。且先從現實生活困境著手，也可以讓她們感受「好好過生活」的重要性。

（二）充分傾聽，避開敏感話題，除非個案主動提

　　筆者遇到的女性個案，大抵可分為兩類。一類是很能聊，即使很私密或違法，如性生活、販毒等，都有問必答、侃侃而談；另一類就比較情緒化，若心情欠佳，一定可以觀察到，譬如愛理不理，甚至歇斯底里。但不管是哪一類，通常在初期都是需要有人「聽她講話」，並無心力「聽我們的想法」思考、討

論。故助人者應該敏感於個案當下的狀態，識相地先藉由充分傾聽，來鬆懈心防，且避開敏感話題。如果覺得這個議題很重要，就可針對個案前後矛盾處，以低姿態請教方式，引導她們自己說出來，切勿直接面質。

（三）確認她們真的理解相關訊息，以避免被曲解

助人者必須理解，個案因為自我的生命經驗獨特性，所以會有自己的邏輯思維，並可能會影響到對相關訊息的理解。這包括對不了解的事情，不見得會主動問。所以一定要清楚掌握，個案是怎麼解讀我們的言行舉止。譬如筆者就常會用「我記憶力很差，剛才跟您說過的話有點忘了，您幫我提醒一下」，來釐清是否有被個案曲解想法。

（四）接納個案為了生存的「不得不」

實務上，不少女性個案除了吸毒外仍會有其他偏頗行為，譬如兒虐或疏忽子女、販毒、介入他人家庭、性交易等。她們其實也都知道這是不對的，但在當下卻誤認為沒有更好的處理方法。我們必須能以不批判、接納態度同理這部分，才能與個案一起工作。

二、診斷評估時的獨特面向

壓力感受與女性成癮有顯著相關（Sandra, Guillermo, & Hortensia, 2008）。故需敏感於可能觸發負面情緒的危險因子。而若當下已經停藥，她們通常會覺得既然已經戒癮了，就不需要再提到藥物，應予以尊重。並特別評估以下影響因素：

（一）情感依附需求的滿足

女人重感情，但來自配偶、重要他人及家庭成員的社會支持，有正向也有負向作用力（林健陽、王儷婷，2005），需特別關注以下二面向的影響。

1. 伴侶親密關係

女性首次用藥、持續用藥、停藥與復發均與親密伴侶有關（李易蓁，2008）。有些個案會藉由和伴侶一起用藥來增進情感，無奈成癮後，卻為了藥物出賣愛情和身體，只要對方願提供藥物，即甘願受控制。助人者應關注伴侶

是否有用藥、雙方情感契合度、伴侶是資助用藥或要求戒癮、衝突導因等對個案穩定生活的影響。並協助強化抗拒因重要他人的影響而復發或吸毒，且使她們獨立自主、擁有滿意的親密關係，不以成為男性附屬品或無選擇地依賴男性為目標（程玲玲，1997；黃秀瑄、林瑞欽，2006）。

2. 家庭互動與溝通

即使對於原生家庭有諸多不滿，但她們仍普遍十分在乎家人是否看重或關心，特別是家人會不會因為自己吸毒而不諒解。已婚者，也會很在乎婆家親友是否能真正接納。尤其在停藥過程，會特別在乎家人是否願意相信，若自認已努力戒癮，但家人仍然不信任，就很容易因而有偏激想法。

（二）可能導致持續用藥的危險因子

反覆復發本來就是成癮者最需克服的議題，故須針對以下危機謹慎以對。

1. 復發危險因子

實務常見的女性復發危機包括子女照顧困擾、與用藥友伴往來和接觸毒品等。且她們大多有自行戒癮經驗。在個案願意談，且不會激發用藥渴求的情況下，可以一起歸納停藥後何以會導致再用藥的導火線，即可清楚該個案的復發危機。

2. 釐清非理性用藥信念

她們或多或少都有用藥非理性信念，譬如覺得安非他命可減肥、搖頭丸偶而吃沒關係、海洛因可消除煩惱、FM2 可助眠等（莊淑婷，2005）。這些似是而言的觀念需要被澄清，才可確保穩定康復。

（三）敏感藥物與個案求生存的糾結

「去酒店上班前，先用安非他命提神、擋酒；下班時睡不著就用一粒眠或FM2；剛起床，頭會很痛時，會需要用海洛因菸茫一下。」這是個案對筆者描述的用藥經驗。顯見，部分個案需要借助藥物的作用來維持生活，已經不是單純為了「止癮」而已。這提醒助人者需針對個案現實生活或經濟困境一併尋求化解。且她們通常會面臨多重困境，彼此間尚會交互作用，增加嚴重程度，實需整體生活重建，才可以治標又治本。

（四）覺察個案優勢和復原力

當個案願意求助，或因觸法、陷入困境而被迫接受社會服務時，實為改變契機，因為這代表有正式資源資助。助人者若能引導個案在「失望中看到希望」，引導她們看到自我優勢。譬如：懷孕時因擔心傷害小孩而盡力克制藥癮；或為了保護家人不受毒友干擾，刻意避免居家地址外洩；即使被逮捕，也不求援父母，自許敢做敢當等。並協助個案發揮這些自我正向特質來化解困境，將可更適切因應當下危機。

（五）確認可接受的行為底限

成癮會對身心健康造成負面衝擊、高金錢花費易導致個案陷入觸法、自我傷害危機。所以助人者也需要扮演監督者和通報者。亦即當她們有自傷、傷害他人等觸法之虞時，需謹慎思考通報、強制介入的必要性。並向她們說明須遵守的法律規範、可妥協及不可妥協處，以讓個案對助人者有合理期待。且也可藉此讓她們更有現實感，意識到自己的所做所為需考慮到社會和親友期待。值得注意的是，當個案跌落谷底，體驗行為苦果後，助人者需要及時扶持，並藉由我們的相信和不放棄，激發改變動機。

三、處遇目標建構與落實的實務策略

女性的戒癮防治需要多管齊下，並著重以下處遇目標的建構與落實：

（一）激發親職角色動機，協助扮演好媽媽

懷孕是很重要轉機。想當好母親是女性想尋求戒癮的關鍵（Panchanadeswaran & Jayasundara, 2012）。實務上亦常見她們雖曾因想依靠伴侶而在愛情裡浮沉，但之後則將情感依附對象轉移到子女。因為她們會覺得伴侶終究會變心；小孩則是自己生的，如果好好教導、疼愛，就能真正的貼心。只是當媽媽是需要學習的，也有現實壓力，有很多個案曾遭受不當管教，這都會讓她們困擾於如何教養。所以針對個案的親職教育需是教導照顧子女技巧和改正錯誤親職觀念並重。

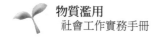

（二）陪伴好好談戀愛，扮演愛情顧問

面對仍期待修復關係的個案，可運用伴侶、婚姻諮商協談，協助雙方更適切溝通，並化解情感危機。特別須協助辨別此伴侶是否值得交往，或者應該好好分手；且敏感於她們是否正陷入受暴危機，而需自我保護。另外，助人者也應覺察伴侶是否出現投入過多心力保護，反而導致女性成癮趨於嚴重化，也無停藥動機等共依附或使能者（enabler）言行。若有必要，也須協助伴侶抒發源自處理個案藥癮問題的情緒壓力，避免其因被影響而跟著一起用藥或衍生心理疾病。

（三）教導有助化解當下生活危機與抒發負面情緒的具體技巧

無法化解當下生活危機而覺壓力大，無法健康舒壓是個案傾向藉藥物抒發情緒的原因之一。故助人者在協助情緒宣洩時，也要針對個案的當下困擾，諸如與伴侶或家人吵架、小孩吵鬧、失業、無處可住等時，直接教導、示範化解策略。並藉此具體演練，讓個案體認除了吸毒，其實是有更無副作用、可替代化解當下問題和負面情緒的方法可選擇。

（四）強化自我肯定，藉創造生活中的成功經驗來激勵希望，勿過於責難藥癮

改變發生在自我價值高的時候，自我貶低會同時導致壓抑自我需求和否定可成功停藥。所以助人者需同步挑戰她們的自我挫敗預言及多灌輸希望感。助人者可以先評估她們可以做到的小改變，並鼓勵努力嘗試。把生活中的小事做好是短期目標，主要是藉此生活中實質改變的成功經驗，讓她們肯定自己的改變潛力，再逐步提高行為要求標準。停藥戒癮則是長期目標，個案即使在受助過程中，仍有用藥或其他偏差，助人者只要表達擔心和反對立場即可，切勿責備或因個案用藥行為，就否定她們在其他生活或行為面向的努力。

（五）建構生活遠景與獨立生活能力養成並重

很多個案若排除藥物和伴侶後，是沒有其他生活目標與重心的；也因鮮少有正常生活，對基本的生活起居安排可能都很陌生。所以發展其他寄託與獨立生活能力很關鍵，這包括生活開銷控制、安排閒暇時間、家務清潔等。特別是

要鼓勵個案眼光放遠一點。筆者就常會以「您希望十年後的您是什麼樣子、過什麼生活」或「希望小孩覺得您是什麼樣的媽媽」來協助個案建構生涯目標，期待她們可以想一想現在要怎麼做，才可以離自我理想近一點，或者至少不要做會讓夢想越來越遠的事。

（六）風險管理、排定困境化解的優先順序

個案常因陷多重困境，而覺百廢待舉，需要改變的問題太多，實在是困難重重，所以放棄改變。甚至部分助人者，也會因為覺得個案問題似乎太複雜、無解而有無力感。針對此，助人者需運用風險管理概念，根據需解決問題的優先順序，先集中火力化解較嚴重干擾部分。且兩相權衡取其輕，藉由包容小偏差，以遏止更大問題發生。並體認某些問題可能會持續一段時間，甚至改變可能性極低，故主要聚焦在尋求替代資源、社會支持，以避免危機擴散或先不要讓問題持續惡化為首要目標會較實際。

四、資源連結時的特殊考量

藥物濫用通常只是個案的生活危機之一，故需有「包裹」式服務，整合多方資源。社會工作處遇更是強調「個人」和「環境」雙重工作焦點之建構支持性的環境。這提醒助人者需藉由協助擴展社會支持，舒緩個案在改變歷程可能面臨的阻礙；且相關資源連結除需考量社交網絡影響、女性需扮演的多元角色，以及化解諸如子女照顧、交通等致使其難以接受服務的其他障礙（Mowbray, et al., 1998）外，也需要考量以下面向：

（一）化解因為被汙名化，以致抗拒求助心態

Pape（2004）曾提醒需協助她們抒發汙名化（stigma）所衍生之罪惡感和羞恥感，才可打破女性因為顧忌社會烙印而猶疑求助的情形。實務上也常見個案會因為覺丟臉、擔心被責備、覺得自己不值得或不好意思而拒絕協助，而這也常導致問題惡化。故實需仰賴助人者真誠接納和多主動關心、詢問。

（二）破除對接受社會服務的負面評價

她們會因極度嫌惡自己，自認受到差別待遇，以及對專業戒癮處遇成效存

疑，以致抗拒接受相關社會服務（Smith & Marshall, 2007）。實務上也很常見個案有自認沒被幫助到的受助經驗，但這除了可能是因為之前的助人者確實有不妥之處之外，個案不合理的求助期待，譬如認為社工應該要幫她找到工作，卻忽略自我狀態不適合工作等也是原因之一。助人者不僅需建立合理期待，讓個案了解我們的立場和限制；亦必須能坦然接受她們的批判，承認相關資源的確無法完全滿足所有需求，但是至少能使情況比原來更好一點，用這樣態度鼓勵她們嘗試運用。

（三）謹慎評估個案使用資源能力與濫用資源風險

改變是需要時間的，特別個案會有一段時間是屬仍與特定問題共存的曖昧期，故必須清楚她們的社會適應欠佳言行，在資源介入的「加持」下可能衍生的風險。譬如：用子女福利津貼，買毒品或喝酒；伴侶因為知道她們有領到急難救助，就跑來要錢而起爭執；或者因為覬覦子女補助，即使已無力照顧，仍然執意把小孩留在身邊等。這提醒助人者需要謹慎思考、評估個案是否有正確使用資源的能力，以及當資源介入時，可能產生的連鎖效應是什麼，再藉由調整資源提供內容、方式等，先做好預防措施。

（四）掌握個案真正的需求與需求的變動狀態

很多個案其實只知道自己的困擾是什麼，但卻不見得能覺察真正的問題本質和需求。譬如到處應徵工作，卻忽略無一技之長才是關鍵；覺得孤單，就期待盡快有交往對象、「有人陪就好」，忽略選擇合適伴侶的重要性。其次，Hohman 和 Lounghran（2013）針對入住中途之家的女性物質濫用者所做的研究，則指出即使已滿足她們在入住時所表達希望得到的幫助，也會有部分個案因為發覺機構無法滿足其需求，而提早離開。凡此都提醒助人者，她們主觀表達自己需要協助之處，不盡然是正確的。是故，我們需要跳脫個案的口語陳述，力求客觀剖析隱藏在個案表面困擾下的真正問題本質，據以進行需求評估，再進行資源連結。

肆 展望與挑戰

相較於男性，女性在戒癮歷程中需克服的危機是比較嚴峻的。因為她們會面臨致命的雙重打擊，包括性別角色刻板印象的社會不平等與因藥物濫用而衍生的問題（Davis & Dinitto, 1996），實需多元協助。臺北市政府警察局少年警察隊督導員陳必豪（2014）即提醒，在協助女性物質濫用者時「要使其在不同面向中都有重新生活的盼望感。或給予其對自我生命的嶄新詮釋與信念，包括生涯、感情、經濟、人際等，以免好不容易幫助她改善一兩個問題，又因為周圍相關的問題還沒解決而又灰心放棄。」

值得肯定的是，相關研究顯示，即使面臨較嚴重困境，但是女性的改變動機和戒癮成效都比男性高。譬如：在高危險情境中多仍可維持禁絕用藥、較願意承認藥癮問題、求助社會支持（Pelissier & Jones, 2006）。並在接受完整處遇後，較能減少物質濫用情況（Marsh, Cao & Shin, 2009）。顯見，女性物質濫用者具一定程度的復原力，助人者應慎思如何協助開啟。

當然，在戒癮歷程中，勢必會遭逢反覆用藥或困境未能化解的「失敗經驗」。此時，助人者不僅須能自我激勵，也要引導個案看到此努力改變過程的意義，特別是「只要比原來好，就是進步」，並在「不可能中看到可能」。切勿太拘泥於定要徹底解決問題，方可避免個案衍生挫敗的自我實現預言，以及助人者的專業枯竭。

參考文獻

一、中文部分

李易蓁（2008）。**女性藥物依賴者伴侶親密關係之研究（未出版之博士論文）**。國立中正大學犯罪防治研究所，嘉義市。

林健陽、王儷婷（2005）。**壓力與社會支持對女性毒品再犯影響之質性研究**。更生保護實務與犯罪矯正學術研討會。臺北市：法務部。

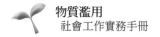
許維倫（1997）。**遭受婚姻暴力婦女因應方式之研究**（未出版之碩士論文）。
　　國立中正大學犯罪防治研究所，嘉義市。

程玲玲（1997）。海洛因成癮者的家庭研究。**中華心理衛生學刊，10(2)**，45-65。

黃秀瑄、林瑞欽（2006）。**觸發不同用藥類型海洛因成癮者復發決意之生活事
　　件比較研究**。2006 年犯罪問題與對策研討會論文集。

二、英文部分

Amaro, H., & Hardy-Fanta, C. (1995). Gender relations in relations in addiction and
recovery. *Psychoactive Drugs, 27,* 325-337.

Davis, D. R. & Dinitto, D. M. (1996). Gender differences in social and
psychological problems of substance abusers：Acomparison to nonsubstance
abusers. *Journal of Psychoactive Drugs, 28*(2), 135-145.

Ferraro, K. J., & Moe, A. M. (2003). Mothering, crime, and incarceration. *Journal of
Contemporary Ethnography, 32*(1), 9-40.

Hohman, M., & Lounghran, H. (2013). What Do Female Clients Want From
Residential Treatment? The Relationship Between Expresses and Assessed
Need, Psychosocial Characteristic, and Program Outcome. *Journal of Dual
Diagnosis, 9*(1), 3-10.

Levin, J. D.(1999). *Primer for Treating Substance Abuse.*Lodon：Jason Aronson
Inc.

Mowbray, C. T., Oyserman, D., Saunders, D., & Rueda-Riedle, A. (1998). Women
with severe mental disorder. In B. L. Levin, A. K. Blanch & A. Jenning(Ed.) ,
Women's Mental Health Services: A Public Health Perspective(pp.175-200).
London: SAGE Publication.

Marsh,J. C., Cao, D.,& Shin,H.(2009).Closing the Need-Service Gap:Gender
Difference in Matching Services to Client Needs in Comprehensive Substance
Abuse Treatment.*Social Work Research, 33*(3), 183-192.

Panchanadeswaran, S.,& Jayasundara, D.(2012). Eeperience of Drug Use and

Parenting among Women in Substance Abuse Treatment: An Exploratory Study. *Journal of Human Behavior in the Social Environment, 22*, 971-987.

Pape, P. A. (2004). Assessment and intervention with alcohol- and drug-abusing women. In S. L. A. Straussner (Ed.), *Clinical Work with Substance-Abusing clients (2nd Ed.).* (pp.347-369). New York: The Guilford Press.

Pelissier, B. & Jones, N. (2006). Differences in motivation, coping style, and self-efficacy among incarcerated male and female drug user. *Journal of Substance Abuse Treatment, 30*, 113-120.

Pohl, J., & Boyd, C. (1992). Female addiction: A concept analysis. In T. Mieczkowski(Ed.), *Drugs, crime, and social policy*(pp.138-152). Boston：Allyn and Bacon.

Sandra, A., Guillermo P., Hortensia, A. (2008). Spirituality, sense of coherence, and coping responses in women receiving treatment for alcohol and drug addiction. *Evaluation & Program Planning, 31*(1), 113-123.

Schilling, R., Mares, A. & El-Bassel, N. (2004). Women in detoxification: Loss of guardianship of their children. *Children and Youth Service Review, 26*, 463-480.

Smith, F. M. & Marshall, L. A.(2007). Barriers to effective drug addiction treatment for women involved in street-level peostitution： A qualitative investigation. *Criminal Behaviour and Mental Health, 17,* 163-170.

Tracy,E.M.,Munson,M.R.,Peterson,L.T.,& Floersch,J.E.(2010).Social Support:A Substance Abuse Treatment. *Journal of Social Work Practice in the Addictions, 10*, 257-282.

Chapter **16**

物質濫用合併法定傳染病議題

——陳玟如

壹 物質濫用與法定傳染病的關係

　　儘管疾病治療應由專業醫生進行診斷與檢查為佳，然而社會工作者仍須對疾病療程與資訊有所掌握，**在於增加同理、陪伴、支持服務對象及其家庭，並扮演跨專業評估的重要協調者、資源連結者及權益倡導者，以利服務對象在健康與生命的維持與品質**。在 Nelson（2012）指出社會工作者對合併 C 型肝炎或愛滋感染等物質濫用者的服務方式，特別適合運用以減少傷害為基礎的服務；但就臺灣較重視發展醫療減少傷害治療[1]，而缺乏提供個體社會性支持性減害服務下，容易將個體推向醫療化與傳染病防治的位置，使物質濫用者與社會工作者將同時面對多重脆弱處境的推擠與不利結構的壓迫。

　　物質濫用者相較於非物質濫用者有更高健康風險的原因[2]，往往來自物質濫用者就醫時，因面臨藥癮與犯罪汙名、藥癮復發、戒斷症狀引起的複雜生理狀態、個體生活秩序的混亂等，無法穩定獲得症狀舒緩與適當治療；加上醫療的經濟壓力（如無健保身分）、再犯危機、物質濫用者擔心到醫院就醫的記錄會被治安單位作為再吸食的證據等因素[3]，造成了物質濫用者多半不願意、也不習慣主動求助正式醫療資源[4]。又目前臺灣對法定傳染性疾病的治療，多伴隨以防疫為目的的綿密追蹤服務系統（如傳染病防治法、愛滋個案管理服務、肺結核都治計畫），使得當物質濫用者被診斷有法定傳染疾病時，在生活上須

1　臺灣目前的減少傷害計畫以美沙冬替代療法與針具交換為主，且多設立在醫療院所。

2　使用不同物質會面臨不同的健康議題，以長期使用海洛因的物質使用者為例，在皮膚與消化系統較容易出現皮膚乾燥、皮疹、肝腎功能異常、易感染肝炎（C 肝、B 肝）、肝硬化，以及肝腫瘤等症狀；在神經系統上，則容易引起自律神經功能失調、神經遞質混亂、交感神經亢進、焦慮與睡眠障礙等問題（劉金華，2008）。在 1997 到 2006 年臺灣健保資料庫分析也發現，物質濫用者患有精神疾病的盛行率比非物質濫用者來的高，因此也較常引發精神分裂、重鬱症、自殺等狀況（廖俊惠，2007）。

3　儘管物質濫用者由於擔心再犯而產生此焦慮與誤解，但根據醫院的臨床工作者表示，幾乎不曾有司法單位依此調閱病人資料作為再吸食證據；因此此狀態的提出僅供新手助人者參考，以更進一步理解服務對象的焦慮並創造澄清的機會，以強化信任關係的建立。

4　參考書目：Angela J. Dean et al., (2009)，Kate Dolan, et al., (2011)，John Macdonald, et al., (2011)；徐貴珠（2011）。

面臨「犯罪系統」與「衛生系統」兩者對物質濫用者[5]在犯罪預防與傳染預防的雙重治療、追蹤、控制與防疫教育，並對「個人與家庭生活習慣、人際互動、疾病適應與治療、未來生涯規劃、物質濫用行為」等各層面產生更複雜的影響，除加深與物質濫用者關係建立的困難，並使社工服務面臨更多挑戰與變數。

儘管並非所有的傳染性疾病都會發展出高度的監控系統，其監控密度的發展主要與健康風險有高度關聯外，還受到不同傳染疾病的社群汙名處境、疾病迷思、道德偏見所影響，使得即使有些傳染病的傳染途徑相同（如愛滋與 C 型肝炎），卻發展出不同監控強度的防治策略。筆者整理圖 16-1 的目的，即希望提供接觸汙名議題較高的傳染疾病的新手社工了解此雙重系統的輪廓，並透過提供物質濫用合併 C 型肝炎、愛滋感染、肺結核等傳染性疾病的服務經驗[6]，作為日後實務工作之參考。

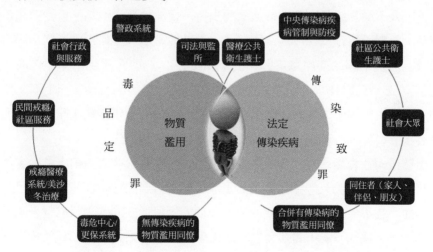

圖 16-1　物質濫用合併法定傳染疾病者的生活系統

5　目前在臺灣因感染法定傳染病，以致個體在就學、就業、就養、就醫上有別於其他疾病的相關法令，包括：《傳染病防治法》／《刑法》／《人類免疫缺乏病毒傳染防治及感染者權益保障條例》中對公共危險與散播傳染的刑責、《勞動基準法》在職場上授予雇主及非感染勞工的權利與義務、學生保險／勞工保險／商業醫療保險中對傳染疾病醫療給付的除外責任條款、公務人員資格取得辦法中，對法定傳染疾病體檢的規定等。

6　此處所指的服務經驗，均為筆者從事實務工作之累積。本章所提供的案例，均已去連結（化名），並在遵守保護隱私的狀況下處理個人資訊。C 型肝炎的物質使用者因服務對象均已往生，無法再次取得口頭同意；在合併愛滋感染之物質使用者則以綜合性經驗整理，不以單一案例呈現，以維護案例之隱私。

貳 C 型肝炎與物質使用的實務經驗

一、案例與背景說明

曾先生是筆者從事物質濫用服務初期的服務對象。民國 91 年開案服務時，年時三十七歲，以下便是服務曾先生的經驗與整理。

曾先生十三歲開始使用安非他命，十五歲中學畢業後沒有繼續升學，並翹家到八大行業幫朋友跑腿以賺取生活費，期間持續使用安非他命以維持精神和體力。十八歲那年因酒後臨檢並同時被驗出有藥物反應，被判勒戒八個月。自述當時因在監所內認識了使用海洛因的獄友，且出監後因學歷低、有前科、要配合觀護驗尿等因素，找工作時多不順利且被瞧不起，加上原本便與家人關係不好，家人不願意給予經濟與情緒面的支持，便開始藉酒澆愁。直到與先前獄友聯繫上，開始幫獄友進行海洛因驗收、運送與販賣等工作以求溫飽；同時也在這樣的狀況下開始使用海洛因，從一開始ㄅㄥˋ煙[7]，不到半年便轉成「走水路」[8]。二十二歲那年，因被釣魚[9]而再次入監，並被判有期徒刑七年。服刑期間，曾先生認識了入監教化的某戒癮村工作人員，多年接觸後開始有信仰，並決心出監後要洗心革面，不再讓任何藥物控制他的人生。

出監後與社會斷層七年多的生活並不如意，並再次落入先前出監後處處碰壁的挫折經驗中，仍只能靠打零工與工地工作維持溫飽。心裡時感鬱悶且身心俱疲的他，在不敢再染毒的自我約束下，從慢慢消遣式的飲酒轉成越來越嚴重的酒精依賴。民國 90 年間常發生喝酒後就跑回家對家人咆哮，甚至多次出現

---

7 「ㄅㄥˋ煙」（臺語）：海洛因使用者慣用術語，海洛因使用者以類似抽煙的方式，將海洛因捲成香菸狀後加以點火燃燒，並吸入燃燒後產生的氣體。

8 「走水路」：海洛因使用者慣用術語，即透過使用針具進行皮下／血管注射融入稀釋液的海洛因。

9 「誘捕」（entrapment）：其語意起源於狩獵時為引誘獵物接近所採取之誘獲手段（decoy）。而所謂誘捕偵查乃指偵查機關（人員）或受偵查委託（僱用）者，教唆（或者幫助）他人犯罪，於該人從事犯罪行為時立即加以逮捕之偵查方法。

自殺／自傷行為；在多次急救的就醫過程中，發現已經有了肝硬化的症狀，但由於曾經有吸毒前科與酒癮病史，發現幾次住院時開立的止痛藥都無法緩解疼痛，因此拒絕持續住院治療，出院後也只會喝得更兇，並再次循環與家人的拉扯與衝突中。這樣的狀況持續了近一年，與家人協議後曾先生被家人送至七年前認識的戒癮村戒酒。筆者與曾先生一同工作八個月後，因曾先生順利考取神學院而結束服務關係，並在家人陪同下離開戒癮村。而在入學前，曾先生留下遺書給家人、戒毒村工作人員及筆者後，以自殺的方式結束了四十年的人生。

二、服務關係的建立

對一個剛踏出校門並進入社工實務的工作者來說，運用在學期間的學習與實習經驗並落實於服務關係中，是實務探索初期很重要的依據與準則。因此，筆者當年在與物質濫用者建立關係時，多半依循著貝斯提克在《個案工作關係》（*The Casework Relationship*）中所強調的定義，以**個案工作的七大原則**[10]進行服務關係的建立，並在初期試圖運用同理、傾聽、真誠、接納等態度建立關係。

在每週一次的會談過程中，僅在前半小時與曾先生有短暫的交談，之後便都靜默。猶記得首次會談結束前，曾先生主動詢問是否之後會談時可帶雜誌來看，在筆者同意下，之後的會談都處於曾先生看雜誌而筆者陪伴的狀態。儘管接下來二次會談並無**交談**，但時間一到，曾先生總會準時出現並安靜看書，與工作者一起在沉默中度過二小時。筆者初期雖備感挫折且苦無實踐**傾聽**的機會，然而**穿著案主的鞋陪他走路**卻似乎是學校教導更為重要的實踐，因此耐心等待並陪伴成了會談初期的目標設定。猶記第四次會談時，曾先生帶來《聖經》且主動開口的第一句話是：「我真的很想再打海洛因，因為我真的覺得很痛。」至此筆者才開始**以口語**的方式展開個案工作。正如 Mark L. Knapp et

---

10 個案工作的七大原則：1.個別化；2.有目的的情感表白；3.有控制的情緒涉入；4.接納；5.非判斷的態度；6.案主自決，及7.守密。

al.（2013）指出安全感較低、與他人口語溝通有長期累積的挫敗、與他人建立信任關係的經驗較少的溝通對象，互動者在非口語溝通所傳達的訊息對於溝通者十分有意義且重要，若能運用「非口語的接納與同理」作為創造服務對象的會談環境，應能成為日後服務對象願意持續共同工作的關鍵。

三、社工評估與 C 型肝炎疾病資訊

（一）社工評估

　　個案工作的五個月內，主要以會談和情緒支持為主，討論議題包括對海洛因的渴求、酒精的慰藉與對海洛因的替代、酒精對疼痛的控制、家庭關係與成長歷程、入監與工作經驗、宗教對其心靈的撫慰與意義、自我形象與低自尊等議題，其後三個月則是協助曾先生就學的準備與生涯規劃的討論。儘管戒毒村的生活與外在連結相對較低，但在其他藥癮同儕、信仰、家人通信等正向支持下，曾先生慢慢出現未曾有的信心與希望感。自述慢慢染上酒癮的原因，除了因生活苦悶，主要是希望用酒改掉海洛因（因酒癮不觸法）；在戒毒村的日子裡，雖身體偶感疼痛與不適，但因不願再被藥物控制生活、過去無效且多被歧視的就醫經驗、對自己有所期待等原因下，多以禱告的方式緩解，並拒絕就醫檢查的建議與安排。

　　當時評估與處遇的方向，設定在戒癮、社會與家庭關係修復、生涯發展與規劃上，服務的八個月內也堪稱順利。但在曾先生順利考取神學院並因準備就學而離開戒毒村時，卻因學生體檢發現已有肝硬化的狀況，在得知治療費用龐大且治療率低的壓力下，仍選擇了以故意使用過量海洛因的方式結束生命。在最後書信的字裡行間雖透露諸多遺憾與歉意，但對自己曾為生命與生活努力過而感到無憾，並自述以蓄意使用海洛因結束生命，並不代表他對自己的放棄與控訴，而是終能永遠止痛的一種釋懷，唯一虧欠的只有曾經還對他有期待的家人與戒毒村的夥伴們。而這樣的服務經驗對筆者而言是沉痛的記憶與教訓，也更提醒著面對 C 型肝炎物質濫用者的處遇服務，不僅僅需專注於成癮行為對個體健康與生活造成的衝擊，同時更應在 C 型肝炎的病程知識與治療、物質

濫用者對疼痛控制與物質使用的關聯，以及生命處於多重脆弱處境的服務對象，有更完整的處遇知識及評估能力。

（二）C 型肝炎疾病資訊

由於慢性 C 型肝炎的治療需半年至一年，副作用大、費用昂貴，且並非每個接受治療的病人都能治癒，因此治療前醫療團隊應務必詳予解釋，以取得病人與家屬的支持和了解，增加療程中不適的忍耐力，在治療後也應定期追蹤（劉俊人等，2012）。就臺灣疾病管制署對十五歲以上人口研究調查顯示，C 型肝炎的盛行率為 3.87%，且 C 型肝炎感染是可透過用抗病毒藥物治癒[11]，只是目前仍未有預防 C 型肝炎病毒感染的疫苗。

C 型肝炎病毒最常見的傳染途徑為血液感染[12]與特定體液傳染[13]，如輸入已感染血液、器官移植、使用受汙染之注射器注射、針扎意外、靜脈注射毒癮者、經母體傳染給胎兒。與 C 型肝炎病毒帶原者共食用餐、接吻、擁抱等，並不會造成傳染。對尚未感染 C 型肝炎的物質濫用者在預防上，應盡量避免與 C 型肝炎者在無保護措施下發生性行為、避免不必要或不安全之注射或共用注射器具、避免不安全的血液製品輸入體內，以及謹慎處理尖銳醫療廢棄物，避免帶有 C 肝病毒的血液直接進入人體之內。而 C 型肝炎的症狀[14]通常因人而異，且約八成的人在初期不會有症狀，以致容易輕忽追蹤與診療的重要；在疏於防範下，過量飲酒、過度服用藥品、體重過重等，都容易造成肝臟慢性發炎、肝硬化、脂肪肝，甚至是肝癌等結果。因此對於肝臟健康的判定，不能

---

11 治療已由干擾素單方療法（interferon mono therapy）進展到直接抗病毒藥物（劉俊人等，2012）。

12 血液交換包括：輸血、共用針具、器官移植、使用帶有 C 肝病毒的血漿製品等。

13 具有傳染力的體液包括：精液、前列腺液、骨髓液、陰道分泌物、胸腔液等。而汗液、口水、淚液、鼻水、尿液、糞便等體液因帶有的病毒量極低，因此無傳染力。

14 初步被感染時，大約 80%的人不會有症狀，只有 20%的人可能出現急性症狀，包括發燒、全身無力、食慾不振、噁心、嘔吐、腹部疼痛、黑茶色尿液、有時會有黃疸等。60%至 70%的慢性 C 型肝炎患者會出現慢性肝病，約 5%至 20%會發展成肝硬化，而 1%至 5%會死於肝硬化或肝癌（國家衛生研究院，2011）。

僅靠肝功能指數的判定（如 GOP、GTP[15] 只能顯示肝臟發炎與否的判定），只要有 C 肝帶原，便應定期接受胎兒蛋白指數與腹部超音波檢查，才能準確判斷肝臟健康。染 C 型肝炎發病通常不明顯，症狀包括厭食、腹部隱約不適、噁心、嘔吐等，有時會有黃疸；疾病嚴重度可從不明顯的症狀到會引發致命情況的猛爆性肝炎，但大都症狀輕微或無症狀。感染後約 70%至 80%會演變成慢性肝炎，症狀發生呈波動性的出現，但常常無臨床症狀（行政院衛生署疾病管制署，2015）。

四、處遇與挑戰

在此服務過程中忽略了兩大重要的評估方向。其一，是「生理疼痛」、「成癮物質止痛作用」、「戒癮」三者間的微妙牽絆與相互影響評估。英國疼痛學會（British Pain Society, 2007）指出：「**緩解疼痛與疼痛預防，是人類的基本權利與本能，因此不應該予以排除利用鴉片類物質緩解人類的疼痛**」（Nelson, 2012），但當這些物質濫用者往往在藥癮與犯罪者汙名的狀態下就醫，而經歷歧視、排除、拒絕、徘徊於疼痛失控與戒癮間，亦經常發生在這些壓力、焦慮與自我懷疑下，轉而把酒精當作疼痛控制的良方。

其二，是服務對象的自殺意圖與自殺史，在此服務對象的生命經驗中累積了許多的挫敗，伴隨著長時間的多種物質濫用（包括安非他命、海洛因、酒精等），對大腦的認知功能與調適力上，都應投入更多的心理輔導、身心治療，及長年心理抑鬱與自殺意圖的相關性評估。由於自殺行為的實踐對此服務對象並不陌生，甚至已成為回應壓力與生命挫折的慣性方式時，助人者則更應謹慎評估並於信任關係穩定下，對物質濫用者慢性自殺意圖有所預警與深度評估。

儘管本案例主要整理 C 型肝炎與物質濫用行為之間的關係，但主要目的是試圖開展服務合併感染 C 型肝炎的物質濫用者的評估視野。由於 C 肝是常見的慢性疾病，在社會與生活的困擾可能長達數十年以上，要穩定且長期鼓勵

---

15 GOT、GTP 為抽血檢查肝細胞在血液中釋出的酵素，正常值都在 40 單位以下。

合併 C 肝感染的物質使用者接受治療與追蹤相當不易；因此建議助人者面對當 C 型肝炎已發展至致命階段時，可更進一步了解疼痛控制與成癮／戒癮的關係，建構提供物質濫用者更安全且友善的醫療環境，並在面對有多次自殺未遂記錄的服務對象時，能更敏銳於自殺意圖的評估與預防。

愛滋感染與物質濫用的實務服務經驗

一、案例與背景說明

（一）複合案例

以摘錄合併愛滋感染的不同物質濫用對象的服務對話為例，呈現社會工作提供此類型服務對象的多面向性。

> 男性使用海洛因合併愛滋感染者：「他們都會問我要不要去喝美沙冬，沒有在用的也會勸（乾笑），就怕我們再去用吧……去喝的時候外面都有警察等，感覺很不好，而且都會碰到以前在用的人，很怕他們知道我有愛滋……家也不敢回去，怕傳染家人，在外面租房子，管區都會跟房東說我們有愛滋、有前科、又是打藥的……去看醫生時，醫生都覺得我們不會乖乖吃藥[16]，覺得我們會亂跑呀、又回去打藥、進監所等等的，所以都不會勸我們要吃愛滋的藥，可能比較省吧……」
>
> 女性使用海洛因合併愛滋感染者：「他們都很怕我們亂生小孩，都覺得我們打藥的女人都離不開打藥的男人，然後我們就會以性換藥……如果像我們這種人懷孕，都會勸我們要拿掉，反正也覺得我們養不起、又怕會傳染給小孩

---

16 此部分的經驗整理目的並非反應醫療的不友善（雖有部分系統確實有此可能），但更反映出海洛因合併愛滋感染者就醫前的自我預設狀態。由於許多男性使用海洛因合併愛滋感染者於服刑期間經歷許多醫療的不可親近性，這樣的過去經驗容易讓他們投射到出監後的社區生活，並進一步影響服務對象的就醫決定，加深社工協助有此預設狀態者協助連結就醫資源的困難。

子，打掉比較乾脆[17]……而且我們女生讓人家知道有愛滋，都覺得我們是在做賣的（性工作者），去做內診人家問我也不敢講、講了怕被拒絕、不講又怕檢查時會傳染給人家，我們也會良心不安，就都自己買藥塞一塞就好……有毒品前科已經夠丟臉，再傳出去全家都不用做人了……」

合併 K 他命（或其他娛樂性用藥[18]議題）之愛滋感染者：「他們都覺得我們就是會雜交、性生活很亂，每三個月去驗血時，都會問我們這幾個月有沒有跟人家那個（性行為）、有沒有戴套、對方知不知道我有愛滋，然後就會一直問，有時候很不想去檢查，但是他們就會一直追[19]……我很擔心他們找到家裡，我不能讓我家人知道我有愛滋，我又沒有用海洛因，他們就一定會知道我是同志，這樣不是逼我出櫃嗎？……」

多重用藥合併愛滋感染與肺結核者：「……要幫我真的很難吧！我們又有肺結核、又有愛滋、又打毒品、又有前科，我們咳一聲，應該真的會比子彈還能嚇跑人……我也很想要工作，但是結核病的副作用真的很大，每天又追著我、盯著我吃藥，我要怎麼去找工作？不是大拉拉的讓人家知道我有這些病？……哪一天我倒了，應該也都沒有人要收我，你真的找得到安置機構收我們這款的嗎？他們最想要我進去關啦，不在社會上爬爬走、不讓他們看見，這樣最好吧……」

（二）愛滋感染與物質濫用的背景說明

在民國 95 至 97 年間，海洛因社群因針具、容器、稀釋液等共用行為，導

---

17 此部分的整理目的並非反應著社福／醫療／公衛的不友善（雖有部分系統確實有此可能），但更反映出女性在懷孕後擔心被指責已感染愛滋、卻無做好安全防護，除擔心被指責有傳染給他人的道德指責與傳染定罪之憂外，同時也面對母子垂直感染的壓力。

18 娛樂性用藥一詞由 Party Drug 而來，又指派對用藥、或伴隨著娛樂性活動而來，如 K 他命、搖頭丸、G 水、安非他命（以呼煙為主）、Rush 等。

19 此部分的整理目的並非反應著公衛系統的不友善（雖有部分系統確實有此可能），但更反映出有娛樂性藥物使用的愛滋感染在性行為、性關係、性傾向等議題的擔心與敏感。除擔心被指責有傳染給他人的道德指責與傳染定罪之憂外，同時也面對生活中對性傾向與性生活被揭露與評價的壓力。

致愛滋感染迅速散布，為控制愛滋疫情並降低感染人數，政府從民國 96 年起在監所、社區、醫療院所、學校大力推行愛滋防治教育，隨後隔年在全臺愛滋指定醫院、美沙冬指定醫院、衛生局、藥局、社區中心等推動減少傷害計畫[20]，隨後幾年也已大幅降低因共用施打設備而導致的愛滋傳染。近三年則因娛樂性藥物（如新興藥物、K 他命、安非他命）的流行，使得愛滋病毒在疏於防範的性行為下，流行於娛樂性藥物使用者的社群中。

國內外文獻均指出愛滋感染者往往多兼具同性戀、雙性戀、女性性工作者（賣淫）、靜脈注射藥癮者、多重性伴侶等多重汙名，使得愛滋感染者往往面臨多重的邊緣化社會情境，時常經歷被社會大眾排斥、家庭拒絕、醫療與社會資源等取得困難的巨大的限制與困窘（Martin Y. Iguchia et al., 2001；邱美珠，2006）。對服務愛滋領域的助人者而言，將更真實地面臨物質濫用者合併愛滋感染的各種汙名處境，並在「愛滋迷思與歧視、疾病隱私守密的界線、性與伴侶的告知議題、疾病適應、治療副作用、共病與伺機性感染[21]、就業與就學權益維護、多元性傾向社群、傳染定罪[22]」等多重脆弱與邊緣化處境下，提供社工評估與處遇服務。因此，在與服務對象討論處遇的優先順序並提供有效的服務前，**建立穩定且彼此信任的服務關係將非常重要。**

二、服務關係的建立

對服務物質濫用者合併愛滋感染後的社會工作者而言，處境上不僅要面對

---

20 目前以針具交換與美沙冬維持療法為主，可參考「針具服務及替代治療實施辦法」。資料來源：全國法規資料庫。

21 當人體器官處於極度易受損傷的狀態、或體內固有的免疫系統缺損時，潛伏在健康人身上而能導致疾病的病原體便會趁機猖獗起來，導致個體生病與感染其他病毒（如肺炎、癌症、白色念珠菌感染、人類乳突病毒感染、結核病等），稱為伺機性感染。

22 《人類免疫缺乏病毒傳染防治及感染者權益保障條例》第二十一條，明知自己為感染者，隱瞞而與他人進行危險性行為或有共用針具、稀釋液或容器等之施打行為，致傳染於人者，處五年以上十二年以下有期徒刑。明知自己為感染者，而供血或以器官、組織、體液或細胞提供移植或他人使用，致傳染於人者，亦同。前二項之未遂犯罰之（全國法規資料庫，2007）。

愛滋傳染入罪的法令與公共性健康議題，更將大開與多重汙名者[23]及多元性傾向社群[24]的服務之門。與此類服務對象工作時往往涉及個人許多私密的議題，且這些議題多與主流道德和社會期待有所衝突，因此社會工作者除了以「維持生命」為首要之務外，建立服務關係的最重要原則便應是：「**尊重差異與保密、具備性別與性傾向敏感度[25]、真誠與接納，並以不批判或評價服務對象原有的生活脈絡與社會位置**」，是較容易建立服務關係的關鍵態度。

筆者在實務經驗中發現，合併愛滋感染的物質濫用者通常比一般物質濫用者更為敏感，並承擔較沉重的內在汙名壓力。社會工作者除了須對愛滋疾病有基礎的了解外，在口語與非口語的「接納、尊重、了解」等專業態度對愛滋感染者將更形十分重要，例如在會談結束後，與感染者握手、禮貌性拍肩等鼓勵碰觸[26]、到案家與醫院提供訪視服務，對感染者都將產生非口語的接納意義。

在服務關係建立的初期，**已知**愛滋感染身分的社會工作者[27]對合併愛滋感染的物質濫用者而言，常常是一個「既遙遠又親近」的人[28]。由於對自己疾病的恐懼，而想要有專業的信任者得以依賴，但同時又可能已經歷許多其他專業者的追蹤，或拒絕提供服務的經驗，因此儘管社會資源連結與轉介是社會工作

---

23 多重汙名者：包括物質濫用者、犯罪者、愛滋感染者、因為物質濫用導致精神疾患病發、道德犯、同性戀等，參考曾凡慈譯（2010）。

24 多元性傾向社群，統稱為 LGBT。LGBT 是女同性戀者（Lesbians）、男同性戀者（Gays）、雙性戀者（Bisexuals）與跨性別者（Transgender）的英文首字母縮略字。

25 所謂性傾向敏感度，是不以異性戀的角度與生活價類比到多元性傾向社群的服務中。舉例：詢問男同志或女同志在親密關係中，扮演的是男性或女性的角色？此類詢問即是一種將主流性別的刻板印象套入同志伴侶關係中的迷思。而這樣的性別刻板印象與迷思，將影響社工與多元性傾向社群的信任關係。因此，當社會工作者對多元性傾向社群提供服務時，若在親密關係、性別敏感、同志人權議題須更進一步了解時，可諮詢相關單位，如：臺灣同志諮詢熱線協會（北部、南部）、臺灣基地協會（中部）、陽光酷兒中心（南部），以上露出已獲該機構同意。

26 此處所指之接觸應在符合服務倫理的原則下，以不讓服務對象產生被性騷擾、不舒服、過度刻意之負面感受，並在具有性別和性傾向之判斷下進行，以免造成反效果。

27 包括：物質濫用者主動告知（如在醫院與戒毒村的社工）、或因機構服務屬性而得知感染事實（如服務愛滋感染者的機構社工）。

28 以「人」而非「助人者」作為名詞的使用，是基於實務經驗中，感受到合併愛滋感染的物質使用者對與「人」互動與產生信任的需求，往往社工並不僅是一個單純的專業助人者。此部分也顯露了服務對象對情感的投射與內在需求。

者重要的工作方法，在此階段仍應考量隱私維護與社會汙名對服務對象的意義，並在資源連結前（包括正式與非正式系統），進行愛滋身分揭露的深度討論（如是否涉及家屬告知）、評估愛滋疾病適應狀態，以降低服務對象的不安與焦慮。

三、社工評估與愛滋感染／愛滋病資訊

（一）愛滋感染／愛滋病資訊

　　個體感染人類免疫缺乏病毒（即愛滋病毒，Human Immunodeficiency Virus，簡稱為 HIV）後，愛滋病毒將攻擊人體內的免疫細胞[29]，使個體除了免疫功能受損外，同時提升其他疾病的致病機率（即伺機應感染）並加速疾病惡化，恢復與治癒期也相對較長。愛滋感染[30]目前雖尚無法治癒，但是透過接受抗愛滋病毒藥物[31]治療後，可將免疫能力控制得十分良好；即使已發病[32]（即免疫細胞降至 200 以下、病毒量[33]超過十萬以上，或有伺機性感染），免疫功能透過穩定的治療仍有很高的機率可恢復安全指數[34]。HIV 感染者與 AIDS 病患雖在醫療上指的是處於不同疾病病程的個體，但由於許多 HIV 感染者均有發病的焦慮與隱憂，因此提醒實務工作者在稱謂上須特別注意，以免造成服務對象的恐慌。

---

29 即免疫細胞球，又稱 CD4。正常人為 800-1200 cells/mm^3。依目前服藥標準，低於 500 cells/mm^3 即需要接受藥物控制與治療。

30 三個月空窗期過後，檢驗出愛滋感染陽性反應者，即為愛滋感染者。

31 即俗稱的雞尾酒療法、三合一療法，或反轉錄病毒療法等。

32 即進入後天免疫缺乏症候群（Acquired Immunodeficiency Syndrome，簡稱為 AIDS）階段，簡稱「發病」。進入此病程階段者，在醫療上則認定為愛滋病患／病人。

33 病毒量（Virus Load），簡稱 VL。為每 1cc 血液中愛滋病毒濃度的含量指數。若超過十萬者則需建議接受抗愛滋治療藥物。就過去服務經驗發現，由於病毒檢測結果報告的等候期較 CD4 久（兩者通常並非同時），需要再多等待二至三週，因此容易發生此類型服務對象在確認 CD4 在安全範圍後即心安，而忽略主動持續追蹤病毒報告。

34 參考註 29。

　　而愛滋傳染的主要途徑是為血液傳染[35]、特定體液傳染[36]，及母子垂直感染[37]，與愛滋感染者共食用餐、接吻、擁抱並不會造成傳染。對尚未感染愛滋病毒的物質濫用者在預防上，應盡量避免與愛滋感染者在無保護措施下發生性行為、避免不必要或不安全之注射或共用注射器具、避免不安全的血液製品輸入體內，以及謹慎處理尖銳醫療廢棄物，避免帶愛滋病毒的血液直接進入人體內。對已合併愛滋感染的物質濫用者而言，若因藥癮復發而導致的二度感染，或未進行未防護的性行為時，將有交叉感染[38]導致藥物多重抗藥性的風險。

　　為了有效維持免疫功能與控制病毒，當愛滋感染者一旦開始服藥，多半建議終生服用，以降低抗藥性產生的機率。根據中華民國104年2月4日對《人類免疫缺乏病毒傳染防治及感染者權益保障條例》增訂之總統府公告，愛滋治療費用將不再以公務預算支付而回歸健保給付之，以致力愛滋去汙名與一般化之善意[39]，在治療費用上除了增加部分負擔外，並不影響原本提供藥物治療的醫療系統；在防疫面上，根據此法所建構的愛滋個案管理制度，對所有愛滋感染者來說，則有配合個管制追蹤與服務的權利與義務；此法同時提供對感染者

---

36 血液交換包括：輸血、共用針具、器官移植、使用帶有愛滋病毒的血漿製品等。

37 具有傳染力的體液包括：精液、前列腺液、骨髓液、陰道分泌物、胸腔液等。而汗液、口水、淚液、鼻水、尿液、糞便等體液因帶有的病毒量極低，因此無傳染力。而女性感染者的母乳儘管帶有微量病毒，也不足以導致愛滋感染，但因為大量且規律的哺育，加上嬰兒腸壁較薄，因此哺育母乳仍會導致嬰兒感染愛滋病毒，不建議女性感染者哺乳新生兒。

38 接受抗愛滋病毒治療或病毒量較低的女性愛滋感染者於懷孕期間，愛滋病毒並不會透過臍帶或羊水導致胎兒感染愛滋，但若臨盆時以自然產的方式生產，則容易在嬰兒滑出產道時接觸大量帶有愛滋病毒的血液而導致感染，因此多半建議生產時以剖腹產的方式進行。然而，基於尊重差異與女性感染者在產後的照顧議題，儘管剖腹產為目前主要建議的生產方式，但透過對病毒量的良好控制與免疫能力的提升，自然生產對女性愛滋感染者仍是一個可被創造與應被尊重的選擇。

39 由於HIV病毒的類型有很多種，交叉感染即是表示個體在感染了某種HIV後，又被傳染到另一種的HIV病毒。

40 根據中華民國104年2月4日華總一義字第10400012491號茲公告。增訂《人類免疫缺乏病毒傳染防治及感染者權益保障條例》第十五條之一條文；刪除第十八條至第二十條條文；並修正第二條、第六條、第十六條、第十七條、第二十三條及第二十七條條文。關於健保支付部分，則以開始服藥兩年後，健保保險對象應自行負擔的費用和依健保法未能給付的檢驗和藥物，應由中央主管機關編列預算支應。總統府公告參考，檢索日期：2015年2月4日，網址：http://www.president.gov.tw/PORTALS/0/BULLETINS/PAPER/PDF/7179-25.PDF

在基本生活權益保障、申訴、隱私維護、蓄意傳染他人等各項規定，當服務物質濫用合併愛滋感染者的社會工作者有權益議題須介入時，則可諮詢專門的愛滋權益單位[40]。而在愛滋合併海洛因成癮的物質濫用者接受美沙冬治療[41]的費用則非屬健保支付，而是依照法務部規定，由美沙冬指定治療醫院向疾病管制署申報並由疾管署支付其費用，使用者僅需負擔該治療醫院的掛號費用。

根據資料可了解，臺灣愛滋治療的進步與治療費用上，也許對感染者而言並非沉重的負擔，然而如何提升藥癮愛滋感染者的就醫意願（如友善醫病關係與治療環境）、降低就醫的障礙（如交通費／交通工具、失業與經濟壓力等）、提供正向的社會支持（如就醫／就業／就學／就養等權益諮詢、非監控式的追蹤服務、予以社會功能發揮的空間、家庭告知與相處關係的評估）等，對合併感染愛滋的物質濫用者將更形重要，而這些都是助人者重要的工作方向。

（二）愛滋、結核病與物質濫用的關係

雖愛滋、結核病與物質濫用的關係並非絕對，但在實務經驗的累積上，對社區社會工作者可能較為陌生且較為複雜，筆者亦整理結核病資訊以供實務工作者參考。結核病為愛滋伺機性感染中的一種。由於許多非法物質的使用方式（如 K 他命、海洛因、安非他命等），會經由呼吸道途徑進入人體，且使用場所多半密閉、空氣流動低，若與不知已感染結核病菌的帶原者群聚使用，在合併有愛滋感染的物質濫用者免疫能力較低的狀況下，將大幅提升感染結核病之風險。

此外，許多物質濫用者因經濟條件相對較差、居住環境及營養攝取均不如

---

41 當社會工作者在實務上碰到愛滋感染者身分曝光、就學／就業／就醫／就養權益受損時，則可諮詢社團法人愛滋感染者權益促進會或 1922（防疫專線）。以上露出已獲該機構同意，而1922 為公共專線，因此無再次徵詢。

42 根據法務部規定，目前美沙冬替代療法並不屬於健保給付範圍，需自費參加，一年之醫療費用會依據每家醫療院之收費項目而略有不同，大約在新臺幣四萬五千元左右。但政府為鼓勵毒癮者勇敢戒除毒癮，自 96 年起皆補助戒癮者部分醫療費用，每人每年度補助金額略有變動（96年度及 97 年度為一萬六千元，98 年度已取消一萬三千九百六十元及一生一次之限制），如當年度之補助經費用罄，則需俟次年度政府預算情形辦理補助，或洽戶籍所在地之縣市政府毒品危害防制中心洽詢。

規律生活者，這些脆弱的生活處境，均增加了合併愛滋感染物質濫用者感染結核病的發病與生活風險；由於愛滋病毒感染者發生結核病時，愛滋病毒量會升高，當 CD4[42]下降時則會加速愛滋感染的發病病程，致死率亦較非肺結核之愛滋感染者高（行政院衛生署疾病管制署，2014[a]）。

然而，結核病目前已是可以治癒的疾病。主要傳染途徑為飛沫與空氣傳染，若帶菌的結核病患者在吐痰、咳嗽、講話、唱歌或大笑時，產生帶有結核桿菌的飛沫，就可能因不小心吸入患者的飛沫導致感染；且自民國 40 年起全臺開始實施新生兒卡介苗接種後，目前每年僅發現約一萬一千例結核病患，且多出現在營養不良、免疫能力低（包含先天與後天免疫功能不全者）、糖尿病、高齡、末期腎臟等病患身上（行政院疾病管制署，2014[b]），健康成人的感染機率事實上相當低。當助人者面對合併肺結核感染之愛滋病患與家人或伴侶共同居住與社交議題時，也無須焦慮或緊張，只要對結核感染之病程有一定了解，則更可幫助個體與整個生活範圍穩定的提供支持及關懷。而根據衛生福利部結核病防治費用補助要點，治療費用多由公務預算支付之，在住院營養暨生活費、醫療費用、都治費用[43]、照護專案費用均有補助，其**前提則是需個體完全配合肺結核治療計畫**。

四、處遇與挑戰

目前臺灣社會普遍對愛滋感染仍充斥著許多迷思與偏見，一般人多在接觸時表現出恐懼、害怕、焦慮與排斥的態度。對新手社會工作者而言，**對於合併愛滋感染的海洛因濫用者**，較容易落入提供減少傷害服務的框架中，而疏忽個體選擇減害或戒癮的自主性及醫療／生活環境的友善度評估；**對合併愛滋感染**

---

43 同註 29。

44 都治計畫：世界衛生組織強力推薦每一位結核病個案均應實施直接觀察治療（Directly Observed Treatment Short-Course，簡稱為 DOTS，臺灣譯為「都治計畫」），由於抗結核的治療過程漫長，且有部分人員因為自身體質等因素，可能會有治療過程不舒服感或副作用，藉由經過訓練的關懷員執行「送藥到手、服藥入口、吞下再走」，以有效降低個案抗藥性的產生，提高治癒的成功機率，重拾健康（行政院疾病管制署，2014b）。

的娛樂性物質濫用者，在沒有可替代的維持療法下[44]，較容易著眼於性行為的追蹤與愛滋防治，忽略性與親密關係對個體的意義與脈絡；**對合併愛滋感染的女性物質濫用者**，則容易僅落入垂直感染的預防思維，而疏忽因感染愛滋而特別容易引起其他婦科疾病（如子宮頸癌）的評估。對愛滋合併結核病的物質濫用者，則由於治療結核病所需的時間很長，即使最有效的藥物組合都需要花上半年的時間，且藥物副作用通常相當明顯，若不穩定服藥，則會產生藥物抗藥性的危機，因此漫長的治療時間、治療的不確定性、藥物副作用，已極度考驗一般人的意志力，在服務上則需注意多重治療的特殊性（包括跨多醫療專業的整合、支持性治療環境的建構）、都治計畫對生活／經濟／心理的影響、個體使用非法物質以為控制疼痛及自殺／自傷行為等議題。而上述整理多來自筆者實務與督導的經驗，並非每個社工都會面臨此類狀況，由於在實務中的挑戰甚多，筆者僅整理較常疏忽的處遇與挑戰，提供給讀者參考。

肆 結語

透過以上經驗分享，並回到圖 16-1 的整理，可更了解雖社會工作者發現物質濫用者感染愛滋病毒時雖無通報責任，但在愛滋傳染入罪法令的約束下，如何兼顧「尊重個體差異、反壓迫與反歧視服務」與「顧全大眾／他人健康」，將成為社會工作者提供服務時，永遠的矛盾與挑戰社會道德的敏感地帶。

因此，本章的整理目的在於強調：**社會工作者除應持續致力於因成癮引起的戒斷與復發、健康風險、犯罪預防、家庭支持、社會適應、減少傷害服務等各項議題外，對合併患有法定傳染病後所衍生的微妙處境與多層次的社會連帶系統，培養多面向的敏感力及評估能力，並根據對不同傳染疾病的了解，能在**

---

45 美沙冬維持療法僅適用於海洛因（或鴉片類）成癮物質的替代，其餘安非他命、K 他命、搖頭丸、大麻、GHB、蘑菇、MDMA、FM2 等目前流行的娛樂性藥物並沒有可替代的物質。

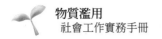
提供服務時增加服務風險的管理能力。最後，希望社會工作者提供合併有傳染性疾病的物質濫用族群服務時，均能在穩定的信任關係中，運用反歧視、反壓迫、除道德化的專業知能，提供更多元、平等及尊重差異的社工專業處遇服務與評估。

 參考文獻

一、中文部分

邱美珠（2006）。**毒癮愛滋感染者之生活世界**（未出版之碩士論文）。南華大學生死學研究所，嘉義縣。

徐貴珠（2011）。**丁基原啡因選用影響因素之探討**（未出版之碩士論文）。義守大學管理學院管理碩士在職專班，高雄市。

索任（2012）。臺灣防癆工作回顧。**感染控制雜誌**，13：3。

曾凡慈（譯）（2010）。**污名：管理受損身分的筆記**（原作者：Erving Goffman）。臺北市：群學。

廖俊惠（2007）。**物質使用疾患與精神疾病共病症之研究**（未出版之碩士論文）。中國醫藥大學環境醫學研究所，臺中市。

劉金華（2008）。**海洛英依賴戒毒者復吸的生理、心理、社會因素的相關研究**（未出版之碩士論文）。蘇州大學，蘇州。

劉俊人、許景盛、高嘉宏（2012）。慢性 C 型肝炎治療的新進展：從干擾素到直接抗病毒藥物。**內科學誌**，**23**，383-391。

二、英文部分

Anna Nelson（2012）. *Social work with Substance User*s. SAGE Publications Ltd.

Angela J. Dean, John B. Saunders and James Bell（2011）. Heroin Use, Dependence, and Attitudes to Treatment in Non-Treatment-Seeking Heroin Users: A Pilot Study.*Substance Use & Misuse, 46*, 417-425.

John Macdonald, and Felix Amato（2011）.Examining Risk Factors for Homeless

Men: Gender Role Conflict, Help-Seeking Behaviors.*Substance Abuse and Violence The Journal of Men's Studies , Vol.19, No. 3*, 227-235.

Kate Dolan, Shabnam Salimi, Bijan Nassirimanesh, Setareh Mohsenifar, P. D. David Allsop, Azarakhsh Mokri（2011）. Characteristics of Iranian Women Seeking Drug Treatment.*JOURNAL OF WOMEN'S HEALTH, Volume 20*, Number 11.

Mark L. Knapp, Judith A. Hall, Terrence G. Horgan（2013）. *Nonverbal Communication in Human Interaction*. Cengage Learning; 8 edition.

參考網址

行政院衛生署疾病管制署（2014a）。**第九章愛滋病毒感染者結核病的診治**。結核病診治指引（第五版）。檢索日期：2015 年 7 月 1 日，網址：http://www.cdc.gov.tw/professional/info.aspx?treeid=beac9c103df952c4&nowtreeid=6744c19c09435458&tid=e36c98d85972c6aa

行政院衛生署疾病管制署（2014b）。**結核病介紹**。檢索日期：2015 年 7 月 1 日，網址：http://www.cdc.gov.tw/diseaseinfo.aspx?treeid=8d54c504e820735b&nowtreeid=dec84a2f0c6fac5b&tid=BAB48CF8772C3B05

國家衛生研究院（2011）。**C 型肝炎為全球性問題**。國家衛生研究院電子報，417。檢索日期：2015 年 7 月 1 日，網址：http://enews.nhri.org.tw/enews_list_new2_more.php?volume_indx=417&showx=showarticle&article_indx=8652

全國法規資料庫（2007）。**人類免疫缺乏病毒傳染防治及感染者權益保障條例**。檢索日期：2015 年 7 月 1 日，網址：http://law.moj.gov.tw/Law/LawSearchResult.aspx?p=A&t=A1A2E1F1&k1=%E5%BE%8C%E5%A4%A9%E5%85%8D%E7%96%AB

行政院衛生署疾病管制署（2015）。**急性病毒性 C 型肝炎**。檢索日期：2015 年 7 月 1 日，網址：http://www.cdc.gov.tw/professional/themanet.aspx?did=657&treeid=AC81BE2A11A0FCEF&nowtreeid=AC81BE2A11A0FCEF

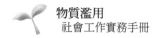

疾病管制署（2007）。**行政院衛生署結核病防治費用補助要點**。檢索日期：
2015 年 7 月 1 日，網址：http://www.cdc.gov.tw/professional/info.aspx?treei
d=beac9c103df952c4&nowtreeid=6744c19c09435458&tid=e36c98d85972c6aa

 建議延伸閱讀

Elizabeth Pisani（2010）. *Sex, drugs and HIV -let's get rational?* TED 網址：
https://www.ted.com/talks/elizabeth_pisani_sex_drugs_and_hiv_let_s_get_
rational_1#t-50584（此為英文影片，無中文翻譯）

余宛蓁、陳如意、薛光傑、李明謙、江允志（2014）。難控制性疼痛：鴉片類
藥物誘發之痛覺過度或潛藏的癌症惡化？一個案報告。**安寧療護雜誌**，
19：1。

臺灣同志諮詢熱線協會，官方網址：http://hotline.org.tw/

臺灣基地協會，官方網址：http://www.gdi.org.tw/

社團法人愛滋感染者權益促進會，官方網址：http://praatw.org/

陽光酷兒中心，官方網址：http://www.sunshinequeer.tw/

Chapter **17**

物質濫用社會工作者的自我照顧

——蔡佩真

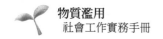
壹 這不是一條易路

　　助人專業的人力資源培養與維護並不容易，好好照顧自己是對專業負責任，更是對案主的承諾，臨床工作充滿挑戰，協助物質濫用者及其相關問題時面臨的考驗更多，助人者需要有心理上的準備，同時也要先調整自己的心態並建構自我照顧的策略，以免受到過度的衝擊與傷害，甚至敗下陣來。這份工作的挑戰包括：

一、不熟悉藥物使用者的用藥文化以及資訊

　　新興毒品日新月異，使用族群也越來越不同以往，各種藥物具有特殊的藥理藥性、使用方式與特定族群，此外，還有關於相關法規需要熟習，反毒與戒毒網絡均需有所掌握，新手社工若未曾接受相關課程的準備，毫無概念地從實務中培養經驗是相當辛苦的。

二、陪案主從多重困境中突圍

　　多數的物質濫用者面對很複雜的處境，包括家庭、工作、經濟、司法等困境，許多問題糾纏在一起而且不是一時片刻能夠立即解決，冰凍三尺非一日之寒，解決不了這些根本的問題，許多問題又反覆發生，很容易導致助人者感到無力以及不知如何著手。

三、情感轉移與反轉移歷程

　　由於物質使用者多為年輕族群以及中壯年族群，有親密關係的需求，渴求被關愛，一旦受到社工的溫暖接納與支持，就容易產生情感轉移。用藥族群中也不乏有吸引力而且聰敏靈巧的人，與這些對象一起工作時，社工人員必須敏感於專業關係的界限與分際。

四、重重防衛機轉中建立專業關係

物質濫用者缺乏安全感和信任感，由於長期隱瞞家人親友，並且需躲避警察查緝，加上有些藥物使人有被害妄想，因此助人專業關係的建立並不容易，物質濫用者常見的防衛機轉包括否認、逃避、推卸責任、合理化、誇大其詞、反向作用。有些人容易惱羞成怒或是以挑戰的口吻與助人者對話，藉此考驗社工的誠意與能力，專業關係充滿動態與挑戰。

五、謊言與真心話交錯的會談

案主對新進社工與資深社工有不同的評價，由於關係的不信任以及防衛機轉作祟，或者是基於案主有特定的期待與目的，導致社會工作會談與輔導過程常常交錯著案主編織的故事、謊言以及發自內心的心底話，新進助人工作者剛開始不易分辨，有時感覺到被操控和利用，進而引發挫折感。

六、與改變動機較弱的案主纏鬥

案主的改變動機起起落落，有時想戒，有時有能力維持用藥就繼續用藥。案主有時只想處理眼前危機，不是每個藥癮者都以戒癮為改變的目標，助人工作者對處遇目標的期待與案主對自己改變的期待可能有所落差。有時助人者太過心急、過於任務導向、過於期待案主改變，但案主的動機以及情境無法與助人工作者同步時，也是挫折來源之一。

七、復發的失敗感與痛苦

個體努力常常不敵大環境誘惑，戒癮復發率高達八成以上，因此復發是一個常態，但是每次復發都使案主身心及社會層面再度受到衝擊，也讓家屬和助人工作者感到痛苦與失望，而個案本人也易陷入在習得的無力感當中。

八、社區資源不足的困境

物質濫用者在面對生活困境時所需要的資源包括醫療、就業、安置、心理輔導、教育等資源，但是目前健保不給付戒癮，而治療性社區床位數少，基督

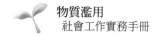
教福音戒毒村也都得候床，社區也欠缺相關的輔導人員與機構，專業人員不足，有能力且有意願提供服務的機構不足，轉介困難，巧婦難為無米之炊，多數只得自己想辦法提供全套的服務。

貳 心態的調整

助人工作者在提供服務時需要有適當的心理建設以及自省，才不至於受挫太深或是產生反轉移歷程，甚至服務不久即放棄這份工作。建議服務中應該先調整心態，包括如下：

1. 避免專業霸權與硬碰硬的處遇。
2. 急不得，配合案主的意願與步調前行。
3. 尊重不同的治療策略，沒有一種治療模式能適合所有案主。
4. 要有被挑戰與對質的心理廣度。
5. 陪伴是一條長長的路。
6. 走三步退二步是復元的常態。
7. 你對他好，他知道。
8. 真誠與耐心勝過專業姿態與框架。
9. 兼顧關係導向與任務導向。
10. 要有挫折的心理準備，這不是代表失敗，而是這份工作的必然屬性。
11. 保持自己起初的愛心與價值。

物質濫用者的處遇模式是一個多元的光譜，包括減害模式以及藥物的完全禁絕模式，可以採醫療模式也可以採社區復健模式，助人工作者在協助過程需要掌握不同處遇模式的特色，並評估案主的需求與意願，來媒合適切的協助策略。處遇目標盡量要尊重案主的動機與步調，否則案主會流失，助人者則感到挫敗。

　　專業關係最易牽動助人者的情緒，因此對於專業關係所面對的挑戰需要調整心態。而且在助人過程，多方評估案主的狀況並且保持溝通，物質濫用者需要感受到尊重與真誠的關懷，此外，專業關係需再加上一點點義氣，注意誠信原則與保密原則才能取得案主的信任跟接納。切記勿與案主爭辯以及說教，勿以權威的高姿態與案主互動，以避免案主的不舒服與情緒反彈。一旦這些基本的態度能掌握，可以減少服務過程的挫敗感。

　　陪伴是一個漫長的過程，案主在這過程中走三步退二步是復元的正常現象，成長與改變都需要時間，專業關係的營造也需要時間，這份工作所投入的耐心與堅持，才能讓物質濫用者檢驗出助人者的真誠與關愛。

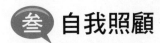 自我照顧

一、與業界同行建立支持網絡

　　臺灣的物質濫用者處遇的相關機構並不算多，臺灣北中南東的醫療、矯治、宗教性質非營利組織寥寥可數，因此，業界夥伴的聯繫、資源轉介與建構支持系統是重要的，可以經驗分享與相互援助。

二、團隊工作而非單打獨鬥

　　無論是戒癮處遇或是減害處遇，案主身心靈與社會層面的多重需求均是需要跨專業團隊的合作，單一的專業難以促成處遇的完整性與有效性。因此，不宜單打獨鬥或是強調本位主義，可避免助人者自我承擔過重的責任。

三、接受教育訓練

　　知識就是力量，社會工作者需要接受物質濫用相關職前教育與繼續教育，職前教育包括認識常受到濫用的物質特性與使用方式、物質濫用的治療、《毒品危害防制條例》、相關社會資源等；而後需繼續接受在職教育包括協助特殊族群，含括不同性取向、性別、藥物種類、年齡層的物質濫用者都需注意處遇

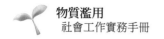
時的特殊性，實務工作者宜接受繼續教育以深入了解。

四、接受督導

督導具有教育、支持與行政的功能，不論是個別督導或是團體督導的形式，都對實務工作者有實質幫助，在教育的功能上，督導能提供物質濫用所需諮詢，案例討論能夠改善處遇策略與技術，團體督導能提供替代的學習以及團隊相互的支持，個別督導能處理助人者的情緒、士氣與個人價值的反思。

五、欣賞自己與案主的優勢與小成功

用正面的眼光多加關注案主進步的潛力，從案主一點一滴的小進步來建構工作的小成就感，能勝過負面的觀點與無力感、挫敗感。

六、適度休息與工作保持距離

不要讓自己長時間浸泡在工作場域中，適度的休假與上班時間的節制，才能從緊繃的情境中抽離，與案主以及業務保持安全距離才能避免耗竭。

七、擺脫解救者與全能者的角色迷思

助人工作者必須承認物質濫用者的多重問題不可能靠單一人力來徹底解決，專業助人者畢竟有能力與資源的限制，承認這些限制與接納不完美，為自己的工作設限，不要強求自己扮演英雄和解救者的完美角色，服務的心情才能適度放鬆。

附　錄

物質濫用處遇常用資源清單

指定藥癮戒治機構名單—衛生福利部	http://www.mohw.gov.tw/CHT/DOMHAOH/DM1_P.aspx?f_list_no=184&fod_list_no=1561&doc_no=3700
各地毒品危害防制中心	http://refrain.moj.gov.tw/cp.asp?xItem=1505&ctNode=415&mp=1
反毒資源館—食品藥物消費者知識服務網—衛生福利部	https://consumer.fda.gov.tw/AntiPoison/List.aspx?code=6010&nodeID=374
反毒防護網—無毒家園全球資訊網—法務部無毒家園網	http://refrain.moj.gov.tw/mp.asp?mp=1
財團法人臺灣更生保護會各分會中途之家一覽表	http://refrain.moj.gov.tw/lp.asp?ctNode=400&ctUnit=120&baseDSD=7&mp=1&ps=
反毒資源—正確用藥互動數位資訊學習網	http://mohw.gov.whatis.com.tw/16_drugs.asp
露德協會	http://www.lourdes.org.tw/list.asp?menu1=14&menu2=167
社團法人台灣世界愛滋快樂聯盟	http://www.hiv.org.tw/hiv/index.php/prophet/addiction
中正大學防制藥物濫用教育中心	http://deptcrc.ccu.edu.tw/new/
反毒資源線上博物館	https://consumer.fda.gov.tw/
非營利組織之戒毒村	1.晨曦會 http://www.dawn.org.tw/ 2.主愛之家 http://www.vsg.org.tw/ 3.沐恩之家 http://www.hg.org.tw/ 4.趕路的雁 http://www.flying-life.com/ 5.新生命戒癮成長協會